KB274919

커먼즈의 도전

STARBUCKS

커먼즈의 »도전«

경의선공유지 운동의 탄생, 전환, 상상

박배균 이승원 김상철 정기황 편
서울대학교 아시아도시사회센터 기획

빨간소금

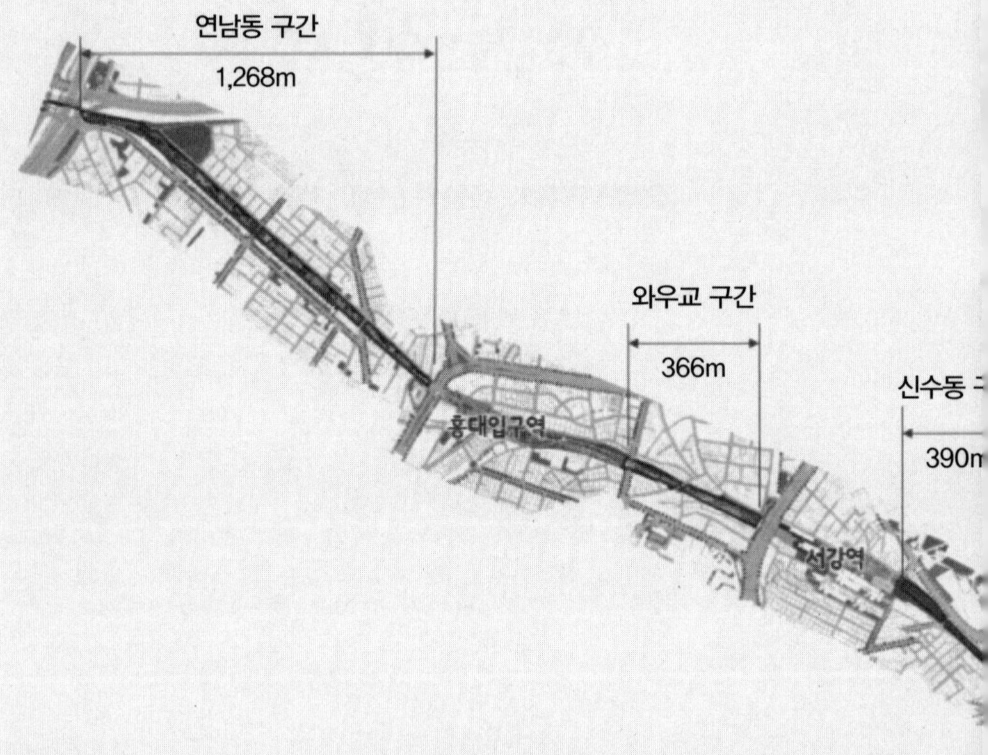

경의선숲길공원

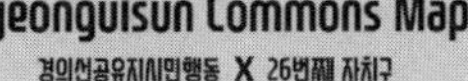
경의선공유지 지도
Gyeonguisun Commons Map
경의선공유지시민행동 X 26번째 자치구

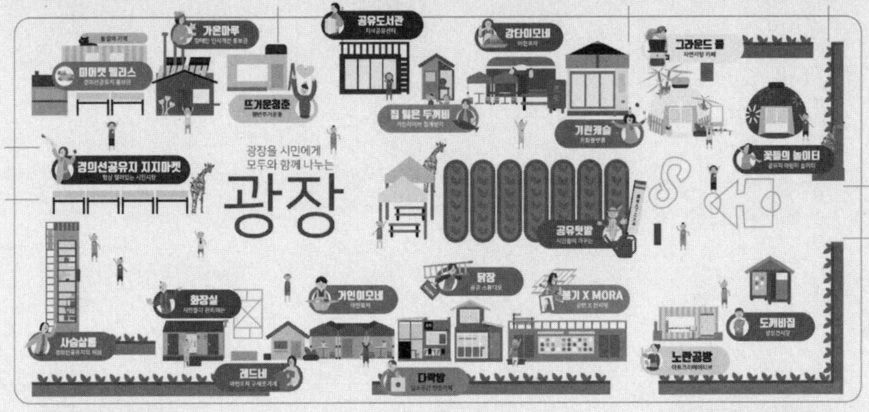
통일레코드
미미켓 엘리스
경의선공유지 홍보관
가온마루
[상위] 인식개선 홍보관
공유도서관
자치공유센터
강타이모네
아트모자
그라운드 룰
자연감김 가게
뜨거운청춘
쌍연주거공동
집 일먼 두꺼비
거인이야기 집계설비
기린캐슬
모듬봉맨줌
꽃들의 놀이터
공유지 어린이 놀이터
경의선공유지 지지마켓
학상 열리는 시민시장
광장을 시민에게
모두와 함께 나누는
광장
공유텃밭
시민들의 가우린
화장실
시민들이 관리해요
거인이모네
아면포차
닭장
공유 스팅지도
봉기 X MORA
공반X 전시장
도깨비집
생선전시장
사슴살롱
경의선공유지의 옥탑
노란공방
아트크리에이티브
레드비
아면포차 구제운가게
다락방
남수구간 영화상영
광장
광장
◀ 경의선 숲길
공덕역 1번출구 ▶

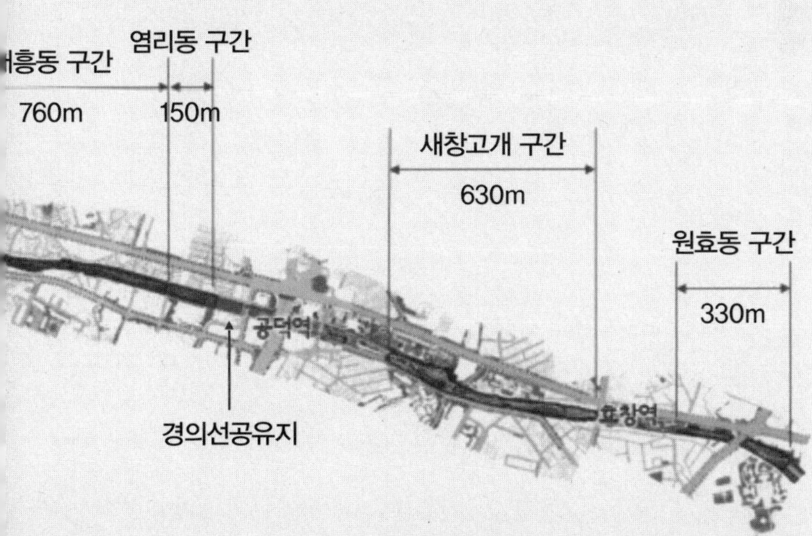
대흥동 구간
염리동 구간
760m
150m
새창고개 구간
630m
원효동 구간
330m
공덕역
효창역
경의선공유지

차례

2부

전환

3부

상상

왜 지금 커먼즈인가?

2010년대 중반부터 5년여 동안 서울 공덕역 1번 출구 옆, 경의선 철길이 있던 넓은 공터에는 한국의 다른 도시에서 찾아보기 힘든 독특하고 기이하며 색다른 느낌의 공간이 고급 고층 아파트 숲 사이에 자리 잡고 있었다. "서울의 26번째 자치구"란 도발적 표어로 자신을 규정하던 '경의선공유지'다.

2015년부터 2020년 5월 초 '강제적인' 자진 철거가 이루어지지 전까지 경의선공유지에는 예술가, 상인, 문화활동가, 빈민, 연구자 등이 각자 나름의 이유로 모여 벼룩시장, 문화공연, 세미나, 독서토론회, 어린이 놀이터, 체육대회 등을 통해 공간, 자원, 지식, 이익, 가치를 함께 만들고 공유하는 '커먼즈(commons)' 실험을 펼쳐왔다. 비록 이 실험은 국가권력의 압력에 의해 2020년 5월 초에 끝났지만, 경의선공유지에서 펼쳐진 실험과 그 속에 담긴 수많은 상상이 한국사회와 도시에 던진 정치·경제·사회·문화적 의미는 매우 크다.

이 책은 시민의 자율적인 점거 운동(스쾃, squat)이자 대안적 도시 운동인 경의선공유지 운동에 담긴 의미를 커먼즈 차원에서 종합하고 기록했다. 이 기록이 도시에서 살아가는 시민에게 새로운 삶의 가능성과 희망의 한 조각으로 전달되길 바라는 마음으로 준비했다. 또한 경의선공유지 운동의 의미를 도시정치 차원에서 재조명하면서, 투기적 도시화와 이에 따른 사회경제적 불평등 및 환경 파괴와 같은 글로벌 위기에 대응하는 새로운 도시 운동의 가능성을 탐색해보려 한다.

포스트발전주의 도시화와 도시 위기

경의선공유지 운동의 배경과 과정은 한국사회에서 포스트발전주의 도시정치가 등장한 맥락과 정확히 맞닿아 있다. 포스트발전주의 도시정치는 2000년대 이후 발전주의 도시화 시대가 저물고 새롭게 등장한 도시화 과정 및 그를 둘러싼 정치·경제적 갈등, 사회적 운동 등을 가리키는 용어다. 이를 제대로 이해하기 위해서는 그 이전 시기를 지배하던 발전주의 도시화와 그를 둘러싼 정치 및 사회운동에 대한 이해가 선행되어야 한다.

1960년대 이후 전개된 한국의 도시화 과정은 발전주의적 산업화와 국가 개발 프로젝트의 맥락에서 펼쳐진 '발전주의 도시화' 과정에 크게 영향을 받았다. 조국 근대화와 수출 지향 산업화가 국가에 의해 강력히 추진되는 과정에서 한국의 도시는 시공간적으로 압축된 방식으로 이루어지는 압축적 도시화, 아파트 단지·공업 단지·수출자유지역 등과 같은 일부 선별된 공간에 국가의 지원과 혜택이 집중되는 공간 선택적 도시화 과정을 통해 만들어졌다. 그 결과물이 1970년대 후반 강남 개발 이후 한국의 도시 경관을 지배하고 있는 신도시와 대규모 아파트 단지의 등장이다(박배균·황진태, 2017).

신도시와 아파트 단지라는 새로운 도시 공간은 국가가 약속한 '조국 근대화'의 증표였다. 하지만 그 화려한 발전주의 도시화의 경관은 권위주의 국가에 의한 도시 공간의 대규모 (재)개발, 강압적 토지 수용, 판자촌/달동네 철거와 같은 억압과 폭력에 바탕을 두고 있었다. 이 과정은 도시 빈민과 세입자의 극렬한 저항과 투쟁을 낳았다(한국도시연구소, 1998). 1990년대까지 한국의 발전주의 도시정치는 이러한 요소들로 구성되어 있었다. 그러나 1990년대 이후 한국사회의 민주화 진전, 지방자치제 실시, 신자유주의 전면화가 진행되면서 변화하기 시작했다. 도시 공간의 개발과 이용을 둘러싼 갈등과 대립이 새로운 방식으로 나타났다. 국가가 개발과 갈등의 전면에 나서지 않고 투기적 금융/부동산 자본, 투기적 욕망에 사로잡힌 도시 중산층, 이들과 결탁한 정치인과 지방 엘리트, 그리고 이들이 연대해 결성한 토건 지향 성장연합이 도시 공간 개발을 주도하는 세력으로 전면에 나섰다. 이러한 포스트발전주의 도시정치의 특성은 경의선공유지 운동의 등장 배경과 정확히 일치한다.

경의선공유지 운동의 등장은 마포 지역에 기반을 둔 토건 엘리트 집단이 자신의 개발이익을 극대화하기 위해 추진한 경의선 지하화, 그 이후의 공원화 및 상업적 개발 과정과 연관이 깊다. 1990년대 중반부터 마포 지역에 뿌리내린 토착 엘리트들은 지역의 개발 가치를 높이기 위해 마포 지역을 관통하는 경의선의 지하화를 촉구하는 성장연합 정치를 조직했으며, 경의선 지하화를 성공시켰다. 그 뒤 지하화한 경의선 지상부 공간을 자신의 개발이익 수단으로 활용하기 위해 경의선 공원화와 역세권의 고층 상업 개발이 이루어졌다. 경의선 공원화를 토건적 개발과 거리가 먼 친환경적인 공간 활용으로 볼 수도 있다. 하지만 실상은 공원 주변 지역에 세운 고급 고층 아파트의 가격 상승에 기여하는 생활편의 시설로 역할함으로써, 소위 "녹색 젠트리피케이션(green gentrification)"의 주요 원인이 되고 있다. 또한 역세권을 중심으로 추진되는 고층 상업 개발은 이 일대 지가와 임대료 상승을 일으킨 중요 요인이 되었다.

포스트발전주의 도시정치와 경의선공유지 운동

1970~1980년대 한국 도시에서 펼쳐진 대규모 개발과 철거, 그에 대한 빈민의 저항으로 특징 지워지는 발전주의 도시정치는 2000년대 초반 서울시가 주도한 뉴타운 정책과 함께 다시 등장했다가 2009년 '용산 참사' 이후 존재감이 많이 약해졌다. 2010년대에 들어오면 발전주의 시

기의 빈민 운동과 다른 형태의 도시적 저항과 사회운동이 나타난다.

첫 번째 갈래는 2010년대 들어 다양한 상업적 젠트리피케이션과 그로 인한 사회적 갈등이 한국 도시 곳곳에서 펼쳐지면서 나타났다. 뉴타운 정책이라는 국가 주도의 대규모 젠트리피케이션 사업은 2000년 후반 세계적 금융위기 이후 추진 동력을 잃고 표류한다. 하지만 2010년대 들어 그와 다른 형태의 국지화된 소규모 젠트리피케이션이 서울 곳곳에서 펼쳐졌고(신현방, 2017), 그에 대한 다양한 방식의 저항들이 이전과는 다른 형태로 나타났다. 두리반, 테이크아웃드로잉 등에 나타난 철거 반대, 젠트리피케이션 반대 투쟁이 그 예다(김지윤·이선영, 2016; 양효실, 2014; 이선영·한윤애, 2016; 최윤영·고정민, 2017; 한윤애, 2016). 이 운동의 주요 특징은 이전의 빈민 운동과 달리 문화예술인이 세입자의 저항에 동참하면서 공연과 예술 활동이 중요한 투쟁의 수단으로 등장했다는 점이다. 즉, 문화적 실천을 통해 투기적 도시화에 저항하는 새로운 시도들이 등장했다. 이 새로운 방식의 도시 운동은 이전의 중앙집중적이고 위계적으로 조직화된 운동과는 다른 작고 가벼우며 분산화되어 있고, 네트워크로 연결된 새로운 방식의 사회운동이었다(옥은실·김영찬, 2013).

두 번째 갈래는 마을만들기, 사회적기업, 협동조합, 민중의집 등으로 특징 지워지는, 사회적 연대에 기반을 둔 대안적 공동체 운동이다. 이러한 움직임들은 2000년대 후반 협동조합, 사회적경제 등이 진보 지식인의 관심을 끌면서 등장했으며, 2011년 박원순 서울시장이 취임해 사회적경제를 중요 시정 과제로 설정하면서 더욱 활성화되었다. 이러한 움직임은 '사회혁신', '도시전환' 등과 결합하면서 더욱 널리 퍼졌다.

경의선공유지 운동의 등장은 이러한 새롭게 등장하는 도시정치, 사회운동과 연관이 깊다. 2000년대 후반과 2010년대 초반, 경의선 공원화와 역세권 재개발 사업에 대한 부정적 의견과 반감이 서서히 커지기 시작했다. 이 사업이 불러올 젠트리피케이션, 부동산 가격 상승, 세입자의 내쫓김 등에 대한 우려가 본격화되었다. 그리고 2011년 보궐선거를 통해 박원순 시장이 취임하면서 경의선 개발 방식의 전면 재조정을 요구하는 목소리가 더욱 커졌다. 그러자 박원순 시장은 2013년 1월 '경의선포럼'이란 시민 참여 공론화 장을 출범시켜 경의선 지상부 부지의 대안적인 활용 방안을 모색했다. 하지만 공론화 과정에서 제안된 여러 혁신적 방안들은 경의선 부지의 이윤 추구적 개발을 바라는 세력들에 의해 거부되었고, 경의선 부지의 개발 방식에 대한 우려와 반발은 더욱 커졌다.

경의선포럼에서 제안한 여러 안 가운데 실현된 한 가지가 벼룩시장 설치였다. 2013년 7월 마포구는 경의선포럼의 제안과 서울시의 권고를 받아들여 공덕역 옆 경의선 부지에 벼룩시장을 설치하고, 여러 사회적경제 주체와 문화예술인 등이 중심이 된 '늘장협동조합'에 운영을 맡긴다. 그러사 이 공간에서 나앙한 내안적 사회경세 활동과 문화예술 이벤트의 조직과 실험이 이루어진다. 하지만 이것은 공덕역 옆 부지 개발이 본격화되기 전에 이루어진 임시 조치에 불과했다. 마포구는 사실 벼룩시장 설치 전인 2012년에 공덕역 옆 부지 개발을 위해 이랜드와 협약을 맺었고, 그해 7월에는 개발 사업을 담당할 특수목적법인으로 이랜드공덕(주)이 설립되었다. 즉, 벼룩시장은 이랜드공덕(주)이 개발 사업을 시작하기 전까지 빈 공터를 활용하려는 목적으로 진행된 임시 사업이었다. 이랜드공덕(주)이 2015년 말에 공사 시작 계획을 세우자, 그에 맞추어 마포구는 2년 만에 사업 중단을 결정하고 늘장의 시민 주체들에게 퇴거를 명령했다.

이는 도시 공간의 상업적 개발과 젠트리피케이션에 크게 반감을 갖고 있던 늘장의 주체들을 자극했다. 늘장의 주체들은 2015년 12월 벼룩시장을 떠나기보다는 그 공간을 '경의선공유지'로 명명하고, 경의선공유지시민행동을 결성해 공간 점유 유지를 결정했다. 홍대의 두리반, 명동의 마리, 이태원의 테이크아웃드로잉 등에서 철거와 젠트리피케이션에 저항했던 문화예술인, 경의선 부지의 대안적 활용을 구체적으로 고민했던 사회경제 활동가가 중심이 되어 국가가 만들어 준 늘장 대신 경의선공유지를 만들고 커먼즈 활동을 본격적으로 펼치기 시작했다.

이처럼 경의선공유지 운동은 2010년대부터 본격화한 젠트리피케이션 반대 운동, 대안적 공동체 운동 등을 바탕으로 만들어졌다. 하지만 경의선공유지 운동은 이전의 두리반, 테이크아웃드로잉 등에서 이루어졌던 "축제로서의 코뮌", "농성장이 공연장"과 같은 문화적 수행을 통한 상징성 확보 차원의 운동에서 한 걸음 더 나아가, 자본주의 도시에서 공간 사유화라는 근본적인 물질적 구조에 정면 도전했다. 특히 국유지 점거를 통해 사유 대신 공유를 지향하는 공동체 운동, 즉 커먼즈라는 새로운 대안적 가치를 구체화하기 시작했다.

경의선공유지에서 시민 주체들은 사유화된 도시 공간에서 쫓겨난 다양한 도시 난민들을 수용하기 시작했고, 폐쇄적인 공동체가 아니라 개방적인 커먼즈 공동체를 만들려 시도했다. 공간 이용에 관한 내부 규칙을 스스로 만들어 규율했으며, 공간·자원·이익을 공유하는 커머닝(commoning)을 실천했다. 그러자 경의선공유지 운동에 참여하는 주체들이 훨씬 다양해졌다. 문화예술인과 사회경제 주체뿐 아니라 자본주의 도시의 폭력적 철거로 쫓겨난 사람, 장사할 곳을 잃은 가난한 상인이 경의선공유지에 합류했다. 성찰적 지식을 만들어 시민과 공유하고 싶어하는 연구자도 동참했다.

이렇게 만들어진 공덕역 옆 경의선공유지는 독특한 경관과 장소성, 다양한 주체들의 자발적 참여에 기초한 역동성과 자유로운 개방성을 바탕으로 전국 각지에서 도시의 문제, 공유의 가치를 고민하던 수많은 시민 주체들의 관심을 이끌어냈다. 이는 그전까지 해외 사례를 통해 말과 글로만 전해지던 커먼즈 운동이 눈앞에서 구체화되어 나타난 사건이었다. 경의선공유지는 한국사회에서 커먼즈 운동이 본격적으로 등장하는 중요한 계기였다. 2018년에는 커먼즈네트워크라는 커먼즈 활동가 연대체가 조직되었다.. 커먼즈네트워크는 다양한 연대 활동을 통해 결속을 다지면서 국가 기관에 의해 독점적으로 운영되는 다양한 공공 공간과 공공재를 시민과 공유할 것을 본격적으로 요구하기 시작했다.

경의선공유지 운동은 국가와 자본의 압력에 의해 2020년 5월 스스로 문을 닫았다. 한때 그 독특한 아우라로 무심코 지나가던 사람들의 시선을 붙잡고, 상품화된 도시 공간에 질식되던 사람들에게 자유와 해방의 공기를 불어넣던 경의선공유지는 이제 철제 펜스로 가로막힌 삭막한 공간으로 변했다. 하지만 경의선공유지 운동이 뿌린 공유의 씨앗은 한국 도시 곳곳에서 다양한 모습으로 펼쳐지고 있는 커먼즈 운동을 통해 계속 확산되고 있다. 이 책은 경의선공유지 운동이 지니는 이러한 의미를, 그 성장 과정과 활동 내용을 구체적으로 살펴봄으로써 되새기는 것을 목적으로 한다.

책의 구성

이 책은 경의선공유지 운동의 탄생, 전환, 상상으로 구성되어 있다. 1부는 경의선공유지 운동의 탄생 배경으로, 경의선 지하화 및 마포 지역 개발의 정치경제적 의미, 국공유지 관리 문제, 경의선공유지의 젠트리피케이션 흐름을 설명한다. 특히, 경의선 지하화에 따라 만들어진 국공유지인 유휴 철도 부지가 공익이 아닌 투기적 도시화 과정의 일환으로 개발되는 과정을 보여준다.

2부는 점거 운동에서 시작해 자생적이고 자율적인 대안 도시 운동으로 전환한 경의선공유지 운동의 실재와 의미를 커먼즈 차원에서 기술한다. 점거 운동에서 출발한 경의선공유지가 늘장, 26번째 자치구, 주거, 생태전환, 문화예술 등 시민의 자생적인 대안 도시 운동으로 성장해 가는 이야기를 담고 있다. 특히 경의선공유지 운동이 한정된 공간에 갇힌 것이 아니라, 다양한 영역으로 확산되는 새로운 도시 커먼즈 운동의 상상과 실천을 태동시키고 있다는 점에 주목한다.

3부는 경의선공유지 운동에 직간접으로 참여한 활동가들과 연구자들이 '커먼즈 운동의 의미와 과제', '경의선공유지 운동 이후'를 주제로 진행한 대담이다. 이 대담은 경의선공유지 운동 경험이 만들어낸 새로운 도시 운동의 상상과 도시 전환의 흐름을 살펴보면서 제2, 제3의 경의선공유지 운동을 위한 연대를 모색한다. 나아가 커먼즈를 중심으로 하는 새로운 정치의 가능성을 찾아본다.

아무쪼록 이 책이 자본주의 도시에서 공간의 상품화와 인클로저 문제에 맞서 지금도 곳곳에서 커먼즈를 되찾고 만들어가고자 노력하는 이들에게 새로운 해방의 가능성과 희망의 메시지가 되면 좋겠다. 그리고 새롭게 커먼즈 운동을 시작하는 분들에게 연대의 인사가 되길 바란다.

2021년 5월

박배균, 이승원, 김상철, 정기황

1부
탄생

1

성장연합, 신자유주의, 그리고 경의선 공원화[1]

김보경, 박배균

경의선공유지 운동은 한국사회 최초의 조직적이고 가시화된 공유지 운동이었다. 왜 이 운동이 경의선에서 나타났을까? 이 질문에 답하기 위해서는 서울에서 경의선 일부 구간이 지하화하는 과정, 그리고 경의선 지하화 이후 지상부 공간의 활용 방안을 둘러싸고 벌어진 갈등과 정치적 과정에 관해 이해할 필요가 있다. 왜냐하면 경의선공유지 운동의 배경에는 경의선 공원화와 그 주변의 지대 추구적 재개발, 그로 인한 젠트리피케이션과 쫓겨남의 과정이 자리 잡고 있기 때문이다. 이 과정을 설명하기 위해 마포 지역 토착 엘리트들이 조직한 성장연합정치와 국가의 신자유주의적 국유지 활용 방식이 경의선 지상부 개발 과정에 미친 영향을 비판적으로 검토하고자 한다.

경의선 지하화를 둘러싼 갈등과
마포 성장연합의 형성

1990년대 중반 이후 마포 지역 토호들이 주도한 성장연합정치는 2000년대 이후 진행된 경의선 지상부의 공원화와 마포 일대 경의선 역세권의 상업적 고층 개발을 추동한 중요한 힘이었다. 마포의 성장연합정치는 크게 세 시기로 나뉘어 진행되었다. 첫 번째는 마포의 지역 행위자들이, 마포구 구간의 경의선 폐철로를 증축해 전철을 짓겠다는 철도청 결정에 반발해 철도 지하화를 추진한 단계(1995~2003년)이다. 두 번째는 지하화 약속을 철도청으로부터 받은 2003년 이후 경의선 지상부의 공원화를 추진한 단계(2003~2011년)이다. 세 번째는 공원 조성을 착공한 2011년부터 경의선 공원 전 구간이 개원한 2016년까지의 단계(2011~2016년)이다. 이 세 시기에 걸쳐 마포 지역에 장소의존적 이해를 가진 세력들은 성장연합을 구성해 마포구청, 마포구의회 등을 통해 영향력을 행사했다. 경의선 철로의 지하화·공원화 등과 관련한 지역 여론을 주도했으며, 다양한 방식으로 서울시와 중앙정부의 의사 결정 과정에 개입했다.

경의선 지상부 구간의 공원화와 마포 일대 경의선 역세권 상업 개발의 계기는 2003년 하반기 철도청이 마포를 관통하는 경의선 부분을 지하화하기로 한 결정이었다. 철도청은 왜 이런 결정을 내렸을까? 마포 지역을 지나는 경의선 지선이 폐선된 뒤 1990년대 중반부터 이 구간의 처리 방안에 관해 정부 부처 간, 중앙정부와 지방정부 간 논란과 갈등 이 본격화했다. 철도청을 비롯한 건설교통부는 비록 폐선되었지만 이 선로를 보전해 다른 용도로 활용하는 방안을 추진한 반면, 마포구의 지역 행위자들은 철로 지하화로 얻는 막대한 개발이익을 기대하며 지속적으로 지하화를 주장했다.

1995년 12월 마포구의회는 경의선 전철의 지하화 촉구를 결의했다. 그러자 철도청은 1997년 2월 사업 계획 변경이 불가하다고 회신했다. 이에 마포구의회는 1997년 4월 철도청 관료를 구의회에 출석시켜 항의했다. 이처럼 초창기에는 마포구와 철도청 사이에 논쟁이 지속되었다. 그런데 1999년 10월 건설교통부가 직접 나서 경의선에 새롭게 지어질 예정인 전철[2] 4선을 모두 지하화하되, 기왕에 있던 지상철도 노선 1선은 향후를 대비해 그대로 남겨두겠다는 결정을 마포구의회에 통보했다. 마포구의 지역 행위자들은 중앙정부 결정에 강력히 반발하면서, 상급 지방자치단체인 서울시를 동원해 자신들의 주장을 관철하려 했다. 서울시는 관할 지방자치단체인 마포구의 이해를 대변해 경의선 구간의 완전한 지하화를 중앙정부에 요구했다(서울시의회 회의록 2003. 2. 20). 그러자 2001년 건설교통부는 관계기관 협의를 거쳐 경의선의 지하화 대신 고가화라는 수정 계획을 서울시에 통보했다. 마포구의 성장연합이 본격적으로 가시화된 것은 이 무렵이다. 마포의 장소의존적 행위자들은 이전까지는 서울시를 통한 공식 협의 채널을 통해 의사를 표현했

[표 1] 경의선 지하화 연표

년도	주요 사건
1995. 12	마포구의회, 경의선 복선전철 지하화 촉구안 결의
1997. 2.	철도청, 사업 계획 변경 불가 회신
1997. 4.	마포구의회, 철도청 관료 소환해 대안 논의
1999. 10.	건설교통부, 신공항선과 연계해 경의선을 지하 4선으로 건설하되, 지상 1선 존치 통보
2000. 6.	서울시, 지상 1선 지하화 재요구
2001 .10.	건설교통부, 지상선 고가화(합의안) 통보
2002. 12.	마포구의회, 고가화 반대 및 지하화 촉구 결의안 가결
2003. 3.	서울시의회, 용산선 고가화 반대안 가결
2003. 4.	철도청, 용산선 고가 건설 및 경의선 복선에 대한 공청회 개최
2003. 9.	철도청장, "원활한 사업 추진을 위해 용산선 폐선 결정" 국회 건교위 발언

출처: 마포구의회, 서울시의회, 국회 회의록을 토대로 작성.

다. 그러나 고가화 결정 이후 성장연합정치를 조직/동원해 분노와 저항의 목소리를 직접 표출하기 시작했다.

2001년 건교부의 경의선 고가화 결정 이후 마포 지역 행위자들은 경의선지하화투쟁위원회를 결성하고 대전 철도청을 방문해 항의 집회를 여는 등 여러 방식으로 주장을 표출했다(마포구의회 회의록, 2007. 10. 17; 2011. 11. 29; 서울시의회 회의록, 2003. 2. 20; 2010. 9. 1). 마포의 성장연합이 내세운 공식 명분은 그동안 지역을 관통하는 철도에서 발생하는 소음과 분진으로 많은 고통을 받아왔으며, 철도 고가화로 지역의 땅값이 떨어져 재산 피해가 예상된다는 점이었다(마포구의회 회의록, 2002. 12. 13; 2002. 12. 16; 서울시의회 회의록, 2003. 2. 20).

마포 성장연합정치를 구성하는 핵심 참여자들은 마포에 지역 기반을 가진 선출직 의원, 마포구 행정 관료, 경의선 인근에 주택을 소유한 주민대책위원회, 부동산·건설사와 같은 지역의 개발업자였다. 이들은 개발 담론을 적극 주도하면서 세를 키워나갔다. 특히 경의선과 상대적으로 가깝고 재개발과 같은 개발 이슈가 있는 곳일수록 성장연합정치에 더욱 적극적으로 나섰다. 연남동과 신공덕동 일대의 주민이 철도청의 경의선 고가화 방침에 특히 "민감하게 반응"하면서 지하화를 촉구하고 나섰다(마포구의회 회의록 2003. 5. 24). 이들 지역이 경의선 인근에 위치하고 있을 뿐 아니라, 당시 연남동에 2003년 준공 예정인 아파트가 있었고 신공덕동 일대에 재개발 사업이 진행되고 있었기 때문이다. 경의선에 인접해 개발이 진행되는 곳일수록 철로 지하화로 얻을 수 있는 개발이익이 컸으므로 경의선 지하화에 대한 욕망 또한 컸다. 이러한 토건적 개발이익을 추구하는 세력들이 경의선 지하화 이슈를 중심으로 결집해 정치화하면서 마포의 성장연합정치는 더욱 강화되었다.

마포 성장연합의 광범위한 활동 결과, 2002년 12월 마포구의회는 경의선 고가화 반대와 지하화 촉구 결의안을 가결했다. 이듬해 3월에는 서울시의회미지 용산신(경의선의 마포 지역 통과 지선) 고가화 반대안을 가결하면서 철도청을 압박했다. 이에 철도청은 2003년 4월 용산선 고가 건설 및 경의선 복선 공청회를 통해 경의선 지하화에 관한 다양한 의견을 수렴하는 자리를 가졌으며, 2003년 9월 마침내 경의선 지하화 결정을 내린다. 이 과정에서 마포 성장연합은 개발이익을 지키기 위해 환경권이란 새로운 담론을 가져와 경의선 지하화로 생겨난 지상부를 녹지 공간으로 조성하자고 주장한다. 이는 경의선 지하화를 위한 우호적 여론을 형성하는 데 효과적이었다.[3] 이처럼 마포 성장연합은 경의선 철도 고가화를 좌절시킴으로써 각종 개발 사업이 중단 없이 추진될 수 있게 했으며, 지역 개발을 통한 세수 증대, 지가 상승과 같은 공동의 이익을 실현했다.[4]

경의선 지상부 활용 방안을 둘러싼 논쟁과 경의선 공원화

경의선을 지하화하자는 마포 지역 행위자들의 요구가 받아들여지자 지상부 공간을 어떻게 활용할 것인지가 중요 이슈로 떠올랐다. 2003년 하반기에 경의선 지하화가 최종 결정된 뒤 경의선 지상부 구간의 활용 방안을 두고 서울시 및 마포구, 철로 폐선 부지의 관리 주체인 한국철도시설공단 사이에 이견이 표출되었다. 〈조선일보〉 2004년 11월 15일 자 기사에 따르면, 경의선 지상부 구간을 철도시설공단은 "상업용지로 쓰려고 하고, 서울시·자치구는 녹지나 도로 같은 '오픈스페이스(open space)'로 활용하는 안"을 내놓았다.[5] 이 기사는, 철도시설공단은 철도의 만성 적자 문제를 지적하면서 "개발이 가능한 부지에 대해서는 수익 사업이 필요하다"라며 상업 개발을 주장했고, 마포구는 대다수 마포구 주민이 경의선 부지에 공원을 조성하기를 바란다면서 공원과 문화·휴식·체육 공간을 건설해야 함을 주장했다고 강조했다.

그런데 〈조선일보〉의 기사와 달리 경의선 지상 부지에 대한 철도시
설공단과 마포구/서울시 사이의 입장 차이는 '상업적 개발 vs. 공익적
개발'이라는 대립 구도로 쉽게 설명되지 않는다. 무엇보다 마포구의 입
장을 공익적 개발 지향으로 단순하게 설명할 수 없다. 이와 관련해서는
마포 지역의 개발이익을 높이기 위한 성장연합에 의해 경의선 지하화
가 추동되었다는 사실에 주목할 필요가 있다. 마포의 성장연합은 경의
선 지상부 활용에 있어서도 상업적 개발이익을 높일 수 있는 방안을 선
호했으며, 이는 마포구의 태도에 지속적으로 영향을 끼쳤다.

이런 상황을 더욱 잘 이해하기 위해서는 2004년 마포구가 발표한
〈2020 마포구 도시 발전 종합 관리 계획〉을 자세히 살펴볼 필요가 있
다. 경의선 지하화가 거의 결정될 무렵인 2003년 5월부터 마포구는 경
의선 지상 부지 활용 계획을 본격적으로 논의하고, 이듬해 〈2020 마포
구 도시 발전 종합 관리 계획〉을 발표한다. 이 보고서에는 '용산선 폐선
부지 활용 방안'이 포함되어 있다.

이 보고서를 자세히 살펴보면, 마포구가 표면적으로는 공원과 녹도
(green way) 건설을 주장하지만 실제로는 경의선 지상 부지의 복합용도
사용과 홍대입구역, 서강역, 공덕역 등 주요 지점의 역세권 개발을 목적
으로 하고 있음을 알 수 있다(마포구, 2004, 107; 374; 377; 425). 특히 공원이
라는 단일 용도가 아니라, 문화·체육시설 및 주차장과 같은 교통시설
등을 포함하는 복합용도로의 활용을 강조한 것이 의미심장하다. 이는
마포 지역의 상업적 개발을 원활하게 해 부동산 교환가치를 최대화하
려는 지역성장연합의 이해가 반영된 것이었다. 마포구는 지역 주민 전

[표 2] 마포구의 용산선 폐선 부지 활용 방안: 주요 도입 기능

구분	개발 방향	주요 유치 시설
Open Space 공간시설	• 누구나 쉽고 편리하게 이용할 수 있는 인간 위주의 공원·녹지 계획 • 서울시 및 마포구의 녹지 경관 축과 연계	• 근린공원, 체육공원, 분수공원 등
공공 문화 체육시설	• 테마별 공공시설 확보 - 철도역사, 문화시설 • 생활체육시설 확보	• 철도역사(홍대입구역, 공덕역, 서강역) • 청소년 문화시설 • 풋살 경기장
교통시설	• 차량 및 보행 동선 체계와 상호보완적 정비 • 쾌적한 접근성, 자원 절약형 동선 체계 구축	• 주차장 • 자전거 도로

출처: 마포구(2004, 425)

체를 위한 공익적 이해를 대변하는 관할 지방자치단체로서 표면상으로는 상업적 개발을 공개적으로 찬성하지 못했다. 하지만 경의선 지상부를 복합용도로 지정함으로써 상업적 개발의 여지를 어떻게든 만들어보려 시도했다.

또한 2004년 보고서에서 마포구는 홍대입구역, 서강대역, 공덕역의 역세권 개발에 대해서는 "전략 사업"으로 설정해 비중 있게 고려한 반면, 공원과 녹지 등의 개활지는 웨딩타운이나 기타 역세권 개발 사업의 잔여물로 바라보는 태도를 보인다. 경의선 전철 정거장을 지역 개발 거점으로 육성하려는 이해관계가 존재함을 강조하면서, 이러한 개발 구상이 서울시나 마포구에서 추진되는 다른 (재)개발 사업과 잘 어울린다고 주장했다(마포구, 2004). 이는 경의선 역세권 개발을 합리화하려는 시도였다. 겉으로는 공익적 개발을 강조하는 듯 보였지만, 실제로는 역세권 개발과 같은 상업적 개발에 더 큰 비중을 두었다.

마포 성장연합은 경의선 철도 유휴 부지를 지역 경제 성장과 개발의

공간으로 만들기 위해 지속적으로 영향력을 행사했다. 따라서 경의선 지상부 구간의 활용에 관한 마포구의 구상은 개발 지향적 성격을 강하게 띨 수밖에 없었다. 2004년 총 7개 구역에서 재개발 사업이 추가 지정되었는데 그중 4곳이 경의선 공원의 경계부에 위치했다. 이곳들은 이후 재개발을 통해 고층 주상복합 아파트 단지로 변모했다. 게다가 2003년 5월 마포구의회의 재개발 지구 추가 지정 논의 과정에서 서울시 권고의 2배에 달하는 건물 연장이 설정되는 등 부동산 개발이익을 극대화하는 방식의 의사 결정이 지속적으로 이루어졌다(마포구의회 회의록, 2003. 5. 27.). 당시 마포구 도시계획국은 이러한 개발 지향적 결정에 대한 반발을 누그러뜨리기 위해 추후 실무 협의를 통해 경의선 지상부 공간 활용의 공공성 강화를 위해 노력할 것을 약속했다. 그러나 경의선 지상부 구간의 공원화가 결정된 뒤에도 공원과 인근 지역의 공공성을 높이기 위한 공적 규제는 부과되지 않았다.

경의선 공원화를 위한
마포 성장연합의 스케일 징치

마포의 성장연합은 마포에 기반을 둔 토호들과 개발 세력들로 구성되었기 때문에 마포구 차원의 지역 정치와 의사 결정 과정에 쉽게 영향력을 행사했다. 그런데 정작 경의선 지상부의 공원화와 역세권 개발에서 중요한 의사 결정 권한은 서울시와 중앙정부에 있었다. 따라서 성장연합은 마포라는 공간적 스케일을 뛰어넘어 서울과 국가라는 더욱 큰 공간적 스케일에서 이루어지는 의사 결정 과정에 영향을 끼치기 위한 다양한 전략적 행동을 취했다.[6]

　마포 성장연합에 이러한 스케일 정치(politics of scale)가 필요했던 까닭은 마포구와 서울시 및 중앙정부 사이에 근본적인 인식 차이가 존재했기 때문이다. 앞서 언급했듯이 마포구는 경의선 지상부 구간을 완전히 공원화해 공적인 공간으로 만들기보다는 문화·체육시설, 교통시설 등으로도 개발할 수 있는 복합용도의 개발과 역세권의 상업적 개발 방식을 선호했다. 하지만 이러한 마포구의 구상은 서울이나 국토 공간 전체로 보면, 공공성 측면에서 한계가 뚜렷해 온전히 받아들이기 힘들었다. 결국 마포 성장연합의 바람과 달리 서울시와 중앙정부의 의사 결정 과정을 거치면서 경의선 지상부 구간은 공원 조성으로 최종 결정되었다. 그럼에도 불구하고 마포구와 성장연합은 경의선 공원화 과정에서

[표 3] 경의선 공원화 연표

년도	주요 사건
2006. 9.	건설교통부, 경의선 사업 실시 계획 승인
2007. 2.	마포구, <경의·공항선 지상부 공원 조성 기본 계획> 발표
2007. 3.	국회 토론회, 서울시·마포구·한국철도시설공단 경의선 공원화 방침에 합의
2007. 5.	마포구-한국철도시설공단, 경의선 공원화 MOU 체결
2009. 9.	서울시, <경의선 지상 구간 공원 조성 기본 조사 및 기본 계획> 발표
2010. 12.	서울시-한국철도시설공단, 경의선 공원화 MOU 체결
2011. 7.	한국철도시설공단, 서울시에 경의선 지상부 무상 사용 허가

출처: 정부 기관 정보 공개 문서 등에 근거해 작성

자신들의 개발이익이 최대한 반영될 수 있도록 끈질기게 노력했다.

마포구는 2004년 계획에서 개발이익을 높일 수 있는 복합용도 개발을 주장했다. 그러나 2005~2007년에 작성한 〈경의·공항선 지상부 공원화 기본 계획〉에서는 경의선 지상부를 녹도로 개발하기로 계획을 변경했다. 계획을 변경한 배경에는 다음과 같은 기술적·제도적 제약 상황이 있었다. 2004년 마포구 구상대로 복합용도 개발과 역세권 개발을 위해서는 고층 건물의 건설이 필요했다. 그런데 지하에 공항철도와 경의선 전철이 통과하는 부지 특성상 높은 층수의 건물을 올리기가 쉽지 않았다.[7] 또한 복합용도 개발을 위해 경의선 지상부 부지를 여럿으로 쪼개 개발 계획을 수립할 경우 한국철도시설공단의 부지 사용 허가를 획득하기 어렵다. 그리고 국유지는 원칙적으로 영구 건조물의 축조가 불가하며, 지자체에 양여 및 대부 규정도 까다롭다.[8]

하지만 마포구의 입장 변경은 이러한 기술적·제도적 제약 조건뿐 아니라, 당시 마포 성장연합이 서울시와 연대 공간을 만들려는 스케일 정치의 과정에도 영향을 받았다. 마포구가 서울시의 권력과 자원을 적절히 활용하기 위해서는 당시 서울시 지도부의 정책 방향에 적극 호응할 필요가 있었다. 2000년대 이명박 시장(2002~2006년)과 오세훈 시장(2006~2010년) 재임기에 서울시는 시장주의적 관점을 바탕으로 대규모의 상업적 재개발 사업을 선호했다. 이런 기조에서 굵직한 토건적 개발 사업을 "녹색성장"의 이름으로 적극 추진하고 있었다. 특히 녹지 생태 부문의 환경 보전 및 역사 복원 등을 내세우며 청계천 복원, 서울숲 조성, 한강 르네상스 프로젝트 같은 대규모 토목 사업을 전개하고 있었다

([표 4] 참조). 따라서 마포의 행위자들이 서울시의 지원을 제대로 이끌어 내기 위해서는 서울시의 대규모 토건 사업에 편승해 녹지 생태 복원을 강조할 필요가 있었다. 마포구는 원래의 복합용도 개발 대신 녹지와 공원 중심 개발 안으로 선회했다.

이처럼 마포구와 마포 성장연합은 서울시의 정책 기조에 적극 동조하면서 그 대가로 적절한 보상을 얻으려 했다. 이는 꽤나 성공적이었다. 먼저, 서울시는 경의선 지상부 공간의 공원화를 자기 사업으로 만들어 국토교통부와 협상을 앞장서 도맡았고, 500억 원 가까운 시비를 투입하는 결정을 내렸다. 또한 마포구의회 한나라당 소속 의원들은 경의선 지상부 활용 방안이 서울시장 공약 사업에 포함되도록 오세훈 시장 및 서울시에 적극 로비했다(마포구의회 회의록, 2006. 10. 30; 2008. 1. 23; 서울시의회 회의록, 2008. 2. 19).

경의선 공원화를 계기로 서울시와 마포구의 연대가 공고해지고 경의선 공원화 사업이 진행되면서 서울시는 역설적으로 사업의 관할구청이자 도시 개발의 허가권자인 마포구의 요구 사항을 점차 무시하기

[표 4] 이명박·오세훈 시장 시기 사업 추진 명분별 대상 사업

명분 \ 기간	이명박 시장	오세훈 시장
균형발전	뉴타운 사업	
창의혁신	마곡산업단지	산업뉴타운
녹색생태	서울의숲, 청계천 복원	한강르네상스, 마곡워터프론트 개발
역사복원, 문화	오페라하우스	디자인서울, 동대문디자인플라자, 세빛둥둥섬, 한강예술섬, 시청 신청사

출처: 변창흠(2014, 21)

힘들게 되었다. 특히 역세권 개발과 같이 마포구가 원하는 개발 사업에 서울시는 협조할 수밖에 없었다.[9] 오세훈 시장 시절에 경의선 주변 지역에 상업적 개발을 촉진하는 대폭적인 규제 완화가 이루어진다. 여기에는 2010년 홍대·합정 지구의 용적률 완화를 통한 개발 제한 완화 조치(서고 2010-제21호), 2010년 12월 한국철도시설공단과의 MOU 체결 뒤 지구 단위 계획 등을 통해 경의선 역세권에 고밀 고층 개발을 허가한 것 등이 포함된다. 이런 과정을 거치면서 경의선 공원화 사업은 생태 보전 사업이 아니라, 경의선 인근 마포 지역의 투기적 개발과 부동산 이익 증가를 위해 토대를 놓는 사업으로 변모하고 말았다.

서울시의 반전

투기적 이익을 위한 개발 사업이 주도할 것처럼 보이던 경의선 공원화 과정은 서울시장의 교체와 함께 새로운 반전의 계기를 맞이한다. 2011년 새로 취임한 박원순 시장은 경의선 부지의 대안적 활용 방법에 관한 공론회 작업을 펼치면서 경의선 공원화 과정의 질적 변화를 모색했다. 하지만 이 과정은 마포 성장연합의 반발과 신자유주의화된 국가 기구의 개발 압력에 의해 좌절된다.

　앞서 이야기했듯이 마포 성장연합은 서울시와 연대의 공간을 만들어 시정에 협조하면서 동시에 경의선 공원화 과정이 자신들의 개발이익에 도움이 되도록 유도했다. 하지만 개발주의를 기반으로 한 서울시와 마포 성장연합의 연대는 예기치 못한 도전에 직면했다. 서울시와 연대를 바탕으로 경의선 지상부의 공원과 녹도 개발이 추진되다 보니 마포라는 공간적 스케일의 이해관계를 넘어 서울이라는 더 넓은 스케일에서 형성된 이해관계와 가치 속에 경의선 공원화 과정이 위치 지워졌다. 이제 마포 지역 주민만의 공간이 아니라 서울시민 전체의 공원이 되었기 때문에 다른 자치구와 형평을 고려해 예산을 투입해야 했다. 또한 공원이 추구해야 하는 공공성의 가치가 강조되면서 상업적 개발 사업에 대한 다양한 규제가 적용되는 공간으로 변모했다.

더구나 이명박, 오세훈 시장 시기에 강조되었던 토건적 개발에 대한 비판 여론도 확산되고 있었다(홍성태, 2004; 변창흠, 2014). 시민사회와 환경운동 진영에서는 이명박, 오세훈 시장 시기에 적극 추진된 녹색 성장 정책을 "녹색 토건"이라고 거세게 비판했다. 녹지 조성과 생태 복원 부문은 개발을 위해서 불가피하게 환경을 파괴하거나 이용하는 종래의 방식에서 한 걸음 더 나아가 자연 자체를 상품화한다는 비판을 받았다(조명래, 2004). 이런 맥락에서 경의선 공원화 과정에 대한 시민사회의 우려와 비판도 점차 높아졌다. 특히 홍대역, 공덕역 등 일부 경의선 역세권 지역에 대한 상업적 재개발이 추진되면서 시민사회로부터 경의선 공원화에 대한 의구심이 커졌다.

이러한 상황에서 2011년 취임한 박원순 시장은 전문가, 시민단체, 경의선 인근 주민의 의견 수렴과 공공 활동 조직에 적극적으로 나섰다. 박원순 시장은 취임 초기 리더십을 공고히 하고 시정 운영 성과를 가시화하기 위해 기자들을 동반해 경의선 공원화 구간을 답사했다. 또한 경

[표 5] 경의선 공론화 연표

연월일	추진 경위
2012. 2.	경의선 공원 1단계 개원(대흥역~공덕역 구간)
2012. 3. 31.	시장 1단계 구간 방문
2012. 3. 16~29.	전문가 자문회의(3회)
2012. 4. 13~7. 3.	경의선포럼(3회)
2012. 8. 22~8. 27.	주민설명회(3회)
2012. 11. 5~6.	공원 조성 계획 보고 및 현장 투어(시장 및 전문가)
2013. 3. 22~5. 27.	전문가 자문회의(2회)
2013. 4. 2~6. 5.	시장 보고(3회)
2013. 6~7.	주민설명회(4회)

출처: 서울시(2016, 144~152)

의선포럼을 열어 경의선 공원의 활용 방안에 관해 다양한 시민들이 참여하는 공론장을 만들려 시도했다([표 5] 참조). 시장과 부시장의 공원 답사와 전문가 포럼 및 주민 설명회에는 기자들이 동행했고, 시민단체와 학자 등 각계 인사들이 공원화 논의에 참여했다. 이러한 시도들은 이전의 의사 결정 과정에서 중심 역할을 수행했던 마포의 성장연합, 지방의회 의원들, 서울시와 마포구의 관료 집단들과는 다른 사회·문화석 감각과 정치·경제적 가치를 추구하는 새로운 행위자들을 논쟁의 장으로 끌어오는 역할을 했다. 이를 계기로 경의선 지상 부지의 활용을 둘러싼 의사 결정 과정에 새로운 정치적 지형이 만들어졌다.

2010년대 초반 이후 논쟁 지형에 새로 유입된 행위자들은 이전의 개발이익 추구적인 행위자들과 달리 도심 텃밭, 예술가 활동, 컨테이너 임시 주택, 상설 벼룩시장 등과 같은 아이디어를 제시하면서 경의선을 둘러싼 도시정치에 새로운 바람을 불러일으켰다. "도시 텃밭을 만들자"[10] "공원 위에 청년 주택을 짓자"[11] "홍대의 가난한 예술가들이 모일 수 있는 공간으로 만들자"[12] "시민들이 상시 이용할 수 있는 벼룩시장으로 만들자"[13] 등 다양한 아이디어를 제안하고 실험했다(서울시, 2016). 이러한 제안들은 지금까지의 공원 논의가 지자체 공무원과 지방의회 의원 그리고 소수의 전문가를 중심으로 이뤄져온 폐쇄성과 배타성의 반대 축을 구성했다.

경의선포럼이 활발히 열리던 2012~2013년은 홍대입구역과 공덕역 인근의 고층 개발이 끝나기 전이어서, 서울시 실무진들은 공원의 공공성 확보를 위해 역세권 개발을 가급적 축소 및 제한한다는 방침을 갖고 있었다(서울시, 2009). 이러다 보니 박원순 시장의 취임 초기에는 경의선 역사의 광장 부지 활용 방안이 수익성과 경제성 논리에 얽매이지 않고 다양한 시각으로 검토되었다. 서강대학교 앞 정거장 광장 부지에 컨테이너 형태의 네덜란드식 청년 주택을 지어 대학생 주거 문제를 해결하자는 안이 검토되었고, 공덕역 연변 부지에 상설 벼룩시장을 설치하자는 안이 제안되었다.

마포 성장연합의 조용한 저항

하지만 박원순 시장 임기 초반에 시작된 이러한 반전 분위기는 더 이상 확산되지 못하고 여러 장애물과 저항에 부딪쳐 급속히 가라앉았다. 가장 큰 장애물 가운데 하나가 마포 성장연합과 전임 서울시 집행부 사이에 만들어진 개발주의 연대의 정치적 견제였다.

서울시의회에서는 전임 시장에 의해 기틀이 마련된 사업이 신임 시장이 추진하는 공론화를 통해 지연되고 변형되는 것에 대한 우려를 제기했다(서울시의회 회의록, 2013. 9. 5). 전임 오세훈 시장이 속했던 한나라당 소속의 시의원들을 중심으로 신임 시장이 공론화라는 시간이 드는 과정을 도입해 경의선 공원의 빠른 "준공"을 지체하고 있다고 비판했다.

마포구에서도 박원순 시장의 공론화 작업에 대한 지속적 저항이 이루어졌다. 마포구는 서울시의 새로운 시도에 대해 소극적이거나 더러는 정반대의 입장을 취했다. 로컬 스케일에서 마포의 지역 정치 과정을 주도하는 것은 여전히 지역의 경제 성장을 최우선 가치로 삼는 성장연합이었다. 이들은 서울시장이 경의선포럼이나 각종 전문가 자문 등을 통해 구성한 대안적인 토시 이용 방식을 반려하거나 축소하는 방향으로 의사 결정 과정을 주도했다. 예를 들어 서울시가 주최하는 한 포럼에서 청년 주거 대책의 일환으로 경의선공원의 서강대역 광장 부지에 컨테이너 임시주택을 설치하자는 제안이 발표되었지만, 이후 착수 단계에서 마포구 승인을 받지 못해 무산되었다.

마포구는 경의선 공원화 과정에서 지역의 개발이익이 공공성 논리에 의해 약화되지 않도록 여러 전략적 행위를 취했다. 그중 하나가 홍대입구역사의 역세권 개발을 위해 애경과 MOU를 맺고 민자 역사 쇼핑몰에 마포구민을 우선 채용하겠다는 약속을 받아낸 것이다.[14] 이를 통해 마포구 및 서울시의회에서 제기되었던 민자 역사의 공공성 논란을 무마시킬 수 있었다. 마포구가 공덕역 옆에 '늘장'이라 불린 벼룩시장을 연 것도 이러한 전략적 행위의 결과였다. 당시 청년 주거 단체들이 경의선 공원의 일부 구간에 컨테이너를 활용한 임시 청년 주거를 건설하자고 제안하자, 마포구는 인근 아파트 주민들이 반대한다며 난색을 표하고 그 대신 벼룩시장을 채택하는 전략적 판단을 내렸다(청년주거대책 NGO 관계자, 2019. 8. 9. 면담). 서울시가 주도하는 새로운 사업에 무조건 반대할 수는 없으므로 쉽게 이전과 철거가 가능한 벼룩시장 사업을 추진하는 명민함을 보인 것이다. 마포구는 2012년 이랜드와 계약을 맺고 공덕역 옆 역세권 개발을 본격 추진하려 했다. 그런데 건물을 올리기 전까지 비워둘 경우 노숙자 등 불법 점유 문제가 발생할 수 있으므로 벼룩시장이라도 해서 공간을 활용하는 것이 낫다고 판단했다(마포구의회 회의록, 2014. 9. 23). 2013년 7월 마포구는 공덕역 옆 공터에 벼룩시장을 열고 늘장협동조합에 운영을 맡긴다.

늘장의 벼룩시장이 마포구의 전략적 판단에 따라 시작된 사업임에도 불구하고 마포의 개발주의 세력은 벼룩시장에 부정적 견해를 숨기지 않았다. 2013년 11월에는 마포구의회에서 "일할 의지"가 없는 사회적기업에 도움을 준다는 식의 비판이 제기되었다(마포구의회 회의록, 2013. 11. 29). 그리고 2015년 하반기에 마포구는 늘장협동조합에 곧 이랜드가 개발을 시작할 예정이라 벼룩시장을 더 이상 할 수 없다고 계약 중단을 통보했다. 그러나 경의선 부지의 수익 추구 개발 방식을 문제시하면서 벼룩시장을 통해 새로운 공동체 경제와 대안적인 개발 방식을 실험하던 시민 세력은 마포구의 중단 통보를 순순히 받아들일 수 없었다. 그들은 2015년 12월 늘장을 그만두는 대신 경의선 공원과 유휴 부지의 공공적 활용과 시민적 공유를 주장하며 경의선공유지시민행동을 설립하고 공간 점거에 돌입했다. 마포구의 계약 중단 통보가 직접적 계기가 되어 경의선공유지 운동이 시작되었다.

신자유주의 국가의 개발 압력

공론화 과정을 통해 경의선 지상부 공간을 대안적 방식으로 활용하고자 했던 서울시의 반전 시도가 현실에서 제대로 구현되지 못한 또 다른 배경은 국가 정책의 신자유주의적 변화였다. 특히 국유재산 관리와 운용 방식의 신자유주의적 변화는 큰 장애물이었다. 한국의 발전주의 국기는 1990년대 후반 IMF 경세 위기를 거치면서 본격적으로 신자유주의적 변화를 경험했다. 2000년대 들어 효율성과 경제적 합리성을 증진한다는 이유로 국유재산의 운용과 관리 방식에 있어서 대대적인 신자유주의적 개혁이 진행되었다.

원칙적으로 국가는 국유재산을 활용해 토지 임대 사업과 같은 영리 목적의 활동을 할 수가 없다. 하지만 국유재산 운용의 효율성과 경제적 합리성을 증진한다는 이유로 1994년 국유재산 개발신탁제도를, 2004년 각종 규제를 완화해 국유지 활용 기반을 확대하는 위탁개발제도를 도입했다. 이러한 신자유주의적 변화는 "비즈니스 프렌들리"를 강조하던 이명박 정부 때 더욱 심화되어 국유재산법의 대폭 개정이 이루어졌다. 기본 방향은 국유재산을 '재산'에서 '자원'과 '자산'으로 보는 패러다임의 변화였다(재정경제부, 2008). 국유재산에 대한 "시장 지향적 임대와 매각"을 가능케 하며, 국유재산 관리에 있어 "경영 마인드의 도입"을 개정하는 것이 중요 방향이었다(기획재정부, 2009, 17). 이를 위해 2008~2009년에 두 번에 걸친 국유재산법의 전면 개정과 지속적인 부분 개정이 이루어졌다. 이를 계기로 국유재산의 '자산화'가 제도화되었다. 특히 국유재산 위탁 개발의 걸림돌이었던 각종 규제가 큰 폭으로 완화되었다. 국유지인 경의선 지상부 공간도 이러한 제도적 변화에 영향 받아 더욱 시장친화적인 개발이 가능한 곳으로 변모했다. 더구나 철도 적자 해소와 철도 사업의 진흥을 도모하기 위해 국유재산 특례법의 적용을 받아, 수익을 위한 영구 시설물의 축조와 장기 대부가 허용되었다.

2005년 철도 경영 합리화란 명분 아래 철도사업법이 개정되면서 철도청이 열차 운행, 역사 운영 등을 담당하는 한국철도공사(KORAIL)와 철도의 건설 및 철도 시설의 관리를 담당하는 한국철도시설공단(KRA)으로 분리되었다. 그 결과 국가 철도 업무의 신자유주의적 변화가 가속화되었다. 특히 한국철도시설공단은 철도 시설이나 부지의 상업적 개발과 활용을 통해 수익을 남겨야 하는 과제를 부여받았다. 한국철도시설공단은 채권 등으로 철도 건설에 필요한 자금을 마련하고, 철도 사용료로 부채를 갚아나가는 재무 구조를 가지고 있다. 그런데 철도 사용료 수입에 한계가 있어서 철도를 만들수록 부채가 늘어난다. 따라서 철도 사용료 외의 추가 수익을 철도 시설이나 부지의 상업적 개발과 임대를 통해 만들 필요가 있다(박홍엽·나유성, 2017).

그래서 한국철도시설공단은 경의선 지상부 공간을 더욱 수익 지향적인 방식으로 개발하기를 원했다. 서울시가 추구하는 방향과 충돌할 수밖에 없었다. 경의선 부지 공원화와 관련해 철도시설공단은 마포구와 2007년에, 서울시와 2010년에 MOU를 체결했다. 이듬해 7월 서울시는 철도시설공단으로부터 경의선 지상부 공간에 대한 사용 허가를 획득한다. 철도시설공단이 서울시에 협조한 까닭은 자신이 원하는 경의선 역세권 개발에 관할 자치단체의 협조를 얻으려는 전략적 판단 때문이었다. 실제로 철도시설공단은 서울시와 실무 협상에서 경의선 광역 전철 정류장(가좌역, 홍대입구역, 서강대역, 공덕역, 효창공원역)과 인접 부지(공덕역 인근 부지) 6곳에 대한 개발 계획을 밝히고 협조를 요구했다(서울시, 2009).

이처럼 박원순 시장의 등장으로 급추진된 경의선 지상부 공간의 대안적 활용 방안 모색은 실질적 관리와 운영을 책임지고 있는 한국철도시설공단과의 이해관계 충돌로 제대로 추진되기 어려운 구조적 조건에 놓여 있었다. 결국 서울시가 시민과 함께 만들려 했던 경의선 지상부의 대안적 활용 시도는 좌절되었다.

경의선공유지 운동이 태어나다

이상으로 경의선공유지 운동의 배경이 된 경의선 공원화의 전개 과정과 그를 둘러싼 중요한 논쟁들을 마포 성장연합, 서울시, 국가 간의 상호작용 속에서 살펴보았다. 특히 토건적 개발이익에 기반을 둔 마포 성장연합이 경의선 공원화 과정에 수행한 역할에 많은 관심을 기울였다. 1990년대 중반부터 시작된 경의선 지하화 요구 운동에서부터 만들어지기 시작한 마포 성장연합은 경의선 인근 지역의 상업적이고 토건적인 개발에 강한 이해관계를 갖고 있었다. 성장연합은 경의선 지하화가 확정된 이후에는 경의선 지상부 구간을 더욱 상업적인 방식으로 활용해 개발이익을 극대화하려 했다. 그러나 녹색성장을 강조하는 서울시와 행보를 맞추면서 개발이익을 효과적으로 지켜내기 위해 경의선 지상부를 공원화하는 것으로 입장을 선회했다.

경의선 공원화 과정을 자세히 추적해 보면, 마포의 성장연합과 그에 영향 받은 마포구는 공원, 광장 등과 같은 공익적 공간을 상업적 개발사업을 위한 장식품 정도로 취급하는 태도를 일관되게 유지했다. 경의선 지상부 구간의 공원화가 결정된 이후에도 마포 성장연합은 경의선 공원을 통한 지역의 관광 수입 제고나 부동산 가치 상승에 주목했다. 그리고 공원 조성 과정에서 지역 개발 사업에 지장을 초래할 수 있는 각종 공익적 가치 추구 사업에 여러 차례 거절 의사를 밝혔다. 즉, 지역의 개발이익과 경제 성장에 기여할 수 있는 선별된 '주민'의 입장만을 대변하며 공원이라는 공간을 통해서 경제 성장 이외의 목적과 활동이 필요 이상으로 확대되는 것을 경계했다.

마포 성장연합은 마포구를 뛰어넘어 서울시, 중앙정부 차원의 의사결정 과정에도 영향을 미쳤다. 새로 취임한 박원순 시장은 경의선 지상부 공간의 활용에 관한 새로운 방안을 시민들과 공론장을 통해 모색하려 했다. 그러나 마포 성장연합과 그에 영향 받은 마포구의 조용하지만 지속적인 저항으로 제대로 실현하지 못했다. 더구나 2000년대부터 가속화된 국가의 신자유주의화 경향은 경의선 공원화 과정을 관통하는 개발이익 추구를 더욱 강화시켰다. 특히 국유재산 운용 및 관리 방식에서 신자유주의적 변화는 경의선 지상부 공간의 관리/운영의 담당 조직인 한국철도시설공단이 경의선 역세권의 상업적 개발에 더욱 강한 의지를 갖도록 만들었다. 이런 상황에서 서울시의 새로운 대안 모색은 성공하기 힘들었다.

경의선공유지 운동은 이러한 배경에서 태어났다. 경의선 철도의 지하화로 생긴 지상의 유휴 부지는 매우 다양한 방식으로 이용될 수 있었다. 시민들의 여가와 휴식을 위한 공원, 저소득 청년층을 위한 주거지, 예술가들을 위한 창작 공간, 주민들을 위한 시민 텃밭, 누구든지 와서 편하게 놀고 쉴 수 있는 주민 마당 등 다양한 활용이 가능했다. 하지만 마포 성장연합과 신자유주의화된 국가의 양자 협공에 의해 경의선 지상부 공간은 공원이란 이름의 녹색 토건 사업과 역세권의 상업적 고층 재개발 사업으로 채워졌다. 이러한 과정에 대한 분노와 실망이 공덕역 옆 경의선 부지에 시민 주체들이 자발적으로 모여 공유지 운동을 전개하게 만든 중요한 동력이었다.

2

국(공)유지,
무엇(누구)을 위한 땅인가?

정기황

경의선공유지 운동은 국유지인 경의선 철도 부지 개발 사업에 대한 문제의식에서 시작되었다. 국유지는 국유재산법상 '(제3조 1항)국가 전체의 이익에 부합'하게 사용되어야 하지만, 경의선공유지 철도 부지는 대기업이 쇼핑몰, 호텔 등으로 개발해 사적 이익을 추구하려 했다. 이는 한국에서 특별한 일이 아니다. 그래서 더욱 심각한 문제다. 그동안 한국의 국·공유지는 합법적으로 대부, 매각, 개발을 통해 (공적)사유화에 사용되어왔다. 민자 역사 개발이라는 명분으로 1987년부터 법의 최대 허용치인 30년 사용권을 대기업에 주었고, 사용권이 만료(2017년)된 뒤에는 법 개정을 통해 20년을 더 사용할 수 있도록 했다. 국유지가 총 50년 동안 한 대기업의 사적 이익을 위해 사용되는 것이다.

국·공유지는 중앙정부 소유의 국유지, 기초지자체 소유의 공유지를 통칭하는 용어이다. 국·공유지를 관리하는 법제인 국·공유재산법도 동일한 구분법으로 사용된다. 하지만 서구사회에서는 국·공유지(National Land, State Land)를 한국과 달리 '공공토지(Public Land)'로 부른다. 근대 국가는 시민의 권한과 권리를 위임 받아 관리하는 주체다. 따라서 위임 받은 토지는 시민 모두의 것으로, 정부와 민간을 통칭하는 공공(公共)을 붙이는 것이 적절하다. 또한 토지는 모든 인간에게 평등하게 주워진 '자연권'이며, 절대량이 한정되어 있다. 인간이 창출하지 못하는 유한자원이며, 인간 생활의 필수 자원이다. 따라서 인류의 근대 토지 제도는 모든 인간의 기본권을 보장하고 불로소득을 방지하는 등 과도한 사유화를 견지하는 방식으로 제도화되어왔다.

그러나 한국은 서구사회와 달리 국유지를 공적-사유화하는 특성을 지니고 있다. 이는 국·공유지의 형성 과정과 관계가 깊은데, 특히 철도 부지 개발의 역사에 잘 나타나 있다.

망각 : 공적-사유화의 근간

국·공유지 법제화의 시작

우리나라의 토지 제도는 어떻게 만들어졌을까? 시작은 신라시대의 수조제(收租制)로 거슬러 올라간다. 수조제는 농사로 거둔 수확물의 10분의 1을 세금으로 내는 제도다. 따라서 토지를 의미하는 지(地)가 아닌 논밭을 의미하는 전(田)으로 곡식을 생산하는 토지를 표현했다. 모든 토지는 왕의 소유이며, 농지를 관리하는 주체에 따라 공전(公田), 사전(私田) 등으로 구분했다. 농지가 아닌 산이나 하천은 공동체가 공유하는 공유지였다. 수조제는 이후 조선시대까지 이어졌다.

조선시대의 공전은 조세를 부담하는 조건으로 누구나 농사를 지을 수 있었으며, 수확의 10분의 1을 조세로 국가에 납입했다. 또한 수조권자인 전주(田主)가 경작자인 전호(佃戶)의 경작권을 빼앗는 행위를 막기 위해 전호가 자손 대대로 생계를 보장받도록 하는 조항 등이 있었다. 어느 정도 공유지 역할을 했다. 이처럼 중세의 토지 제도는 각 공동체의 사용권을 유지하되, 국가가 조세를 통한 수익권의 일부를 취하는 방식이었다. 공유지의 제도화 과정으로 볼 수 있다. 하지만 이 제도화는 일부 왕과 관료들의 권력 축적을 위한 토지 사유화로 와해되었다.

수조제는 곡식을 생산하는 토지를 대상으로 하는 제도였다. 왕에게는 수확량의 10분의 1을 납입 받는 수익권, 문무 관료에게는 농지의 소작을 나누어주는 처분권, 농민에게는 농사를 지을 수 있는 사용권으로 토지에 대한 권한이 분화되었다. 하지만 문무 관료들이 수익권, 처분권, 사용권을 절대적이고 배타적인 권한으로 사유화하면서 조선은 패망의 길을 걸었다.

왕권이 약해진 조선시대 말 토지 사유화가 빠르게 진행되었으나 법제도를 수립하지는 못했다. 법제도적 토지 사유화는 통감부(1906년)를 설치한 일제가 실시한 토지소유권 조사[15]로부터 시작된다. 이 조사는 조선시대의 토지소유권에 대한 관습법을 확인하는 것이었다. 부동산, 국유지, 공유지, 토지소유권, 저당권 등 현재까지 사용되는 토지 제도 관련 용어가 이때 등장한다.

일제강점기 토지 제도는 자본주의 도입과 토지 수탈을 목적으로 토지소유권 등을 사유화하는 것이었다. 일제의 대표적인 사업이 토지조사사업(1910~1918년)과 임야조사사업(1917~1935년)이다. 토지조사사업은 아직 개발되지 않은 토지(미간지)와 공유지를 국가가 몰수하는 토지 수탈 제도로 활용되었다. 농경지가 아닌 산과 하천 등은 임야조사사업으로 국유화했으며, 수탈한 토지는 일본인과 친일파에게 불하하는 등 전 국토를 사유재산으로 전환했다. 토지조사사업 이후 국유지 1,361km², 동양척식주식회사 소유지 746km², 미간지 11,905km²를 일제가 점유했다. 임야조사사업 이후 국유화한 면적은 33,570km²였다. 일제가 점유한 전체 토지는 47,582km²로 전 국토의 약 50% 정도에 달했다. 그럼에도 불구하고 농경지를 중심으로 공유지는 유지되고 있었다.

공유지의 국유화를 두고 1922년 〈동아일보〉는 "첫째 국가만능주의이오, 둘째 행정처의 과신이라 민간 공유로 확인함이 국유 편입에 비해 불안정 불확정하다 하는 것은 요건대 인민의 지식과 도덕을 무시하는 동시에 차(此)를 오즉 국가에 취하야서만 발견하랴 하는 것이니이엇지 인민을 무시함이 아니며 국가를 만능시함이 아니리오. 설혹 국가를 만능이라 할지라도 국가 사무 처리의 임(任)에 당하는 행정관의 선의와 완전성을 절대로 신임하지 아니할 것 갓흐면 그 소위 불안전·불확정의 반대인 '안전', '확정'을 도저히 기대치 못할지라"[16]며 공동체가 공유하던 토지를 국유지로 편입하려는 국가의 태도를 '국가만능주의'라고 비판한다.

일제강점기 토지 제도는 조선의 토지 수탈을 위한 사유화 과정이었으며, 국유지 개념이 만들어지는 계기였다. 국유지는 일제의 수탈을 합법화하는 것으로, 국가 소유의 사유지와 같은 개념이었다. 일제의 토지 수탈은 토지의 양을 늘리기보다, 세수를 늘리고 일본인과 친일파에게 불하해 부를 축적할 수 있게 하는 방식으로 이루어졌다. 이는 철도 부설과 철도 부지 개발에서 적나라하게 드러난다.

경의선 철도 부설과 철도 부지의 개발

경의선은 1904년 러일전쟁 발발로 일제가 서울-신의주 간 군용 철도를 부설하기 위해 임시군용철도감부를 설치하면서 급하게 진행되었다. 대한제국이 가지고 있던 경의선 철도부설권을 일제가 철도 부지와 역사 주변 지역의 토지 강제수용권으로 불하받았다. 1904년 용산-개성 구간 착수, 1905년 평양-신의주 구간 완공, 1906년 전 구간(518.5km)이 개통되었다. 경의선과 경부선은 서울을 중심으로 한반도 전체를 남북으로 연결하는 주요한 철도이다.

일제강점기 조선 철도의 부설은 "조선 경제의 발전을 위한 것이 아니라 제국의 탈로와 침략로를 개척하자는 것이었다. 일제는 철도망의 부설을 위한 조선 인민의 피땀을 깡그리 짜냈다. 일제는 1910년 10월에 조선총독부에 철도국을 설치하고 철도 건설과 경영권을 틀어쥐었다. 철도 건설과 경영에 필요한 자본과 비용은 총독부 예산으로 충당하기로 되어 있었으므로 조선 인민의 부담으로 되지 않을 수 없었다. 철도 건설 부지는 '철도용지수용'이라는 허울 좋은 이름 밑에 조선 농민들로부터 빼앗은 것이었으며 건설 공사에 필요한 노력도 강제 부역으로 조선 인민들이 끌려 나갔다. 이렇게 조선에서의 철도 부설은 조선 인민의 고혈로 이루어진 자금과 그들의 토지와 노력의 강제동원"[17]으로 이루어졌다.

이로 미루어볼 때 일제강점기 철도 부설 특히 경의선은 조선인 백성들의 토지 강제 수용과 강제 노역으로 조성되었으며, 전쟁을 위한 군용 철도이자 물자 수탈을 위한 것이었다. 일제강점기 철도 관련 국유지는 이렇게 만들어져 해방 뒤까지 이어진다. 일제는 철도 부설뿐 아니라 철도역 주변 부지를 강제 수용해 개발했다. 현재 용어로 치자면 '역세권 개발'이다. 철도역 주변은 개발과 동시에 유동인구가 보장되는 곳으로, 지가가 상승하면서 막대한 불로소득을 창출한다. 일본인들은 역세권 개발을 불하받아 막대한 부를 축적했다. 현재도 시행되고 있는 국유지의 민자 역사 개발이나 역세권 개발 또한 이와 방식이 비슷하다.

일제강점기 토지소유권을 중심으로 법제화된 토지 제도는 수탈의 수단이었으므로 분화되어 있던 토지 권한을 절대적이고 배타적인 소유권으로 만들었으며, 공동체가 함께 사용하던 공유지를 소멸시켰다. 철도 부지 개발에서도 잘 나타나듯이, 국유지 또한 국가 소유의 사유지처럼 사용된다. 한국에서 '공공토지'는 시민이나 공동체가 국가에 위임한 토지로 취급되지 않았다. 공공토지는 국유지로 지칭되고 공적-사유화된 형태로 사용되었으며, 이는 해방 이후까지 이어진다. 근대 국가에서 형성된 공공토지의 목적과 필요뿐만 아니라 인간 기본권으로서 토지의 가치조차 의도적으로 망각해버린 결과다.

착각 : 국유지의 합법적인 사적 불하

국유재산법의 역사

국유재산법은 국유지를 관리하는 법이다. 국유재산법은 [표 1]과 같이 1950년 제정 이후 폐지 제정 1회, 전부 개정 2회, 일부 개정 19회로 많이 변화했다. 하지만 큰 틀에서 "국유지를 국토를 구성하고 있는 토지의 한 부분으로 인식하기보다는 재산적 관점에서 하나의 부동산으로 다루고"[18] 있다는 점에서 변화가 거의 없다. 한국의 많은 대기업이 해방 뒤 적산을 포함한 국유지를 불하받아 성장한 까닭도 국유재산법이 뒷받침했기 때문이다. 국유재산법의 변화 과정은 대부분 연구에서 재원 조달을 위한 처분 위주의 정책(1945~1976년), 유지·보존 위주의 정책(1977~1993년), 확대 활용 촉진 정책(1994~)의 세 시기로 구분한다. 하지만 '확대 활용 촉진 정책' 시기는 법 개정 이유와 실행에 따른 변화가 컸으므로, 확대 활용 촉진 정책(1994~2008년), 민간 매각 및 개발 확대 정책(2009~2016년), 국민 생활을 위한 활용 전환 정책(2017~) 시기로 세분화할 필요가 있다. 총 다섯 시기의 특징은 다음과 같다.

① 재원 조달을 위한 처분 위주의 정책(1945~1976년) : 일제의 적산인

행정재산을 매각해 재원 조달, 5.16군사쿠데타 이후에는 경제개
발계획의 재원 조달을 위해 국유재산 매각.

② 유지·보존 위주의 정책(1977~1993년) : 1977년 전면개정을 통해 국
유재산관리계획을 도입·시행했으나 소극적인 유지·보존에 그쳤
고, 1985·1996년 두 차례에 걸쳐 국유재산실태조사 및 권리보전
조치를 추진해 국유재산의 등기를 완료.

③ 확대 활용 촉진 정책(1994~2008년) : 1994년 국유재산관리특별회
계를 신설하고 국유지개발신탁제도를 도입해 적극적 활용을 위
한 제도적 기반을 마련하고, 단순 처분 및 매각 방식을 지양하고
신탁 개발, 위탁 개발, 기금 개발 및 민간 참여 개발 등을 도입.[19]

④ 민간 매각 및 개발 확대 정책(2009~2016년) : 시장친화적인 매각·
임대 등 개발 방식을 다양화하는 제도를 도입.[20]

⑤ 국민 생활을 위한 활용 전환 정책(2017~) : 일부분이지만 국민 생활
의 편익을 증진시키는 생활밀착형 사회 기반 시설의 확충을 지원.[21]

국유재산법 개정(제정) 시기의 정권으로 분류해 보면, 해방 뒤 군사
독재 시기인 1945·-1993년 이승만·박정희·전두환 정권은 난순 매각
을 통한 재원 마련을 위해 활용했다. 문민정부가 시작된 1993~2008
년 김영삼·김대중·노무현 정권은 소극적으로 매각을 지양했다. 신자
유주의가 본격화된 2008~2017년 이명박·박근혜 정권은 매각, 임대,
개발의 다양화를 통해 적극적으로 활용했다. 토지공개념 등 공공토지
개념이 재논의되기 시작한 2017년 이후 문재인 정권은 소극적이나마

[표 1] 1950~2020년 국유재산법 개정(제정) 이유

국유재산법			
개정(제정) 년도 시행 년도	개정 (제정)	개정(제정) 해당 정권	개정(제정) 이유
1950. 04. 08. 1950. 04. 08.	제정	이승만 정권	국유재산을 보호하며 그 취득유지·보존·운용과 그 처분의 적정을 기하기 위해 국유재산의 범위, 구분과 종류·관리기관과 처분기관 등을 정하려는 것임.
1956. 11. 28. 1957. 11. 14.	폐지 제정		종전의 국유재산법을 폐지하고 새로운 법을 제정하는 방식을 통해 국유재산의 범위를 조정하고 국유재산의 분류를 종전의 행정재산과 보통재산에서 행정재산·보존재산 및 잡종재산으로 세분하며 보존재산의 운용·처분은 행정재산에 준하도록 하고 국유재산의 무단사용·수익행위 등에 대한 벌칙을 강화하려는 것임.
① 1965. 12. 30. 1965. 12. 30.	일부 개정	박정희 정권	국유재산의 처분에 관한 규정을 보완함으로써 합리적인 국유재산의 관리 및 처분을 기할 수 있도록 하려는 것임.
1966. 03. 08. 1966. 03. 08.	일부 개정		정부기구 개편에 따른 국세청의 신설에 수반해 주식을 제외한 보통재산은 원칙적으로 국세청장이 관리 또는 처분하게 하려는 것임.
1967. 11. 29. 1967. 11. 29.	일부 개정		국유재산의 효율적인 관리와 처분의 적정을 기하고자 국유재산에 관한 제도의 정비, 사무의 통일 기타 조정 업무를 수행하는 총괄청의 기능을 강화하려는 것임.
1970. 01. 01. 1970. 01. 01.	일부 개정		국유재산의 관리청 명칭을 등기부 기타 공부상에 명시하도록 함으로써 각 관리청 간의 소관 분쟁을 방지하고 소관청 불명 재산을 일소해 국유재산의 정확한 파악과 효율적인 관리를 기하도록 하려는 것임.
② 1976. 12. 31. 1977. 05. 01.	전부 개정	박정희 정권	국유재산의 관리 개선을 위해 현행법의 모순점을 시정하고 예산회계법에 맞추어 그 체계를 정비하려는 것임.
1981. 12. 31. 1982. 04. 01.	일부 개정	전두환 정권	1981년 3월 30일 이전에 무단점유된 소규모 국유재산의 정리를 위한 매각 특례를 정하고, 변상금징수제도를 개선하며, 은닉국유재산 환수에 따른 보완 조치로서 선의취득자를 보호하기 위한 특례를 정하는 등 국유재산 관리의 적정을 기하려는 것임.
1986. 12. 31. 1987. 01. 01.	일부 개정		무단점유 국유재산의 정리를 촉진하기 위해 국유재산의 무단 점유 등에 따른 변상금을 그 점유자 등에게 동 재산을 매각하거나 대부 또는 사용·수익의 허가를 하는 경우에는 면제하도록 하고, 소규모 잡종재산의 매각에 대한 대금 납부의 특례를 정하며 기타 현행 규정상의 일부 미비한 사항을 개선·보완하려는 것임.
③ 1994. 03. 01. 1994. 01. 05	일부 개정	김영삼 정권	유휴 국유지의 활용을 촉진하기 위해 국유지신탁제도를 도입하고, 국유재산의 매각대금·사용료·대부료·변상금의 분할납부제도를 확대함으로써 국유재산을 이용하는 국민의 경제적 부담을 완화하는 등 국유재산법의 운용상 나타난 일부 미비점을 개선·보완하려는 것임.
1999. 12. 31. 2000. 07. 01.	일부 개정	김대중 정권	지방자치단체가 비영리공익사업을 수행하고자 하는 경우 국유재산을 무상으로 사용할 수 있도록 하고, 국유지를 신탁함에 있어서 분양형 신탁제도를 도입하며, 국가가 소유하고 있는 주식의 매각 방법을 다양화하는 등 국유재산의 활용 및 관리의 효율성을 높이려는 것임.

<table>
<tr><td colspan="4" align="center">국유재산법</td></tr>
<tr>
<td align="center">개정(제정) 년도

시행 년도</td>
<td align="center">개정
(제정)</td>
<td align="center">개정(제정)
해당 정권</td>
<td align="center">개정(제정) 이유</td>
</tr>
<tr>
<td align="center">2004. 12. 31.
2005. 01. 01.</td>
<td align="center">일부
개정</td>
<td align="center">노무현
정권</td>
<td>국유재산의 사용료 채권 등을 확보하기 위해 국유재산의 사용료 등에 대한 보증금 예치제도를 도입하고, 사용료 등이 체납된 경우에는 관리청이 직접 이를 징수할 수 있도록 하는 한편, 국유재산 관리의 효율화를 위해 행정재산에 대해도 양여나 교환을 특정한 경우에 허용하고, 잡종재산의 위탁관리제도를 활성화하며, 그 밖에 국유재산의 관리·처분에 관한 현행 제도의 운영상 나타난 일부 미비점을 개선·보완하려는 것임.</td>
</tr>
<tr>
<td align="center">2009. 01. 30.
2009. 07. 31.</td>
<td align="center">전부
개정</td>
<td rowspan="6" align="center">이명박
정권</td>
<td>국유재산의 효율적 관리를 위해 분류체계를 정비하고, 국유재산의 안정적 사용을 위해 국유재산 사용 허가 기간을 장기화하며, 국가회계기준 도입에 맞추어 국유재산의 가격평가 및 결산 기능을 보완·강화.</td>
</tr>
<tr>
<td align="center">2009. 05. 27.
2009. 07. 31.</td>
<td align="center">일부
개정</td>
<td>국유지에 대한 선의의 점유자를 보호하기 위해 변상금은 무단점유를 하게 된 경위, 무단점유지의 용도 및 해당 무단점유자의 경제적 사정 등을 고려해 5년의 범위에서 징수를 미루거나 나누어 내게 할 수 있도록 하려는 것임.</td>
</tr>
<tr>
<td align="center">2009. 01. 30.
2010. 01. 01.</td>
<td align="center">전부
개정</td>
<td>국유재산의 효율적 관리를 위해 분류체계를 정비하고, 국유재산의 안정적 사용을 위해 국유재산 사용 허가 기간을 장기화하며, 국가회계기준 도입에 맞추어 국유재산의 가격평가 및 결산 기능을 보완·강화.</td>
</tr>
<tr>
<td align="center">④ 2011. 03. 30.
2011. 04. 01.</td>
<td align="center">일부
개정</td>
<td>국유재산 관련 정책 여건의 변화 등을 반영해 행정재산의 관리체계를 정비하고, 국유재산의 효율적 수급조정 수단을 마련하며, 시장친화적인 매각·임대 제도를 도입하고, 유휴·저활용 국유지의 적극적 활용을 위한 개발 제도를 정비함으로써 국유재산의 효율적 관리와 재정의 건전성 확보에 기여하는 한편, 그 밖에 현행 제도의 운영상 나타난 일부 미비점을 개선·보완하려는 것임.</td>
</tr>
<tr>
<td align="center">2011. 07. 14.
2011. 10. 15.</td>
<td align="center">일부
개정</td>
<td>현행 기획재정부장관이 발령한 훈령으로 정하고 있는 정부출자기업체의 정부배당에 관한 주요한 사항을 법률에 명확하게 규정하고, 배당 결정 과정의 투명성을 높일 수 있도록 관련 규정을 정비함으로써 국가의 출자 지분인 국유재산의 관리를 철저히 하려는 것임.</td>
</tr>
<tr>
<td align="center">2012. 12. 18.
2012. 12. 18.
(2013. 06. 9.)
(2013. 12. 9.)</td>
<td align="center">일부
개정</td>
<td>공무원 및 정부기업 직원의 주거용 행정재산의 적정한 관리를 도모하기 위해 공무원 및 정부기업 직원의 주거용 행정재산의 요건을 명확히 정하는 한편, 현행 국유재산의 관리체계가 부동산 중심으로 되어 있어 특허권·저작권 등 지식재산의 효율적·체계적 관리에 한계가 있으므로 지식재산의 특성을 반영한 관리·처분기준을 마련하는 등 현행 제도의 운영상 나타난 일부 미비점을 개선·보완하려는 것임.</td>
</tr>
<tr>
<td align="center">2016. 03. 02.
2017. 03. 02.
(2017. 03. 3.)</td>
<td align="center">일부
개정</td>
<td align="center">박근혜
정권</td>
<td>국가가 행정목적 수행을 위해 사용하거나 소유하고 있는 일체의 재산인 국유재산의 관리는 해방 이후 정부 수립 초기부터 최근까지 소극적인 유지·보존 방식에 치우쳐 있었음. 그 후 국유재산의 활용가치를 제고해야 한다는 지적에 따라 정부는 지난 2012년 국유재산기금을 설치하고 국유재산의 원활한 수급과 개발 등을 통해 효율 증대를 도모하고 있으나, 보다 적극적 개발·활용을 위한 제도적 기반 미비로 그 한계에 노출되어 있는 상황임. 한편, 1970년대 새마을운동 사업 시행 시 농촌의 마을안길확장 및 주택개량 사업 추진과정에서 국유지와 사유지 간 상호 점유된 토지가 다수 발생함에 따라</td>
</tr>
</table>

<table>
<tr><th colspan="5">국유재산법</th></tr>
<tr><th>개정(제정) 년도

시행 년도</th><th>개정
(제정)</th><th>개정(제정)
해당 정권</th><th colspan="2">개정(제정) 이유</th></tr>
<tr><td>2016. 03. 02.
2017. 03. 02.
(2017. 03. 3.)</td><td>일부
개정</td><td>박근혜
정권</td><td colspan="2">공공용으로 제공되고 있는 사유지에 대해서는 재산세를 납부해야 하고, 점유 중인 국유지에 대해서는 대부료를 부담하는 비효율이 발생하고 있는 실정임. 이에 따라, 국유재산의 활용가치와 공공성·수익성·효율성 제고를 위해 개발방식을 다양화하고, 관련 제도 정비를 통해 국유재산의 자산가치를 높이는 것은 물론 국가 재정수입 확충에도 기여하려는 것임.</td></tr>
<tr><td>2017. 08. 09.
2017. 08. 09.</td><td>일부
개정</td><td rowspan="4">문재인
정권</td><td colspan="2">국유재산의 재산권 관리 강화를 위해, 행정재산이 행정목적으로 사용되지 아니하게 된 경우 등 일정한 경우에는 지체 없이 그 용도를 폐지하도록 명시하려는 것임.</td></tr>
<tr><td>2017. 12. 26.
2018. 06. 27.</td><td>일부
개정</td><td colspan="2">국유재산의 활용도를 높이기 위해 조림을 목적으로 하는 토지와 그 정착물에 대한 대부 기간을 최대 10년에서 최대 20년으로, 대부 받은 자의 비용으로 시설을 보수하는 건물에 대한 대부 기간을 최대 5년에서 최대 10년으로 각각 연장하고, 행정재산을 용도폐지하는 경우 그 용도에 사용될 대체시설을 제공한 자 등에게 그 부담한 비용의 범위에서 용도폐지가 되어 일반재산이 된 해당 재산을 양여하는 기부 대 양여를 하는 경우 종전에는 총괄청과의 협의를 거치지 아니했으나, 국유재산의 효율적인 관리를 위해 앞으로는 대통령령으로 정하는 가액 이하의 일반재산을 기부 대 양여하는 경우 외에는 총괄청과의 협의를 거치도록 하는 한편, 중소기업 창업자나 벤처기업에 대해 국가 소유의 지식재산 사용료 등을 면제할 수 있는 근거를 현행법에 마련함으로써 이들의 생존율을 높이고 안정적으로 성장할 수 있는 토대를 마련하고, 국유재산의 효율적인 관리를 위해 중앙관서의 장 등은 「국토의 계획 및 이용에 관한 법률」 또는 그 밖의 법률에 따라 국유재산의 귀속에 관한 사항이 포함된 개발 행위에 관한 인·허가 등을 하려는 자에게 의견을 제출하려는 경우에는 총괄청과 미리 협의하도록 하려는 것임.</td></tr>
<tr><td>2018. 03. 13.
2019. 03. 14.</td><td>일부
개정</td><td colspan="2">국유재산의 활용성 제고를 위해 중앙관서의 장은 국유재산의 형태·규모·내용연수 등을 고려해 활용성이 낮거나 보수가 필요한 경우 등에는 그 사용료 또는 대부료를 감면할 수 있도록 함.
또한 비상장 물납증권을 매각 처분할 때 대부분은 물납자 본인이나 납세자의 친족 등 특수관계인에게 저가로 매각되고 있는데 일종의 탈세 또는 재테크 수단으로 활용되고 있으므로 시행령에 규정된 국세물납 증권의 처분 제한 규정을 법률로 상향해 규정하고, 물납증권의 저가매수 금지 대상을 물납한 본인뿐만 아니라 물납자의 특수관계인으로 확대함으로써 조세회피를 방지하고 국세물납제도를 개선하는 한편, 유휴·저활용 국유지를 적극적으로 개발활용하기 위해 일반재산 개발의 범위에 토지를 조성하는 행위도 추가하되, 토지·조성에 관해는 전문성을 갖춘 수탁자가 수행하는 위탁 개발에 한정해 실시할 필요가 있음. 이에 일반재산 개발의 범위에 건축 행위 뿐만 아니라 위탁 개발에 한정해 토지를 조성하는 행위도 추가함으로써 일반재산의 활용도를 제고하고 부가가치를 증대시키려는 것임.</td></tr>
<tr><td>⑤</td><td>2020. 03. 31.
2020. 03. 31.</td><td>일부
개정</td><td colspan="2">국유재산이 효율적으로 활용될 수 있도록 하고, 국민생활의 편익을 증진시키는 생활밀착형 사회기반시설의 확충을 지원하며, 국유재산 관리의 유연성을 높이는 등 현행 제도의 운영상 나타난 일부 미비점을 개선·보완하려는 것임.</td></tr>
</table>

출처: 법제처 국가법령정보센터(http://www.law.go.kr/). 국유재산법의 47회 개정(제정) 중 타법개정과 일부개정의 용어 변경을 제외한 23회의 개정(제정) 이유 비교.

공익적 활용을 위한 제도를 마련하고 있다. 하지만 큰 틀에서는 여전히 재정 조달을 위한 경제적 수익 창출 수단으로 활용하고 있다고 볼 수 있다.

국유재산법의 문제점

국유지의 공공성, 공익, 사회적 가치를 위한 국유재산법 개정은 1999년 12월 31일 일부개정에서 "지방자치단체가 비영리 공익 사업을 수행하고자 하는 경우 국유재산을 무상"으로 사용, 2009년 1월 31일 전면개정에서 국유재산의 관리·처분 기본원칙을 "1. 국가 전체의 이익에 부합되도록 할 것, 2. 취득과 처분이 균형을 이룰 것, 3. 공공 가치와 활용 가치를 고려할 것, 4. 투명하고 효율적인 절차를 따를 것"으로 규정, 2020년 3월 31일 일부개정에서 "국민 생활의 편익을 증진시키는 생활 밀착형 사회기반시설의 확충을 지원"하는 정도를 찾아볼 수 있다. 하지만 비영리 공익 사업에 대한 무상 사용 원칙은 폐지되었고, 관리·처분 기본원칙은 조문의 모호성으로 적용되지 못하고 있으며, 2011년 일부개정을 통해 "3의 2. 경제적 비용을 고려할 것"을 부가해 경제적 활용에 치중했다. 2020년 일부개정이 비교석 국공유지의 적절한 활용 원칙이지만 일부 조문에 국한되어 있다. 따라서 제3조 국유재산의 관리·처분 기본원칙의 해석으로 확장이 필요하다. 2020년 개정은 미미하지만, 일부 도시재생 지역 등에서 공동체가 활용할 수 있도록 했다. 이런 국유재산법의 문제점을 국토연구원 등 국책연구기관을 포함해 연구 기관에서 오래전부터 지적해왔지만, 적절한 법 개정이 이루어지지 않았다.

[표 2] 한국 국유재산법의 특징과 한계

구분	해당 조문	특징 및 한계
제1장 총칙	제3조 국유재산 관리·처분의 기본원칙	조문의 모호성
	제4조 다른 법률과의 관계	공법적 규율을 규정한 일반법, 개별 특례법 취약
	제18조 영구시설물의 축조 금지	국유지 활용에 있어 매입을 제외한 민간 참여 배제
	제19조 국유재산에 관한 법령의 협의	협의 대상 확대(감사원 포함)로 업무 절차 증가
제3장 행정재산	제35조 사용 허가 기간	사용 허가·대부 기간을 최장 10년으로 규정해 민간 참여를 통한 행정재산·일반재산의 적극적 활용 제약 *민법 제651조 임대차존속기간에 관한 위헌판결
제4장 일반재산	제46조 대부 기간	
	제59조의 2 민간참여개발	민간사업자와 공동 개발 조건의 비현실성
제6장 보칙	제73조의 2 도시관리계획의 협의 등	국유재산법과 국계법과의 관계 *국유지에 대한 도시관리계획 변경 시 총괄청이나 중앙관서의 장과 협의를 의무화 *국유지 활용 증진을 위해 총괄청, 중앙관서 장의 도시관리계획 변경 요청을 허용

출처: 전준우, 이명훈, '공익적 목적의 국유지 유효 활용 촉진을 위한 관리 제도 개선 방안', 〈도시행정학보〉 제28집 제2호, 2015. 393쪽

국유재산법 문제의 핵심은 공공성과 공익에 대한 조문의 모호성 또는 소극적 해석에 있다. 국유지의 가장 중요한 가치인 공공성과 공익을 재원 조달 같은 금전적 가치로만 판단하고 있기 때문이다. 47회(타법개정에 의한 개정 포함)의 제정과 개정을 반복했음에도 큰 틀에서 변화가 없는 이유이고, 국유지 활용 문제가 드러날 때마다 '공공성 확보'가 대두되는 이유이기도 하다. 국유지 관리 제도의 개선 방안 연구와 국토연구원의 국유지 활용의 공공성 제고 방안이 지적하는 것처럼, 국유지 총괄청을 경제적 가치 중심으로 일하는 기획재정부가 맡고 있어서 총괄청이 기획 조정 기능을 하지 못한다. 또한 해당 부처 간 이해관계가 복잡하고, 갈등이 발생하며, 칸막이(Silo Effect)로 인해 개별 사업으

로 진행된다.

무엇보다 한국의 국유지는 재산 관점에서 다루어져 매각·대부·개발 위주로 관리되며, 관 주도의 대기업 위탁 개발 형식으로 이루어진다. 한국의 국유지가 지속적으로 감소하는 이유이며, 국유지 관리 총괄청이 기획재정부이고 국유지의 매각·대부·개발 등이 금융 관련 전문가 위주로 결정되는 이유이기도 하다.

한국의 국유지는 현재 약 23%다. 이중 약 65% 이상이 임야이다. 이런 한국 토지 제도의 문제점을 정부도 잘 알고 있다. 2005년 대한민국 정책브리핑에서는 "싱가포르(81%)나 이스라엘(86%), 대만(69%), 미국(50%) 등은 국유지가 50% 이상 넘지만 우리나라는 겨우 30% 수준이다. 우리나라의 국유지는 대부분이 임야와 도로·학교 등 공공시설 용지로 이용되고 있으며 공공 부문이 소유하고 있는 도시 용지 보유 비율도 0.1%에 불과해 택지 공급에도 어려움을 겪고 있는 실정"[22]이라고 지적한다. 국가별로 토지 정책이 달라서 직접적인 비교는 어렵지만, 대체로 국유지 비율, 지방자치정부 공유지 비율, 비영리단체 등 공동체의 공유지 비율을 포함해 40% 내외를 유지하는 것이 일반적이다. 한국은 지방자치정부나 비영리단체 등의 공유지가 매우 낮은 국유지 체계로 운영되고 있어서 그 비율이 매우 낮다. 그럼에도 불구하고 2010~2014년 여의도 8.3개(약 25km²)에 달하는 국유지를 매각했다. 한국의 사유지는 상위 2.7%가 59%, 상위 27%가 99%, 하위 40%는 0%, 중위 33%가 1%를 소유하고 있다.[23] 공유지를 확보하고 공익을 위해 적극적으로 활용해야 하는 상황이지만, 오히려 지속적으로 매각하고 있다. 한국철도시설공단 등의 공기업은 사업 적자를 메우기 위한 수단으로 국유지를 매각하거나 대기업의 상업적 개발을 적극 추진하고 있다. 국유지가 최소한의 사회안전망으로 역할하지 못하고 있다. 현재 부동산 투기와 주택 문제는 국유지가 제 역할을 온전히 하지 못했기 때문이기도 하다.

[표 3]은 한국과 일본의 국유재산 정책 심의 기구 비교다. 한국의 국

[표 3] 한·일간 국유재산 정책 심의 기구 비교

국가	한국		일본	
명칭	국유재산 심의위원회		국유재산 분과회	
구성	위원장(1)	기획재정부 장관	위원(5)	교수, 기업인, 법조인, 엔지니어
	정무위원(8)	중앙 소관부서 차관 및 청장	임시위원(10)	교수, 언론인, 기업인
	민간위원(10)	부동산·증권 분야 전문가	전문위원(1)	기업인
특징	민·관 합동 기구		민간 기구	

출처: 전준우, 이명훈, '공익적 목적의 국유지 유효 활용 촉진을 위한 관리 제도 개선 방안', 〈도시행정학보〉 제28집 제2호, 2015, 401쪽.

[표 4] 한국자산관리공사 임원진의 전문(출신) 분야

직책		출신(전문) 분야	직책		전문 분야
CEO		기획재정부 관료		A	증권업
감사		감사원 관료		B	법제처 관료
부사장		한국자산관리공사		C	금융업
상임이사	A	은행업	비상임이사	D	경영학 교수
	B	행정자치부 관료		E	기업인
	C	한국자산관리공사		F	지자체 관료
	D	한국자산관리공사		G	기업인
	E	금융위원회 관료			

출처: 한국자산관리공사 홈페이지(http://www.kamco.or.kr/).

유재산 심의위원회는 기획재정부 등 정부 관료와 부동산·증권 분야 전
문가로만 구성된다. [표 4]와 같이 국유재산을 관리·대행하는 한국자
산관리공사의 임원진 또한 정부 관료와 금융업 전문가로 구성되어 있
다. 국유재산이 중앙정부 주도로 경제적 가치로만 운영된다는 뜻이다.

국유재산법의 가능성

국유지는 보호뿐만 아니라 공공성 확보를 전제로 매각과 개발이 필요
할 수 있다. 공공성 측면에서 국유지의 기능으로 공간 계획적 기능, 토
지 비축 기능 등을 들 수 있다. 공간 계획적 기능은 도시의 난개발을 막
고, 도시가 계획적으로 성장할 수 있도록 하는 기반을 제공한다. 일부
국가에서는 이보다 적극적으로 공공이 도시계획에 필요한 토지의 매
입에 우선권을 가지는 '선매권' 등을 시행하기도 한다. 토지 비축 기능
은 토지의 과도한 사유화로 인한 지가 급등, 부동산 투기, 불로소득 등
의 부동산 문제를 탄력적으로 통제·관리하는 것이다.

　일본, 영국, 미국의 국유지 관리·처분 제도([표 5])에서 국유지 활용의
세계적 추세와 가능성을 볼 수 있다. 일본은 정책 방향을 바꿔 지역 연
세 등 사회적 자본을 축적하기 위해 활용한다. 영국은 투명한 정보 공
유를 통한 공공서비스의 질적 향상과 시민·지방정부의 활용을 적극적
으로 지원하고 있다. 미국은 지역커뮤니티, 지방정부, 비영리단체 등에
우선적으로 무상 양도하는(공익양도) 등 시민사회의 활용을 지원하고 있
다. 공통적으로 토지 총괄청과 기관 간 협업기구를 두고 있다. 또한 기
초지자체, 공동체, 시민사회를 지원하는 공공성과 공익을 우선하고 있

[표 5] 일본, 영국, 미국의 국유재산(국유지) 관리·처분의 특징

국가	일본	영국	미국
기관 (총괄청)	재무성 국토교통성, 총무성 지원	정부자산국 GPU(Government Property Unit) 국무조정실 산하	토지관리국 PBS (Public Buildings Service)
정책 방향	국유재산 행정전략: 사회복지, 사회자본, 도시재생, 지역연계 등	정부자산전략: 정보공유를 통한 공공서비스의 질적 향상	기관과 커뮤니티 발전을 위한 활용 전략
정보 시스템	국유재산 정보시스템(재무성)/ 국공유재산 정보공유 연계 창구 (국토교통성)	e-PIMs: 정부자산 찾기 시스템/분기별 관리	IOLP(소유 및 임대 자산 목록) /지속적 업데이트
협업 정책	국유재산 분과회: 민간 기구로 다양한 전문가로 구성	One Public Estate Program: 12개 지역정부와 협력/NPCS(국가자산 관리 스스템)부처 간 협력 추진 전략	Good Neighbor Program: 지역 커뮤니티의 발전을 위해 활용할 법적 책임
매각 및 활용	사회복지시설, 지역수요, 지역활성화를 위한 공헌	시민사회 측면에서 새로운 일자리와 주거를 창출하고 정부 입장에서는 부동산 관리 비용을 줄이며 좀 더 효율적으로 이용	공동체 지원 공익양도, 협상에 의한 판매, 공매
	지역단위 협의와 중앙단위 협의에 총괄부처가 직접 참여	중앙정부 부동산 데이터(SFG/ GPF)를 활용해 유휴 공간을 스타트업, 사회적기업이 사용할 수 있게 고안된 프로그램	공익양도 고용 및 교육 기회 확대, 어메니티 증진, 주거복지 등 특정 목적을 위해 지방정부, 지역단체, 비영리기관 등에 무상 양도

음을 알 수 있다. 특히 국유지의 정보 투명성 확보를 통해 시민 누구나 쉽게 정보를 습득하고 의사결정에 쉽게 참여할 수 있도록 한다.

국유지는 시민 활동을 위한 최소한의 사회안전망으로 제도화된 것이다. 국가는 제도적 사회조직으로서 구성원 개인의 요구와 목표를 효율적으로 실현시키는 것을 목적으로 삼는다. 국유지 또한 이를 목적으로 해야 한다.

환각 : 철도 부지의 사적 개발

민자 역사 개발 특혜의 역사

국유지인 철도 부지의 민자 개발은 전두환 정권 시기인 1987년 시작되었다. 올림픽을 계기로 대기업의 자본을 유치해 서울역, 영등포역, 동인천역을 민자 역사로 개발하는 것이었다. 철도 부지를 소관하는 철도청의 인허가 외압과 인허가 업무를 관장하는 서울시의 불법으로 사업이 시행되었으며, 대기업 특혜 의혹 등이 있었다. 그런데도 기업들은 상업적 개발로 국유지를 별 탈 없이 1987~2017년까지 30년 동안 점유하며 사적 이익을 냈다.

지난해(1987) 12월 식당, 다방, 당구장, 탁구장 등의 근린생활시설만이 들어선 건물로 설계해 서울시의 건축 허가를 받고 건축에 들어갔다. 당시 서울시 관계자들은 이 같은 눈가림식 신청 사실을 알면서도 철도청의 요청에 따라 허가를 내줬으며, 지난 9월 5일에는 형식적인 심의만으로 근린생활시설을 다시 판매시설로 용도를 변경해주었다.[24]

근린생활시설에서 판매시설로 용도변경했을 뿐만 아니라 허가 당시의 연건평 7천 3백 4평에서 현재의 7천 6백 15평으로 3백 11평을 늘려 설계 변경했음이 드러나 당국이 재벌의 탈법 행위를 방조했다는 의혹을 사고 있다. …… 민자 역사 건설 주무관서인 철도청은 이러한 불법 사실을 알고도 올림픽 개막 이전에 서울역 역무 시설을 개통한다는 명목하에 허가관서인 서울

시에 건축 허가를 해주도록 협의 요청했던 것으로 드러났다.[25]

정부는 철도 민자 역사의 건립 배경 및 기대 효과를 '① 현대적 역사 시설 요구 : 역사 현대화 부진으로 도시 미관 저해와 편의시설 확충 및 노후시설의 현대화 ② 역사 개량(건설)비 절감 필요성 : 막대한 국가 비용 필요하기 때문에 비용 절감을 위해 민간자본 유치 필요 ③ 철도 경영 개선 및 여객 수요 창출 유도 : 점용료 징수, 주식 배당 수입으로 경영 개선, 역 주변 상권·문화권을 형성해 여객 수요 창출'로 밝히고 있다.

정부의 민자 역사 개발 원칙은 모든 조항이 경제적 수익에 초점을 두고 있다. 이는 광역대중교통인 역이라는 특수성에 따라 유동인구가 많고, 이를 이용해 수익률이 높은 백화점이나 대형 마트 등으로 개발하기 때문에 주변 상권을 교란시킨다. 또한 입주자에게 임대하는 방식이라서 고용율이 낮고, 영업손실 등의 피해가 입주자에게 돌아가는 문제를 안고 있다. 또한 점용 만료 뒤 원상복구가 원칙이라서 정부 자원으로 남는 것이 없다. 실제로 민자 역사는 운영 과정에서 대기업 특혜, 오너 일가 비리, 입점업체에 대한 횡포와 갑질 등 많은 문제가 드러났고, 공공성 부재가 지속적으로 지적되었다.

전국 곳곳의 민자 역사들이 재벌가들의 먹잇감으로 전락하고 있다. …… 롯데 민자 역사는 신 회장 일가에게 알짜 매장을 특혜로 주고 수수료까지 싸게 해주는 등 이중 특혜를 베풀고 있다. 입점한 일반 커피숍의 수수료율 (22%)보다 7%포인트나 낮은 15%만 받고 있다. 롯데그룹 총수 일가의 일감 몰아주기는 이것만이 아니다. 롯데그룹의 롯데시네마 안에 있는 팝콘 매장의 독점 운영권을 신격호 총괄회장의 첫째 딸과 셋째 부인의 가족이 소유한 회사에 줬다. 재벌그룹 총수 일가가 자체 영화관의 팝콘 장사까지 하고 있으니 대한민국이 재벌공화국이라는 말이 나오는 것이다. …… 특히 지난 80년대 후반부터 철도 역사를 현대화한다는 명분에 따라 옛 역사를 허물고 그 자리와 역 광장을 백화점과 쇼핑센터로 탈바꿈시키는 대대적인 작업이 곳곳에서 진행됐으나 사실 재벌가들에게 먹잇감을 던져주는 꼴이 됐다. …… 재벌들은 국민의 재산인 철도 역사를 마치 자신들의 것인 양 일정액의 사용료만 지불하고 맘껏 장사를 하며 이익을 남기는 것이다. 국민의 재산을 활용해 기업의 규모를 엄청나게 팽창시켰다. 백화점과 마트 등 대형 유통 매장이 들어서면 주변 상권은 싹쓸이 당한다. 골목 상권은 말로 외친다고, 유통법 등을 만든다고 보호되지 않는다. 근본 원인이 무엇인가를 따져보면 국민과 국가 재산을 무분별하게 헐값에 불하하거나 사용토록 한 잘못이 크다. …… 따라서 감사원이 민자 역사와 국·공유지, 국민 재산을 재벌들에게 사용토록 한 사업들을 지금이라도 대대적으로 감사했으면 한다.[26]

이런 국유지의 개발은 매각·내부·개발을 중심에 둔 국유재산법의 한계 때문에 가능했다. 2009년 전면개정을 통해 현재 국유재산법 체계가 만들어진 이후에도 민자 역사는 [표6]과 같이 지속적으로 개발되어 왔으며, 2009년 이후 10년 사이에 민자 역사의 절반 이상이 개발되었다. 국유재산법은 2009년 전면개정을 통해 만들어진 '국유재산의 관리·처분 기본원칙'을 2011년 일부개정해 '3의 2. 경제적 비용을 고려할

[표 6] 철도 부지 개발 사업

철도 부지 개발 사업					개발 관련 주요 사건
점용 허가 기간	역사명(개발사업명)	개발 사업자	시설용도	점용면적(㎡)	
1987-2017	서울(구역사)역	한화역사(주)	롯데마트	26,894	최초 민간복합역사 개발
1987-2017	영등포역	롯데역사(주)	롯데백화점	57,507	
1987-2017	동인천역	동인천역사(주)	일반상점	12,278	
1997-2027	산본역	산본역사(주)	뉴코아아울렛, 킴스클럽	12,839	
1999-2029	부천역	부천역사(주)	이마트	27,195	
2000-2030	부평역	부평역사(주)	롯데마트	27,900	
2002-2032	안양역	안양역사(주)	롯데백화점	27,621	
2003-2033	서울(신역사)역	한화역사(주)	롯데아울렛	39,375	
2003-2033	수원역	수원애경역사(주)	AK플라자	80,300	
2003-2033	대구역	롯데역사(주)	롯데백화점	40,224	
2004-2034	용산역	㈜현대아이파크몰	아이파크백화점	130,916	
2006-2036	신촌역	신촌역사(주)	밀리오레	18,065	
2008-2038	왕십리역	㈜비트플렉스	이마트	45,951	
2009-2039	평택역	평택역사(주)	AK플라자	35,053	국유재산법 전부개정
2010-2040	청량리역	한화역사(주)	롯데백화점, 롯데마트	61,236	
2012-2042	의정부역	신세계 의정부역사(주)	신세계백화점	54,736	
2012-2013(건설) 2012-2042(운영)	광명역 복합환승시설사업	광명역 복합터미널(주)	환승시설, 판매시설	40,779	개발 계획 및 공사 기간을 점용 기간에서 제외 (무상제공)
2012-2018(건설) 2012-2042(운영)	(구)경춘선 철도시설개발사업	㈜강촌레일파크	상업시설 및 관광상품 개발·운영	408,621	
2013-2014(건설) 2014-2044(운영)	(구)영동선 철도시설개발사업	㈜하이원추추파크	레일바이크, 숙박 및 상업시설 등	990,319	

철도 부지 개발 사업					개발 관련 주요 사건
점용 허가 기간	역사명(개발사업명)	개발 사업자	시설용도	점용면적(㎡)	
2014-2016(건설) 2017-2046(운영)	공덕역 복합시설 개발사업	공덕경우개발(주)	업무시설, 숙박시설, 근린생활시설	62,925	
2016-2018(건설) 2018-2048(운영)	홍대입구역 복합시설개발사업	㈜마포애경타운	판매시설, 숙박시설, 업무시설 등	53,978	
2017-2018(건설) 2018-2048(운영)	광명역 D환승주차장부지 개발사업	㈜광명역환승파크	주차장 및 근린생활 시설 등 개발 및 운영	12,672	최초 복합역사 점용 기간 만료 (2년 유예)
2017-2018(건설) 2018-2048(운영)	(구)동해남부선 철도시설개발사업	해운대블루라인(주)	관광진흥시설	16,274	
2017-2019(건설) 2020-2050(운영)	인천논현역 복합시설개발사업	인천논현역개발(주)	판매 및 교육, 문화 및 집회 등	20,165	
2018-2019(건설) 2020-2049(운영)	공덕역 부근지역 복합시설개발사업	㈜이랜드공덕	업무시설, 근린생활시설	32,013	
2018-2022(건설) 2023-2052(운영)	수서역세권 개발사업	한국철도시설공단 한국토지주택공사	환승센터, 업무·유통, 공공주택	380,000	점용기간 연장 (20년) 법개정(2019. 05.)
합 계				2,715,836	

*출처: 서울대학교 교통공학과 고승영, '철도 민자 역사 점용 허가 기간 만료 시 처리 방안 및 그에 따른 위탁기관의 역할 정립
연구', 국토교통부, 2014(한국철도시설공단 홈페이지).

것'이라는 항목을 추가했다. 앞서 말한 것처럼 국유재산법 제3조는 기본원칙으로 매우 중요하지만 조문의 모호성으로 인해 해석되지 않고, '3의 2'만 해석되고 있는 실정이다.

대기업 특혜를 위한 법제도

1987년 이후 현재까지 코레일과 한국철도시설공단이 밝히고 있는 사업만 26개다. 여전히 진행 중이다. 1987년 처음으로 개발된 서울역, 영등포역, 동인천역은 30년 점용이 2017년 만료되었다. 점용 만료 직전

인 2014년에는 국토교통부에서 〈철도 민자 역사 점용 허가 기간 만료 시 처리 방안 및 그에 따른 위탁기관의 역할 정립 연구〉를 발주했다. 연구는 교통전문가에 의해 진행되었고, 참여 전문가 6명이 만장일치로 점용 허가 연장이 적절하다는 의견을 제시하고 있다. 점용 만료 뒤 원상복구가 원칙이었지만, 연구를 통해 점용 허가 연장의 정당성을 확보하려 했다.

하지만 한국철도시설공단에서 상업적 개발 사업을 시행하고 교통전문가가 진행한 이 연구는 전문성과 객관성을 확보하지 못했다. 점용이 만료되는 점용 사업자는 "점용 기간이 너무 짧고, 현재 고용된 사람들을 해고해야 한다"는 이유로 점용 기간 연장을 주장했고, 정부는 2년의 유예 기간을 보장했다. "사업자가 점용 기간을 초과해 체결한 임대차 계약으로 인한 소상공인 피해와 사회적 혼란을 최소화"[27]한다는 이유였다. 하지만 점용 기간 30년은 계약 사항이고, 사업자가 그 기간을 초과한 것은 사업자의 의도다. 그럼에도 불구하고 원상복구가 아닌 국가 귀속으로 사업자에게 유예 기간을 제공했다. 또한 "철도공단 김계웅 시설본부장은 '앞으로 국가에 귀속된 두 곳 민자 역사에 상주 인력을 배치하는 등 꼼꼼하고 세심한 관리를 통해 지역 주민에게 안전한 쇼핑 문화 공간으로 자리매김할 수 있도록 최선을 다하겠다'"[28]고 밝혔다. 이는 한국철도시설공단에서 판단하는 공공성, 공익성은 점용료 수익에 집중되어 있음을 방증한다.

이후 국회에서 철도사업법 개정안(2019. 5. 24. 시행)으로 임대 기간을 최대 10년에서 20년으로 연장했고, 원상복구가 아니라 새 사업자를 정했다.[29] 사업 공고에는 국유지 활용과 관련해 지속적으로 지적되어왔던 '공공성 확보'가 제기되었다. 사전자격심사에서 "고용승계·고용안정 계획, 중소기업과의 상생협력, 공공 공간 확보 계획 등을 평가해 국유재산의 공공성 및 사회적 가치를 한층 강화하겠다"고 발표했다. 하지만 서울역은 이전 사업자인 한화가 단독 응찰, 영등포역은 이전 사업자인 롯데가 최고입찰가를 제시해 사업권을 가져갔다. 국유재산이 약간의 공공성이 확보된 대기업 쇼핑몰이 된다고 해서 국유재산법의 원칙인 '공익'에 부합한다고 보는 것은 형식적이고 모호한 해석에 불과하다.

결국 서울역은 한화역사(주), 영등포역은 롯데가 30년에서 20년을 연장해 50년을 점용하게 되었다. 심지어 서울역은 총괄청인 기획재정부, 소관부처인 국토교통부, 소관기관인 한국철도시설공단을 거쳐 한화에게 점용 허가를 주었다. 현재 한화는 롯데에게 임대를 하고 롯데는 입점자에게 임대하는 전전대(轉轉貸) 방식으로 점용되고 있다. 이처럼 국유지인 철도 부지의 활용은 각 기관의 합리적 판단과 견제, 결정 절차가 아니라, 철도 부지 관리 주체인 한국철도시설공단의 뜻에 따라 형식적인 절차로 이루어진다.

1987년 서울역과 영등포역에 민자 역사 개발이 시작되고, 국유재산법이 전면 개정되는 2009년까지 22년 동안 10곳에 불과했던 민자 역사 개발이 13곳 추가되었다. 대표적인 곳이 경의선 구간으로, 4개 부지에 민자 개발이 추진되었거나 추진 중이다. 20년이 지나도록 국유지의 활용 문제는 이전과 동일하다. ① 공공성(공익성) 부재 ② 정보 불투명성 ③ 총괄청 역할 부재 ④ 지역(지방정부)과 시민(시민사회단체) 참여 부재 등이 마찬가지로 일어나고 있다. 일제강점기 철도 부지와 역사 개발에서 나타난 공적-사유화와 유사하다. 애초 잘못 설정된 국유지의 의미와 가치는 이제 관례가 되었다. 오히려 환각에 빠진 듯 국유지 개발로 기존 지역의 내몰림(젠트리피케이션) 현상이 나타나고 있으며, 대기업의 사적 이익에 유리한 방식으로 제도화하고 있다.

나아지지 않는 국유지 개발 방식

민자 역사 개발은 국유지, 국유재산법의 문제를 여실히 드러내고 있다. 특히 경의선 폐선 부지 개발 사업은 시민을 위한 공익을 배제하고, 대기업의 편의와 사적 이익에 맞춰진 전형적인 개발의 진화를 보여준다. 이는 개발 사업의 주체인 한국철도시설공단(현 국가철도공단)에서 발표한 보도자료[30]에 잘 나타난다.

① 개발 초기 한국철도시설공단은 "경의선 지상 부지인 홍대입구역과 공덕역, 공덕역 부근 지역, 서강역 등 4곳의 부지에 복합 역사 건립 등 개발 사업의 본격 추진"과 "공원화에 따라 연간 300억 이상의 수익가치 창출은 물론 부동산 가치 상승 등을 감안해 1조 483억의 사회경제적 가치를 창출할 것으로 추산"[31]했다. 즉 개발을 통해 주변 지역의 지가가 단기간에 상승할 것을 예상하고 있었다. 내몰림을 예측하고 있었다고 할 수 있다.

② 한국철도시설공단은 "부지의 약 61%인 102,000m²에 경의선 숲길공원"을 개발하는 것을 지역 친화적 활용으로 말하고 있다. 하지만 이는 39%는 개발한다는 뜻이다. 공원 등을 포함한 녹지 지역의 건폐율은 20%로 '국토의 계획 및 이용에 관한 법률 시행령' 제84조에 명시되어 있다. 예외적인 경우에도 건폐율은 40%로 한정[32]된다. 곧 경의선 개발은 법정 최대치로 개발한 셈이다.

③ 한국철도시설공단은 "개발 사업 부지에는 책거리공원, 지역커뮤니티센터 등 주민 편의시설이 포함"되어 있다는 것을 시민 편의와 개발을 조화시킨 모범 사례로 홍보하고 있다. 하지만 현재 경의선 부지(국유지)에 개발된 건물은 20층 이상의 호텔, 쇼핑몰 등으로, 사유지 개발이라 하더라도 공개공지, 과밀부담금[33], 공공기여금[34], 기부채납 등을 통해 의무적으로 공공에 기여해야 한다. 위의 사례는 오히려 한국철도시설공단이 얼마나 개발 전문성과 공공성이 부족한지 드러낸 모범 사례다.

④ 한국철도시설공단의 국유지 개발은 총괄청인 기획재정부, 소관부처인 국토교통부, 사업시행기관이 한국철도시설공단, 해당 지역의 광역기초단체인 서울시와 지방지역단체인 마포구 등 많은 공공기관들이 관여하고 결정하는 복잡한 구조로 만들어져 있다. 하지만 기획재정부와 국토교통부는 한국철도시설공단의 상위기관일 뿐이고, 한국철도시설공단은 공원을 조성한 서울시와 '늘장'을 조성한 마포구 그리고 개발 사업 주체인 이랜드에게 국유지 점용 권한을 내어 줄 뿐이다. 감시와 견제가 가능한 정부 조직 체계

나 국토의 균형 발전과 지역 발전을 위한 합리적 의사결정구조가 아닌 한국철도시설공단의 독점적 지위로 이루어지는 개발 계획이나 다름없다. 즉 한국철도시설공단이 소유한 사유지의 개발과 다름없이 개발되는 과정이다.

⑤ 4곳의 개발 부지 중 이랜드공덕이 개발하는 부지는 철도역사도 아니다. 사업명이 "공덕역 부근 지역 복합시설개발사업"으로 "부근 지역"이다. 철도역사라는 최소한의 공적 목적도 없는 순수한 상업적 개발이다. 또한 개발을 계획하지 않고 하부의 철도 지하 구조물을 만들었기 때문에 난항을 겪고 있으며, 상업적 수익을 위해 용도를 변경하는 데 많은 기간을 소요했다. 한국철도시설공단이 발표한 대로라면 2014~2016년(건설), 2017~2046년(운영)으로 벌써 운영하고 있어야 한다. 하지만 아직 개발 계획도 수립되어 있지 않은 상태다. 2012년 계약하고 예정된 건설 기간과 운영 기간이 지난 지 오래지만, 이랜드공덕은 10여 년을 무상으로 점유하고 있다. 국유지는 공사장처럼 공터로 버려져 있다. 단적인 예로 영등포역은 1987년 계약하고 계획과 공사를 거쳐 1991년에 운영을 시작했고, 2017년 점용 계약이 만료되었다.

보도자료를 통해 살펴본 것처럼, 민자 역사 개발은 불법과 특혜로 얼룩진 1987년과 달리 대기업 개발사의 상업적 개발 편의에 맞춰 최소한의 합법적 틀을 갖추는 방식으로 발전해왔다. 민자 역사의 용도도 근린생활시설로 시작해 쇼핑몰, 호텔 등으로 대기업의 사적 이익에 적합한 방식으로 변해왔다. 점용 기간은 법정 최대인 30년에서 20년 연장이 가능하도록 법이 개정되어 50년간 사적 이익을 추구할 수 있도록 했다. 게다가 개발 기간 등을 포함해 30년이었던 점용 기간은 개발 기간 제외로 바뀌었다. 전반적으로 대기업의 개발 편의에 맞춰 법제도가 바뀌어온 셈이다.

시민 모두의 자산인 국유지에 대한 시민의 참여나 문제를 제기하는 등의 권리는 보장되지 않는다. 특히 개발 계획과 관련한 자료나 정보는 비공개인 경우가 많고, 정보공개청구로도 찾기가 어렵다. 공개되어 있다하더라도 각 기관과 부서, 기간, 사업지에 따라 흩어져 있어서 시민의 견제와 감시, 저항권 행사는 거의 불가능하다. 시민들에게 보장된 것은 기껏해야 몇 번의 공청회와 공람이라는 형식적 절차뿐이다.

그럼에도 한국철도시설공단은 국유재산법, 철도 부지의 민자 개발 문제를 지적한 시민의 경의선공유지 운동을 불법으로 규정하고, 경의선공유지시민행동에 36억 원의 부동산명도단행가처분 소송을 제기했다. 경의선 폐선 부지에 관련된 기획재정부, 국토교통부, 한국철도시설관리공단, 서울시청, 마포구청, 국회 등 어느 곳도 시민의 문제제기를 듣지 않고, 다른 기관으로 책임을 떠넘기기에 바쁘다. 국유지의 의미와 가치에 충실하지도 않고, 정보를 투명하게 공개하지도 않으면서, 문제 제기하는 시민에게 감당할 수 없는 수준의 천문학적 금액의 소송으로 입을 막았다. 시민 모두를 위해서만 사용되어야 하는 국유지이지만, 시민에게는 그 어떤 권리도 보장되지 않는다.

연트럴파크의
젠트리피케이션 현상[35]

임은정

연트럴파크는 연남동 경의선숲길공원의 또 다른 이름이다. 특히 홍대입구에서 가좌동으로 연결되는 구간이 하나의 공원으로 만들어졌다. 뉴욕의 센트럴파크처럼 도심을 가로지르는 공원과 비슷해 연남동의 센트럴파크라 불린다.

연남동은 1975년 행정구역 개편에 따라 서대문구 연희동 남쪽 지역을 마포구로 이전하면서 연희동의 남쪽, 연남동이라 불리게 됐다. 연남동은 인구 1만 5,941명(통계청, 2019)이 거주하며, 1970년대부터 도시계획이 잘 정비되어 주택과 주택 사이 도로가 넓은, 서울 시내에서도 대표적인 주거 지역이다(두산백과, 2008). 특히 이 지역은 명동 중국대사관에서 1948년 개교한 한국한성화교 중·고등학교가 1969년 연희동으로 옮기면서 화교가 유입되어 화교 마을이 만들어졌다. 이 때문에 경의선 철로 근처에는 화교를 상대하는 중국식 만두나 중국음식 등을 파는 작은 식당들이 자리 잡았다. 1984년 지하철 2호선 홍대입구역이 개통하면서 주변 상권이 활성화되었으나, 경의선으로 둘러싸여 고립화되어 있는 연남동은 상업화가 어려웠다.

2012년 4월에 경의선숲길의 1단계 구간이 개방된 뒤 2015년 6월 경의선숲길이 조성되었다. 연트럴파크는 접근성이 좋은 도심의 지리적 특성 때문에 쉽게 유동인구가 유입되면서 빠르게 변화했다. 홍익대, 서강대, 연세대 주변 상권보다 비교적 임대료가 저렴해 청년 사업가와 젊은 예술인이 모이기 시작했다. 기존 대학 상권과 차별화된 분위기가 만들어지면서 많은 사람이 방문하는 곳이 되었다.

2015년 시작된 '서울 도시재생'은 지역 여건에 따른 다양한 맞춤형 재생으로 함께 성장하고, 국민 모두가 최소한의 생활수준을 누릴 수 있도록 환경 친화적이고 건강한 도시를 지향하는 새로운 서울시 사업이다. 노후된 도시를 재생함으로써 국민 삶의 질을 높이고자 한 이 사업은 정부의 정책적 지원과 물리적 환경 개선으로 상권이 활성화되면서 임대료가 급상승했다. 초기에 정착해 상권을 형성한 상인들은 높아진 임대료를 감당하기 어려워 다른 곳으로 떠날 수밖에 없는 현상이 나타나고 있다. 이는 젠트리피케이션의 전형적인 예라 할 수 있다.

낙후된 도시를 재생해 긍정적인 효과를 기대하지만 거대 자본의 투입 등으로 지나친 상업화가 진행된다. 그 결과 지역은 고유한 특성을 잃어버리고 원주민들은 퇴출된다. 2018년 '서촌의 궁중족발'[36] 사건이 뉴스를 통해 알려지면서 이제는 젠트리피케이션이 생존의 큰 위협으로 다가왔다. 누군가는 '어쩔 수 없는 일'이라 할지 몰라도, 뜨는 상권에서 상인이 밀려나는 젠트리피케이션 현상은 더 이상 개인 일로 치부할 수 없다.[37]

이 장에서는 연트럴파크의 조성 배경 및 사례를 바탕으로, 연남동 지역의 젠트리피케이션 발생 요인과 과정 및 특성을 살펴보고자 한다. 연구 방법으로는 통계청과 국토교통부의 자료를 통해 공시지가 변동 등을 분석하고자 한다. 또한 검색어와 트렌드 분석을 통해 연트럴파크에 대한 대중의 관심이 젠트리피케이션 현상에 미치는 영향을 파악해보고자 한다.

젠트리피케이션이란

영국 사회를 이해하는 중요한 개념 가운데 하나가 '젠트리(Gentry)'이다. 중세에는 지주가 젠트리의 중심이었다. 그러나 근세에 이르러 지주 농업뿐 아니라 상공업 투자 등으로 경제적으로 안정되면서 법률가 등 전문적인 직업을 가진 계층으로 확대되었다. 젠트리피케이션은 자본과 유력한 영향력을 지닌 젠트리 계층이 개발되는 구도심으로 유입되면서 그 지역의 부동산 가치 상승과 임대료 및 거주비 상승을 이끌어 구도심에 거주하던 원주민을 떠나게 하는 현상을 일컫는다.

1964년 영국의 사회학자 루스 글라스(Ruth Glass)는 런던 외곽의 켄징턴 지역 및 런던 서부에 위치한 첼시와 햄프스테드 등의 개발로 일어난 주거 지역의 구성과 성격 변화를 설명하기 위해 '젠트리피케이션 (Gentrification)' 개념을 처음 사용했다(Glass, 1964). 노동자 중심의 하층 계급 주거 지역이 중산층 유입으로 주거 환경이 개선됨에 따라 기존 주민은 높아진 주거비용을 감당하지 못해 비자발적으로 이주하게 되었다. 이로 인한 지역 전체의 성격 변화를 설명하는 개념이다. 쇠퇴한 지역이 개발되면서 상위계층의 유입으로 그 가치가 상승한다는 긍정적 평가(Khalil et al., 2015)와, 부동산 가치 상승 및 주거비 상승으로 원주민이 그 비용을 감당하지 못해 비자발적으로 주거지를 떠난다는 부정적 평가(김수아, 2015)가 공존한다.

한국에서는 높아진 부동산 가격과 임대료 상승으로 고통 받으며 떠나는 원주민과 임차인에 초점이 맞춰져 보통 부정적인 의미로 쓰인다.

언론 보도

2015년 경의선숲길공원 조성 사업의 2단계 1구간 완성 후 주요 언론사에서 연트럴파크 관련 기사를 내보내기 시작했다. 〈동아일보〉는 2015년 9월 9일 첫 보도 후 2019년 11월 25일 기준으로 33건의 기사를 내보냈다. 〈중앙일보〉는 2015년 10월 24일 이후 101건, 〈조선일보〉는 2015년 9월 9일 이후 68건, 〈한겨레〉는 2015년 12월 29일 이후 18건을 보

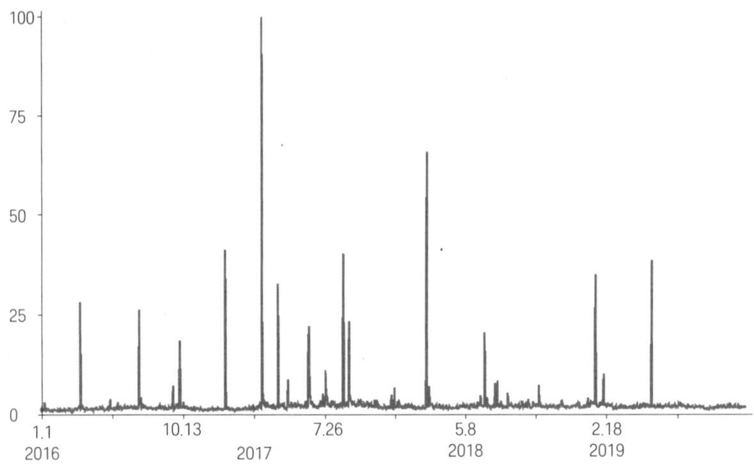

[그림 1] 네이버 검색어 트랜드 분석

출처: https://datalab.naver.com/keyword/trendResult.naver?hashKey=N_0582e0fa359b242b89d4889b
6108f98c)

도했다.

포털 사이트 네이버를 통해 모바일과 PC에서 검색된 연트럴파크 관련 검색어 트렌드 결과는 [그림 1]과 같다. 네이버에서 해당 검색어가 검색된 횟수를 각각 합산해 조회 기간 내 최다 검색량을 100으로 설정한 상대적인 변화를 나타내는 지표이다. 검색어 트렌드 분석 결과 2017년 연트럴파크에 관한 검색 빈도가 가장 높았던 것으로 나타난다.

연트럴파크 젠트리피케이션에 관한 주요 언론 보도는 다음과 같다.

"공원 생겨 좋아졌죠. 그런데 임대료도 많이 올라 영세 상인들은 살기 더 팍팍해졌을 겁니다."(연남동 H 공인 대표)

시민을 위한 공원이 들어선 뒤로 주변 상인들의 얼굴엔 근심이 서리기 시작했다. 주변 환경은 쾌적해졌지만 껑충 뛴 임대료 부담이 주변 영세 상인들의 삶을 팍팍하게 만들고 있었다.

"공원이 생기기 전엔 400만 원을 내던 임대료가 지금은 600만 원을 훌쩍 넘었다"고 말했다(〈조선일보〉 2015. 9. 9).

최현실 서울시 공원 조성과장은 "폐선(閉線) 이후 방치되는 동안 주변이 슬럼화하기도 했지만 주민 산책로이자 아이들 놀이터, 학생들 통학로 등 일상의 추억이 담긴 아날로그적 감성이 배어 있는 공간이 됐다." 다만 워낙 동네가 뜨다 보니 역설적으로 젠트리피케이션이 심각한 장소로 꼽힌다. 영화에서처럼 '홍익대에서 밀려온 무명 화가'가 작업실 겸 살 공간을 마련하기에는 너무 비싼 곳이 돼버렸다(〈동아일보〉 2017. 6. 26).

오밀조밀한 주택가, 화교와 인디 뮤지션의 밀집지로 알려졌던 연남동이 최근 5년 주요 상권으로 급속 성장했다.

기존의 저층 단독·다세대 주택이 음식점이나 게스트하우스 등으로 변모하면서 이곳 부동산 가격도 크게 상승했다. 유동성도 늘어나고 상권도 확대됐지만, 이 때문에 이곳에 거주하던 주민들은 연남동을 떠나게 됐다. 이 같은 '젠트리피케이션'은 지금도 진행 중이다(〈중앙일보〉 2017. 10. 7).

"관광객 때문에 사람 사는 집을 헐고 주차장을 짓는다는 게 말이 됩니까?" 7일 이른바 '연트럴파크'로 불리는 서울 마포구 연남동 경의선숲길 인근의 빌라 주민 유아무개(36) 씨는 분통을 터뜨렸다. 서울 마포구가 '관광객

주차난을 해소하겠다'며 주민들이 거주하는 빌라를 철거하고 공용주차장을 지으려고 하면서 주민들의 반발을 사고 있다(《한겨레》 2018. 8. 8).

표준지 공시지가 변화

국토교통부 자료에 따르면, 2017년 표준지 공시지가는 전년 대비 4.94% 상승했다. 서울은 5.46% 변동률이 있었으나, 마포구는 홍대 상권, 상암 DMC, 경의선로 공원화 등 거주 여건 개선 및 정비 사업으로 12.9% 상승해 전국적으로 높은 상승률을 보였다.

2018년 표준지 공시지가는 전년대비 6.02% 상승했다. 시내 주요 상권 소재 표준지의 가격변동률은 서울 평균(6.89%)보다 높은 것으로 나타났다. 연남동 무지개아파트에서 연남치안센터에 이르는 경의선숲길공원 조성 지역은 18.7%로, 서울 소재 주요 상권인 성수동 카페거리 14.53%, 경리단길 14.09%, 가로수길 13.76%보다 높은 것으로 나타났다.

[그림 3]의 연도별 지가지수 동향은 경의선숲길공원이 개통한 2016년 연 100으로 해서 매년 변동률을 나타낸 것이다. 그래프에서 알 수 있듯이, 경의선 주변 부지인 공덕역과 홍대입구역은 경의선숲길 조성 이후 2016년부터 2018년까지 2년 동안 나타난 지가지수 변동 폭이 1990년에서 2016년까지 26년에 걸쳐 나타난 변동 폭과 거의 일치한다.

[그림 4]와 [그림 5]는 홍대입구역과 공덕역 주변의 개별 공시지가 변화율을 나타내고 있다. 경의선숲길공원 주변의 변화율이 큰 것(진한

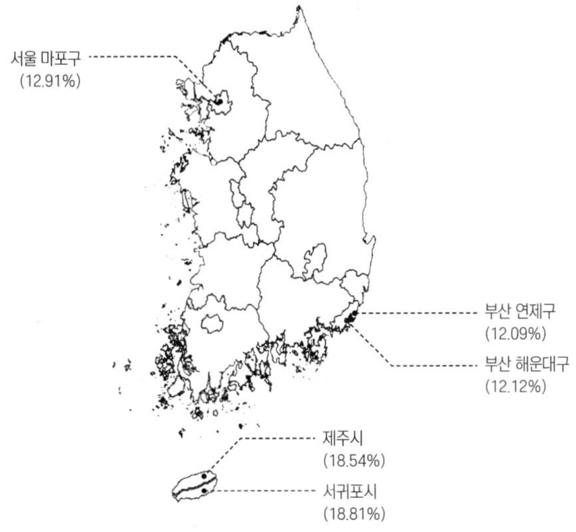

[그림 2] 2017년 표준시 공시지가 전년 대비 상승률 기준 상위 5위 지역

출처: http://www.molit.go.kr/USR/NEWS/m_71/dtl.jsp?lcmspage=1&id=95078887)

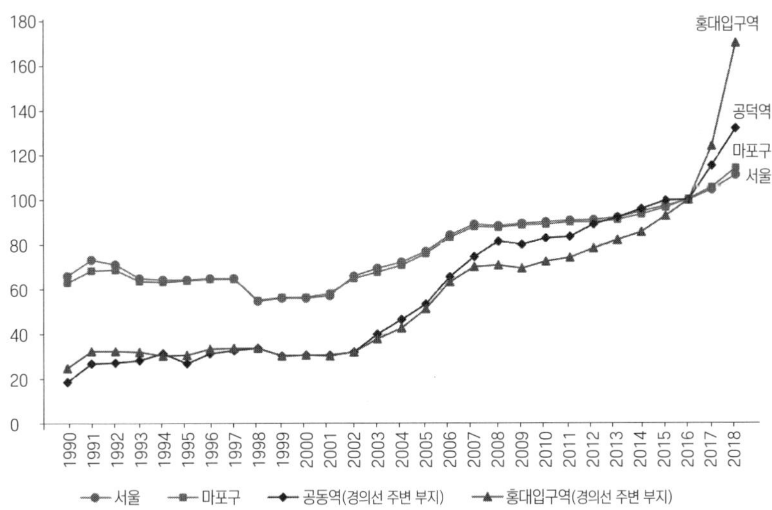

[그림 3] 연도별 지가지수 동향(1990~2018년)

출처: 한국감정원, 서울특별시 원자료를 기초로 서울대 아시아도시사회센터에서 작성한 자료 인용.

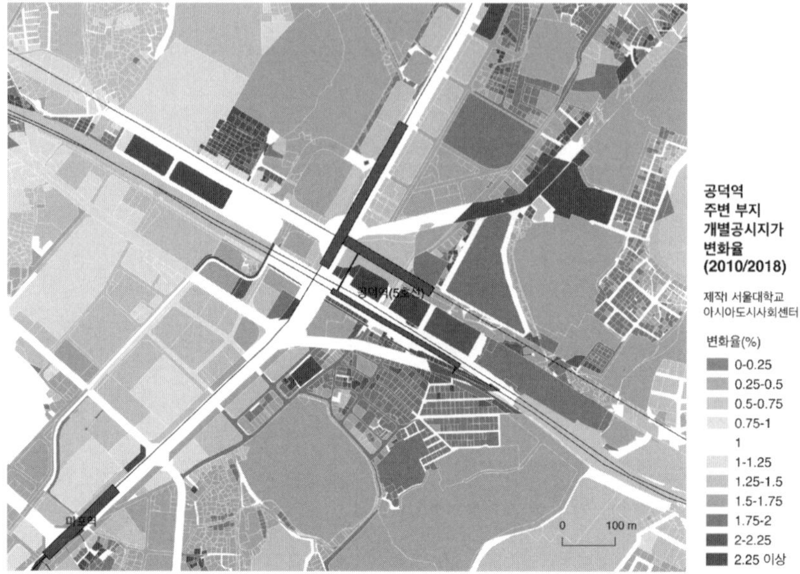

[그림 4] 공덕역 주변 부지 개별공시지가 변동율(2010/2018)

출처: 서울대 아시아도시사회센터에서 작성한 자료 인용.

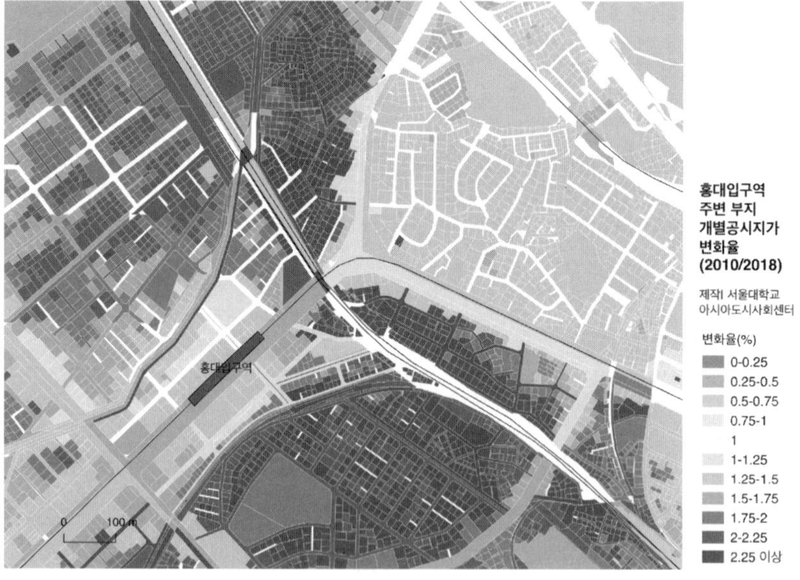

[그림 5] 홍대입구역 주변 부지 개별공시지가 변동율(2010/2018)

출처: 서울대 아시아도시사회센터에서 작성한 자료 인용.

색 부분)을 확인할 수 있다. 개별 공시지가는 재산세와 종합부동산세의 부과 기준이기 때문에 부동산 가격 상승과 실질적인 지가지수를 체감할 수 있는 지표라 할 수 있다.

원주민에게 이익을

젠트리피케이션 과정은 대부분 비슷하다. 낡고 슬럼화되었지만 매력이 있는 곳에 젊고 감각 있는 예술가들이 들어오면서 지역 특징이 뚜렷해진다. 입소문이 나고 언론과 각종 SNS을 통해 지역이 알려지면 사람들이 몰리면서 임대료 등이 급상승한다. 결국 원주민이나 그 지역을 활성화한 초기 입주민들은 밀려난다.

연남동 일대 연트럴파크의 부동산 시세 상승과 유동인구 및 매출액 증가는 국내 젠트리피케이션 발생 3단계인 경계 단계에 해당한다(이진희, 2018). 2017년과 2018년의 표준지 공시지가 변동률의 급격한 상승과 언론 보도 및 검색어 빈도수를 통해서도 연트럴파크의 젠트리피케이션 현상을 확인할 수 있다.

연남동 일대의 연트럴파크는 정부가 이끌고 민간과 주민이 함께 참여해 낙후된 구도심을 재생하려는 서울 도시재생 사업으로 탄생했다. 정부 주도의 도시재생 사업과 재개발로 이태원, 홍대, 서촌, 삼청동을 비롯해 이제는 연트럴파크까지 젠트리피케이션 현상을 경험하고 있다. 2015년 서울시가 발표한 젠트리피케이션 종합 대책에 따르면, "서

울시는 도시재생 사업으로 낙후 지역이 개발되고 발전되는 것은 긍정
적이나 지역 발전에 직·간접적으로 기여한 지역 사회 구성원이 아닌
건물 소유자와 거대 상업 자본에 그 이익이 돌아가는 것은 우리 사회의
정의 관념에 반하고 상권 획일화에 따른 상권 쇠퇴는 임대인과 임차인
모두에게 불리할 수 있으므로 상생을 위한 대안을 찾아야" 함을 강조하
고 있다.

도시재생 사업이 시작되면 특정 시기에 해당 지역의 검색어가 급상
승하는 것을 [그림 1]을 통해서 확인할 수 있다. 또한 [그림 2]를 통해
재생사업 시작이 부동산 가격을 상승시키는 요인이 될 수 있음을 확인
할 수 있다. 갑작스럽게 많은 외부인이 유입되면 기존 주민의 주거 환
경이 위협받을 수 있다. 따라서 도시재생 사업 시작 전에 기존 주민의
주거 환경 보호와 경제적 보상 대책이 마련되어야 한다. 젠트리피케이
션 문제를 해결하기 위해서는 낙후 지역 재생에 기여한 지역 주민에게
개발의 반사이익이 돌아갈 수 있는 안정된 시스템 구축이 필요하다.

우리는 그동안 압축적인 경제성장을 이루면서 과정보다 결과에 집
중해왔다. 이제는 안정적이고 공정한 과정을 통해 성과를 내는 노력이
필요하다.

2부

전환

4

주거권 운동의 관점으로 본
경의선공유지 운동과 도시 커먼즈[38]

최성문

경의선공유지를 둘러싼 운동은 점거 종료로 새로운 단계에 접어들었다. 2020년 5월 정부는 국유지 점거를 빌미로 소를 제기했고, 운동 주체들은 시민사회의 유지를 모아 대응하고 있다. 동시에 운동의 의의를 다른 운동 현장과 공유하기 위해 분주히 움직이고 있다. 이에 경의선공유지 점거 운동이 갖는 특징을 살펴 주거권 운동의 새로운 경로를 모색하며, 동시에 도시 커먼즈에 관한 기존 논의에 소소한 논점을 더하고자 한다. 이 글은 운동이 경의선공유지라는 공간적 한계를 뛰어넘기 위한 작은 시도이다.

앞선 장들에서 보았듯 경의선공유지라는 명칭은 국유지를 점거한 사람들에 의해 붙여졌으며, 운동의 목적을 드러내고 있다. 국유지의 민간 기업 임차를 반대하고 시민을 위한 공유 공간으로 활용하는 것이다. 운동은 목적 달성을 위해 점거라는 불법적인 수단을 취하는 한편 대안적인 개발 정책을 제시하며 지자체와 공식적인 논의를 병행했다.

이는 기존의 주거권 운동 관점으로 바라보았을 때 이채롭다. 주거권 운동은 실천 방침을 기준으로 크게 두 가지로 나눌 수 있다. 하나는 공간 점거와 공권력과의 직접 대결을 주요 수단으로 삼는 운동[39], 다른 하나는 정책 형성 과정 참가를 통해 제도 개선을 꾀하는 합법적인 운동이다. 민주화 이후 이러한 차이는 더욱 분명해졌으며, 양자는 때때로 조직적인 갈등과 단절을 통해 서로의 견해차를 확인했다. 그러나 경의선공유지 점거 운동과 운동 수단은 혼재 양상을 띠었다. 이 같은 다양성은 도시 커먼즈로 나아가면서 대학 연구 기관, 지자체 공무원, 노동조합 같은 경의선공유지 외부와 만나 운동의 양적·질적 확장을 가져왔다. 내가 주목하는 것은 운동 수단과 주체의 다양화를 가능하게 한 배경이다. 이를 논하기 위해 먼저 주거권 운동의 지난 흐름을 간략하게 살피고자 한다.

간략한 주거권 운동사

민주화 이전

주거권 운동은 한국전쟁 휴전에 따른 인구 급증과 독재정권의 개발주의 속에서 탄생했다. 1953년에 1,900만 명이던 인구는 1960년대 들어

2,500만 명으로 늘어났다. 정부는 수용 기반을 확보하기 위해 도심 정비와 무허가 주거지 철거를 단행했다. 전국에서 강제 철거에 반대하는 행동이 이어졌다. 수도권에서는 1971년에 강제 이주 반대와 이주 대상지의 개선을 요구하며 5만 명의 도시빈민이 지역 점거를 벌인 광주대단지 사건이 일어났다. 이 시기의 주거권 운동은 철거 위기에 내몰린 사람들이 운동의 중심을 이루었다는 점에서 주로 '철거민 운동'으로 불렸다.

1972년까지 벌어진 무허가 주거지의 이주 정책에 따라 발생한 이주민은 6만 4,014세대, 30만여 명에 달했고(최인기, 2018: 38), 정부는 무허가 거주지의 증가 억제와 이주지의 안정화 작업에 착수했다. 주택을 중심으로 한 개량 사업은 공공시설 조성을 포함한 종합 계획으로 바뀌었고, 무허가 건물 정비 사업 보조금 지급 조례가 시행되었다. 그러나 각종 개량 및 재개발 사업에 따른 갈등은 계속되었고, 종교 단체는 빈민 선교를 명목으로 운동 현장에서 법률 지원 및 활동가 교육을 시작했다. 철거민 운동이 조금씩 체계를 갖추어나갔다.

1983년 정부는 무허가 주거지에 대한 새로운 정책으로 합동재개발을 도입했다. 이는 사업 대상지의 권리자인 토지 소유자가 재개발조합을 구성해 사업의 법정시행자로 재개발을 추진하는 방식이다. 정부 주도 공영 개발에서 나타나는 복수의 토지 소유자 간의 복잡한 이해관계는 조합과 건설 자본으로 간소해졌으며, 행정의 주요 업무는 사업 인가에 대한 판단으로 대폭 축소되었다. 또 국공유지를 민간에 매각함으로써, 재산세가 면제되었던 무허가 주거지는 철거되고 대단위 주택 단지가 새롭게 들어서 세수가 증대했다. 철거민 운동에서 토지의 무단 점유를 둘러싼 국가와의 구도는 차츰 토지 소유자 및 건설 자본과의 갈등으로 변했다.

이처럼 갈등을 둘러싼 주체가 복잡해지는 가운데 목동 신시가지 조성 사업[40]은 철거민 운동의 이론적 방향을 확립하는 계기가 되었다. 이 운동의 특징으로는 첫째, 강제 수용에 반대하는 한편 그 대안으로 영구임대차주택을 요구했다는 점이다. 둘째, 목동 이외의 철거민 운동과 연계해 공동 투쟁을 꾸림으로써 기존 운동의 공간적 범위인 개발 사업 및 지역별 투쟁의 경계를 뛰어넘었다는 점이다. 운동 현장은 서울시와 수도권 전역이 되었고, 100회 이상의 가두집회와 더불어 당시 제1야당이던 신민당 당사, 경인고속도로, KBS 방송국 등의 점거가 잇따랐다. 운동의 광범위성은 여타 사회운동의 이목을 끌었다. 학생운동가가 대대적으로 합류하면서 다시 활기를 띠는 한편, 경제적 평등과 정치적 자유를 구하는 민주화 운동의 일부로 전개되었다.

민주화 이후

1987년 6월 전국에서 대통령 직선제와 개헌을 요구하는 민주 항쟁이 일어나 연일 500만 명 규모의 집회가 열렸다. 정권이 병력 투입을 포기하고 개헌 요구를 받아들임으로써 40여 년에 이르는 독재정권이 종언을 고했다. 사회 민주화는 다양한 사회운동에 새로운 기회 구조를 가져왔고, 주거권 운동에도 공권력의 눈을 피한 지하 운동을 벗어나 조직 체계를 공식화할 수 있는 계기가 되었다. 정세의 급변은 민주화 이후 주거권 운동의 방침을 둘러싼 새로운 논의를 불렀다. 논의는 주로 형식적 민주주의를 통한 제도 개선에 주목하는 입장과 종래의 비타협적인 실천을 중시하는 입장으로 나뉘는 양상을 띠었다. 관점의 차이는 운동의 분화와 조직의 분열, 연대체의 와해로 이어졌다. 이처럼 민주주의의 진전은 운동 수단의 다양화를 가져왔다. 주거권 운동에서는 종래의 비타협적 운동에서 더욱 온건한 사회운동 지향을 강화하는 계기가 되었다.

주거권 운동의 분화와 반젠트리피케이션 운동

민주화 이후 주거권 운동의 특징으로 우선, 제도 개선과 관련한 운동 조직의 성장과 마을만들기 운동 등의 확산을 들 수 있다. 1990년대에 들어 운동 내부에서는 각 지역의 철거 위협에 대한 대응보다 법과 제도의 개선 필요성을 강조(김수현, 1999: 233)하는 주장이 나타났다. 주거권 운동을 포함해 다양한 시민단체들이 민주화 이후의 운동을 모색하는 와중에 1990년대 중반부터 일본의 마을만들기 개념이 소개되었고, 관련한 활동이 출현하기 시작했다(菅原·吉村·渡辺, 2003: 883). 마을만들기 운동은 사례 확산과 더불어 도시계획 과정에 관련 운동 단체 및 주민의 참가를 활성화하는 계기(정석, 2000: 16-17)가 되었고 지자체의 조례 신설 등의 형태로 제도화되었다. 반면 전통적인 주거권 운동, 즉 철거민 운동은 개발 수법의 변화와 분쟁 지역의 감소, 비합법적 실천이 띠는 래디컬함으로 운동 영역에서 차츰 고립되었다(伍石, 2001: 11).

한편 2000년대 후반부터 주거권 운동을 재고하는 연구가 등장했다. 초기 연구로 마을만들기 운동 과정에서 운동이 행정이나 관변단체로부터 독립성을 결여하고 있는 점(이소영, 2006: 125-126), 운동의 목표 혹은 성과인 제도 개선에 있어 도시빈민과 임차인의 주거권 보장에 관한 내용이 배제되어 있다는 지적(김묘정, 2008: 118) 등을 들 수 있다. 이 주장들은 제도 개선에 초점을 둔 운동의 내용적 한계 및 운동 조직과 행정의 관계에 대한 비판적 접근을 통해 운동의 제도화(Institutionalization)를 경계하며 여전히 제도 바깥에 놓인 존재를 조명하는 연구라고 할 수 있다.

2011년에 선출된 박원순 서울시장은 이듬해 1월 뉴타운·정비사업 신정책구상을 통해 개발 사업의 정책 방향을 기존의 소유자 중심에서 거주자 중심, 철거 중심으로부터 공동체·마을만들기 중심으로 전환할 방침을 내비쳤다. 또 이듬해 제정된 도시재생활성화및지원에관한특별법을 통해서 서울 시내에 마을만들기와 도시재생에 관련한 다수의 거점을 설치[41]했다. 많은 주거권 운동가들이 운영에 관여했다.[42]

최근 10년의 연구는 이러한 제도적 정비를 민주화 이후 해방적 정치(emancipatory politics)의 일환으로 이해하는 것에 대해 의문을 제기한다. 예컨대 서울시의 마을 공동체 만들기 사업에서 공동체를 통한 통치(governance through community)의 구조를 발견하는 연구(박주형, 2013: 8-9)나 시민사회단체의 공동체 운동에서 나타나는 신자유주의적 도시 정책과의 적극적 연대·연계 관계에 관한 지적(Lee, 2016: 270) 등을 들 수 있다. 운동 영역에 있어서는, 마을만들기와 같은 법제도의 변화는 주거권 운동의 성과임에도 불구하고 새로운 대안을 낳기 위한 필요조건에 불과하다(shin, 2018: 363)는 주장과, 새로운 저항 양식으로 반젠트리피케이션 운동이 활기를 띠고 있다.

지금까지의 짧은 논의를 정리하면, 주거권 운동의 흐름과 관련해 세 가지를 언급할 수 있다. 첫째, 민주화가 가져온 새로운 정치적 기회 구조에 따라 많은 주거권 운동 조직의 실천은 합법적인 수단을 통한 제도 개선으로 이동했다. 반면 철거민 운동은 종래의 비타협적인 방침을 유지했고, 이는 주거권 운동의 분화와 철거민 운동의 왜소화로 이어졌다. 둘째, 서울시 마을만들기 운동의 확대와 관련 제도의 시행은 주거권 운동의 성과임과 동시에 운동의 제도화를 낳았다. 셋째, 반젠트리피케이션 운동은 제도 바깥에 놓인 철거민과 운동 주체에 의한 것이며, 기존의 주거권 운동이 보이는 한계를 뛰어넘기 위한 시도이다.

경의선공유지는 이상의 세 가지 흐름이 동일한 공간에 스미어, 서로가 걸어온 길과 한계를 논하는 곳이기도 했다.

경의선공유지 점거

운동의 전조

경의선공유지 점거 운동과 관련한 조직적 구성을 알아보는 것은 이를 세세히 다룬 다른 장(7장)에 의지하는 것으로 하고, 여기서는 먼저 점거 운동이 있기 전의 전조를 간단히 되짚고자 한다. 2013년부터 마포구의 위탁을 받아 공유지에서 시민시장을 운영한 늘장협동조합의 대표이사는 다음과 같이 말했다. 점거 운동이 시작되기 약 1년 전 인터뷰이다.

……경의선 숲길이라는 전체적 맥락 속에서 봐야 합니다. 늘장이 있는 경의선숲길은 수색에서 용산역까지 잇는 '도시의 주요 골격'이나 다름없지요. 이 경의선숲길에 놓인 4개 역은 저마다 복합역사로 개발되는 등 난개발의 우려와 함께 젠트리피케이션이 이미 진행될 조짐이 보이고 있습니다. 이런 변화는 숲길 근처 주택가 원주민들의 삶에도 영향을 미칠 수밖에 없습니다(《스트리트 H》 2015년 4월호에서 발췌).

이는 늘장협동조합이 설립 목적인 유휴 부지의 활용을 통한 사회적 경제의 활성화 외에도 도시개발에 문제의식을 갖고 있었음을 드러낸다. 실제로 늘장은 수차례의 도시 개발 관련 포럼을 통해 경의선공유지뿐 아니라 경의선숲길 전체에 마을 및 문화 관련 시설, 공공 공간을 잇는 권역 문화 재생 공간 조성 등을 서울시에 타진했으나 각하되었다. 이와 같은 관점은 부지 사용 허가가 만료되기 직전인 2015년 11월에 자진해 이뤄진 폐장 선언에도 불구하고 따로 '이후'에 대한 논의를 열 수 있었던 기반이었다.

늘장의 폐장 선언이 있은 후 1개월 만인 12월 22일에 '모두를 위한 경의선공유지시민행동 제1차 포럼'이 열렸다. [표 1]은 토론회 주최 단체로 늘장의 운영과 관련한 단체 외에도 복수의 시민·문화 단체가 합류한 것을 나타낸다. 이는 경의선포럼과 늘장의 구성원 일부가 신규 단체의 구성원이었으며, 개발에 따른 시민시장의 해산이라는 사례가 시민사회의 이목을 끌었기 때문이다.

포럼에서는 "경의선공유지의 실태에 대해 공공 기관은 대자본의 대

[표 1] '모두를 위한 경의선공유지시민행동 제1차 포럼' 주최 단체 일람

기존 단체	경의선포럼, 늘장협동조합
신규 단체	문화연대, 도시연대, 문화도시연구소, 맘상모(맘 편히 장사하고픈 상인 모임), 일상예술창작센터, 오늘공작소

출처: '모두를 위한 경의선공유지시민행동 제1차 포럼' 안내장을 토대로 작성.

형 개발을 통한 이익 추구에 편승하고, 이 과정에서 시민과 지역사회가 배제당하고 있다"고 지적하고, "젠트리피케이션 현상의 심각화, 교통 혼잡, 기존의 지역 경제 및 생활 생태계의 훼손을 막기 위한 시민행동의 공론화"를 제안했다. 그리고 이를 위한 실천으로 '점거'가 물망에 올랐다.

원래 늘장 시민시장을 했던 사람들 중 이 공간에 대한 관심이 계속 있고 이 공간을 다른 방식으로 쓰고 싶다는 사람들이, 늘장 구성원들 중 3분의 1 정도 되는 사람들이 그런 고민이 있었던 거죠. 이 공간을 비워 둘 필요가 있겠는가, 라는(정기황 경의선공유지시민행동 대표, 2019년 5월 7일, 엑토즈종합건축사무소에서 인터뷰).

실제로 착공 공고는 늘장협동조합의 임시사용 허가가 반료된 이후 개발 주체인 이랜드월드의 경영 부진으로 한참 뒤인 2019년에 나왔다. 2015년 당시 경의선공유지는 늘장이 퇴거한 뒤 공지로 남을 예정이었다. 늘장은 점거에 동의하는 조합원을 중심으로 개편되었고 점거를 준비했다. 조합원들이 가진 인적 네트워크는 외부 단체의 합류를 불렀고, 점거 운동의 근거는 사회적경제의 거점을 지키는 것에서부터 반젠트

리피케이션(anti-gentrification)까지 다양화되었다. 참가 단체는 경의선공유지시민행동을 발족했고, 2016년 2월 19일 점거에 돌입했다.

점거 주체의 다양화와 수렴화

점거 초하루는 점거 주체와 경의선공유지시민행동의 소개, 활동 방향에 관한 아이디어 교환, 연주회 등이 열렸다. 그로부터 반년에 걸쳐 다양한 행사를 치르며 경의선공유지를 사회운동의 영역에 알려나갔다. 일상 활동으로는 시민시장의 통상 영업, 공공미술을 통한 공유지 리디자인, 요리교실 등이 열렸다. 이때는 기존의 늘장과 연속성을 유지하며 제각기 다양한 방침을 띤 복수의 조직이 같은 공간에서 반젠트리피케이션이라는 목적을 어떻게 이룰 것인가를 모색하는 시기였다.

모색의 물꼬를 튼 것은 2016년 7월 12일에 열린 '경의선공유지시민행동 연속 토론회: 경의선 책의 거리에 대한 질문들'이었다. '경의선 책의 거리'란 경의선숲길 일부를 같은 해 10월까지 책과 출판을 테마로 한 녹도로 꾸며 선전과 판매 부스를 조성하는 프로젝트였다. 토론회에서는 사업자 선정과 예산 집행 과정의 불투명성, 장소성 무시, 대상지 인근의 젠트리피케이션과 경의선 책의 거리 사업 간의 상호관계 등이 논의되었다.

토론회의 목적은 경의선공유지를 포함한 부지 전체의 개발 사업에 재검토를 요구하는 것이었다. 그리고 경의선숲길 조성 사업에 따른 주변 지역의 지가 상승과 젠트리피케이션 논증을 통해서는 시민시장의 참가자에서 부지 주변의 주민·임차상인으로 운동 지지층 확대를 꾀한

[표 2] '경의선공유지시민행동 연속 토론회: 경의선 책의 거리에 대한 질문들' 주최 단체 일람

단체 분류	단체 이름
협동조합	늘장협동조합, 모자란협동조합, 생생협동조합, 홍대앞에서우주로뻗어나가는사회적예술가협동조합, 자립음악생산조합
시민·지역·문화예술단체	경제정의실천시민연합 도시개혁센터, 도시연대, 기본소득청소년네트워크, 문화도시연구소, 문화연대, 문화로놀이짱, 사단법인아우름, 소셜픽션넷, 맘상모, 일상예술창작센터, 집걱정없는세상, 청년예술가네트워크, 지금여기에, 오늘공작소, 이음지음, 해방촌사람들
정당	노동당 서울시당, 노동당 문화예술위원회, 마포 녹색당
기타	정원사친구들(정원 디자인 및 시공), 종점수다방(커뮤니티 까페), 제비다방(문화공간), 자메이카X와사비(푸드트럭), 슬로비(식문화공간), Oh!Record(인디 레이블)

출처: '경의선공유지시민행동 연속 토론회: 경의선 책의 거리에 대한 질문들' 안내장을 토대로 작성.

것으로 보인다. 이 기획은 지역사회 및 운동 단체의 이목을 끌었다. [표 1]과 [표 2]를 비교하면 참가 단체의 수와 성격이 다양화한 것을 알 수 있다.

또 하나의 중요한 분기점은 토론회 이후에 아현포차가 강제 철거되어 경의선공유지에 '피난' 온 것이다. 아현포차는 경의선공유지로부터 1.5km가량 떨어진 마포구 아현동의 포장마차거리에 있었다. 인근 신축 아파트 단지가 교통 불편과 미관 훼손을 이유로 구에 철거를 요청했고, 구는 2016년 8월 18일에 철거를 강행했다. 철거에는 경찰, 공무원과 철거작업반 등 약 300명이 동원되었으며, 포장마차의 점주 및 철거에 반대하는 시민들과 충돌해 다수의 부상자가 발생했다(《한겨레》 2016년 8월 18일). 당시 포장마차의 철거 반대 운동에 관여한 경의선공유지시민행동 회원은 공유지에 포장마차를 다시 세울 것을 제안했다. 이는 개발 결과로 발생한 철거민 당사자가 점거 운동의 주체로 합류함을 의미했다. 그러나 과정은 간단하지 않았다. 당시 내부 토론에 자리했던 김상철

경의선공유지시민행동 정책팀장은 이렇게 말한다.

> (기존의 점거 주체에 비해) 이질적 존재들이 스스로를 가리기보다는 본인의 정체성을 가지고 들어온 형태예요. …… 나는 쫓겨난 사람이라는 자기정체성을 유지하고 있었거든요. 그래서 이 공간에 들어와 그 정체성을 계속해서 드러내서 처음에 이 공간에 있었던 사람들은 반감이 있었어요(김상철, 2019년 4월 26일, 경의선공유지 사무국에서 인터뷰).

포장마차는 공유지에서 8월 25일 영업을 재개했지만, 운영에 관한 의문이 제기되었다. 이유는 크게 두 가지였다. 하나는 포장마차의 존재 그 자체로, 기존의 시민시장과 청년층을 중심으로 한 분위기에 술을 파는 포장마차는 상성이 좋지 못하다는 의견이었다. 다른 하나는 철거민 운동에서 곧잘 벌어지는 행정과의 거친 충돌이 공유지에서 재현될 수 있는 가능성이었다. 즉 시민시장에 오는 '일반시민'의 감소와 철거민 운동의 '과격함'에 따른 공간과 운동의 고립을 경계하는 시선이었다고 볼 수 있다.

> 여기 입주하고 있는 아현포차 등은 구체적인 실체예요. 이 공간 안에 있는 거죠. 그걸 부정할 수 있는 사람은 없죠. 그게 승복이 아니면 "나가라!"라고 할 수 있냐는 건데, 그 순간 애초에 합의했던 공유지의 논리로부터 벗어나게 되는 건데……. 그런 차이들이 지속적인 논의 과정에서 확인되면서 자연스레 거리를 두고, 그렇게 된 거죠(김상철, 2019년 4월 27일, 경의선공유지 사무국

에서 인터뷰).

[표 2]의 시민·지역·문화예술단체 중 일부는 민주화 이전 반독재 운동으로부터 출발해 현재에도 주거권 운동에 관여하는 예가 많다.[43] 이들 단체는 철거민 운동과 갈라져 방침의 중심을 옮겼다고는 하나 철거민 운동 자체를 부정하지는 않는다.

한편 아현포차의 합류를 계기로 청계천 복원 사업 및 철거로 인한 보상 이주 상가인 가든파이브를 둘러싸고 투쟁 중인 청계천 이주 상인, 성동구의 행당 6구역 재개발로 인한 철거민, 젠트리피케이션에 따른 상가 임대차 문제로 철거민이 된 음식점주 등 이제껏 서울 곳곳에서 철거민 운동을 벌여온 사람들이 이 해 여름을 전후로 공유지에 모여들기 시작했다. 이후 경의선공유지시민행동에는 '서울의 쫓겨나는 사람들의 망명지, 제1회 26번째 자치구 선언'이 제안되었다. 그 내용은 시민시장 폐쇄 뒤 셀러, 강제 철거·퇴거로 인한 철거민 등을 도시난민(Internally Displaced Peoples)으로 규정하고 경의선공유지를 그 망명지로 선언하는 것이었다(경의선공유지시민행동·자치구선언기획단, 2016: 4-5).

이 제안이 11월 27일에 채택된 뒤 시민행농 구성원 숭 도시연대와 일상예술창작센터 등이 점거 운동으로부터 조금씩 이탈하기 시작했다. 그 이유로 선언이 갖는 정치적인 내용을 생각해볼 수 있다. 서울시와 각 구는 시민·지역, 협동조합, 사회적경제 단체에 지원 정책을 벌이고 있으며, 경의선공유지시민행동에 속한 단체의 일부도 지원 대상에 들어간다. 따라서 서울시와 25구로부터 행정적 또는 공간적 독립에 찬동하는 행위는, 설령 그것이 상징적인 퍼포먼스에 불과하더라도 행정 지원에 기반을 두고 활동하는 단체로서는 정치적인 위험성을 안고 있다. 점거 초기의 다양한 관점은 도시난민의 플랫폼으로서 자치구에 적극 동의하는 단체를 중심으로 차츰 수렴해가는 양상을 보이기 시작한다.

커먼즈론의 등장과 운동 주체의 확장

공유지에서 커먼즈로

경의선'공유지'라는 명명에 대해 정기황 활동가는 다음과 같이 말한다.

초반에는 커먼즈라는 아이디어까지는 없었죠. 그런 말을 알지도 못했고……. 초기에는 인클로저(enclosure) 운동이나 공유지, 하딘(Garrett Hardin) 정도가 전부였던 것 같아요. 그것도 2017년 언저리부터 커먼즈네트워크, 커먼즈 관련한 단체들과 만들면서 더 커먼즈로 적극적으로 변한 거예요. 2017년인 것 같아요. 배다리랑 만난 게(정기황, 2019년 5월 7일, 엑토즈종합건축사무소에서 인터뷰).

점거 초기의 공유지와 관련한 논의로는 자치구 선언이 있던 2016년 11월 27일에 열린 컨퍼런스를 들 수 있다. 이 자리에서 하딘이 논한 공유지의 비극(Hardin, 1968)에 관한 오스트롬과 하비의 비판이 언급되었다. 개인은 공유지의 황폐화를 선택하지 않는다는 지적(Ostrom, 1999)과 사유재산권과 공권력의 강화는 해결책이 아니라는(Harvey, Ibid) 내용이었다. 그리고 국가가 경의선공유지에 설치한 펜스는 기업에 의한 공유지의 사유화라는 비극을 불러올 뿐이라는 주장과 함께, 국가에 관리 권한을 위임하기보다는 사회적인 합의 형성 구조를 통한 새로운 관리 방안의 창출 필요성이 논의되었다(경의선공유지시민행동·자치구선언기획단, 전게서: 31). 그러나 정기황이 말하듯 "초기에는……하던 정도가 전부"와 "더 커먼즈로 적극적으로 변한" 사이에는 선명한 차이가 있으며, 이 변화에는 외부 운동과 네트워킹이 깊게 관여하고 있다.

공유지와 관련한 한국의 운동 현장은 경의선공유지 외에도 제주도의 공동목장[44], 강정마을[45], 그리고 인천 배다리 등을 들 수 있다. 제주대학교의 공동자원과지속가능사회연구센터에서는 한국의 커먼즈에 관한 연구 활동을 벌이고 있다. 이 센터는 2017년 10월에 연구자와 '현장 활동가 공동 워크숍'을 개최했는데, 경의선공유지 활동가도 토론자로 참가했다. 주요 테마는 커먼즈 연구와 현장 간의 접점 만들기였고, 참가자들은 그 일환으로 커먼즈네트워크 구축에 합의한다. 경의선공유지가 커먼즈라는 용어를 적극 사용하기 시작한 것도 이 무렵이었다.

지금은 물질적인 '땅'을 넘어서, 물질적인 것을 넘어서 비물질적인 것을 포함하는 커먼즈에 대한 상상을 많이 하고 있는 거고, 그래서 우리가 이야기하는 커먼즈는 사람과의 관계, 네트워크, 지식, 콘텐츠 이런 게 다 공유재다, 다 공유재가 커먼즈의 대상이 된다고 생각한 거고……(박선영 경의선공유지의 시설 연구자의집 운영자, 2019년 5월 8일, 스타벅스 홍대공항철도역점에서 인터뷰).

이와 같은 변화는 단순한 용어의 치환이 아니라 운동의 새로운 전개를 의미했다. 2018년 5월 2일에서 4일까지 경의선공유지에서 열린 '지금, 여기에 커먼즈'는 경의선공유지시민행동, 제주대학교 공동자원과 지속가능사회연구센터, 서울대학교 아시아도시사회센터가 공동으로 주관하는 커먼즈네트워크의 발족을 겸한 첫 워크숍이었다. 경의선공유지는 이 자리에서 향후 경의선숲길 전체에 대한 시민자산화를 행정에게 요구할 방침을 공표했다. 이는 자신의 운동을 자본에게 공유지를 매매하는 행위에 반대하는 '공유지 시민자산화 운동'이며 시민자산의 공공성을 되찾는 '도시에 대한 권리 운동'(경의선공유지시민행동·자치구선언 기획단, 전게서: 94)으로 규정하는 것이었다. 또한 도시난민의 플랫폼이라는 기존의 수세적 입장을 넘어 운동의 근거와 잠재적 주체의 확장을 꾀하는 것이었다. 경의선공유지와 외부의 운동 현장을 잇는 가교였던 커먼즈 개념은 운동의 목표 그 자체로 변모했다고 볼 수 있다.

'커먼즈 계획'과 '어쩌다 보니 공무원'

이러한 변화를 드러냄과 동시에 실천적 표현으로 나온 것이 '대안적 도시재생'과 '공유 지식 기반형 도시재생 사업·커먼즈 계획'이다. 대안적 도시재생이 공식적인 문서로 등장해 행정 측에 제안된 것은 2017년 12월에 열린 '제13회 협치서울 정책 토론회'에서였다. 이 토론회는 서울시가 2016년 9월에 제정한 서울시 민간협치 활성화를 위한 기본조례[46]에 따른 것으로 주최는 서울시, 주관 단체는 서울협치협의회[47]와 커먼즈네트워크였다. 제안 내용은 국공유지 활용에 관한 제도, 국공유지와 공공 공간을 관리하는 전문 기관, 국공유지 활용에 있어 시민 참가를 가능하게 하는 플랫폼을 구축하는 것이었다.

대안적 도시재생은 경의선공유지를 포함한 국공유지 전반에 걸친 활용 방식의 재검토에 더해 대기업 중심의 개발 방식에서 벗어나 시민의 직접 참가에 따른 활용과 운영을 제안하는 것이었다. 또 시민 참가 프로세스 구축과 시민자산화를 제시해 운동 측의 관점을 행정 측에 공식적으로 밝혔다.

경의선공유지에 관한 상세한 콘셉트가 나온 것은 2018년 2월 8일의 제14회 토론회에서였다. 이 토론회에서 대안적 도시재생이라는 명칭이 공유지 기반형 도시재생 사업·커먼즈 계획으로 바뀌었으며, 앞선 토론회에서의 방향성 구현과 운영 등에 관해 논의했다.

커먼즈 계획에서는 새로운 논점으로 시민과 지역주민 사이의 위계성을 들고 있다. 이는 '고정된 시설물'로서 도시 공원에 대한 논의이며, 공덕역 주변의 오피스와 아파트 단지를 경의선숲길을 둘러싸고 지역주민이 '독점'하는 정황을 지적하는 것이었다. 그리고 '커먼즈로서 공원'을 제시해 지역주민의 정원을 넘는 다양한 시민의 이용 공간으로 경의선공유지 일대를 개편하는 것, 이 과정을 시민이 주도할 것, 시민을 관리 주체로 할 것을 요구했다.

부지 사용과 운영에 대해서는 경의선공유지시민행동과 커먼즈네트워크가 중심이 된 경의선혁신클러스터추진위원회 구성 및 서울시와 철도시설공단과의 장기점용협약을 제안했다.[48] 또한 도시 거주자가 안은 문제에 관한 연구와 성과의 공유를 목적으로 하는 연구자의집과 경의선숲길을 공공 정원으로 운영하기 위한 거점인 도시커먼즈시민센터를 제시했다.

> (서울협치협의회의 구성원은) 주로 어공('어쩌다 보니 공무원'의 약칭)[49]들이고, 이분들은 우리를 이해하죠. …… 서울시는 긍정적이에요. 그러나 기존 제도가 그걸 받아줄 수 없는 상태에요. …… 국토부 같은 데서 받을 수 있는 제안이 아니더라고요(정기황, 2019년 5월 7일, 엑토즈종합건축사무소에서 인터뷰).

앞서 언급했지만 서울시의 마을만들기와 도시재생 정책 등에 관여하는 공무원 중 일부는 과거 주거권 운동에 관여한 경력을 갖고 있었다.[50] 이러한 배경은 불법 점거하는 주체와 행정과의 공식적인 논의와 정책 역제안을 가능하게 한 주요 요인이었다. 그러나 국유지의 임차 주체이며 경의선공유지의 소유권을 행사하는 것은 철도시설공단이기 때문에 서울시가 지자체와 협의만으로 경의선공유지를 포함하는 부지 개발의 재검토를 이끌어내기는 불충분했다.

그 결과 두 차례에 걸친 지자체와의 공동 토론회와 정책 제안에도 불구하고 철도시설공단이 해당 제안을 고려하는 일은 없었다. 단, 개발에 대한 재검토가 지자체와 협업 속에서 구체화해 공식적인 의제로 부상한 것은 실천 수단의 다양화와 그 성과를 나타내는 것이었다. 또 그 과정에서 한때 제도개선형 주거권 운동의 활동가였던 공무원들의 협력은 행정 내부의 협력자적 존재를 확인한 것에 더해 주거권 운동 세력 간의 적극적인 협업 가능성을 보여주었다.

노동조합의 협력

토론회로부터 수개월 뒤 커먼즈 계획에 관여했던 활동가와 연구자들은 경의선공유지에 한국사회포럼을 유치했다. 이 포럼은 한국의 사회운동·연구 단체가 기획·참가하는 토론과 교류의 장으로, 10월 12일부터 이틀 동안 경의선공유지와 경의선에 인접한 서강대학교에서 열렸다. 36개 참가 단체 가운데 전국민주노동조합총연맹 산하 공공운수노동조합이 4개의 섹션을 맡았는데, 그중 한 섹션이 공공교통이었다. 이 자리에서 공공운수노동조합의 지부 조직인 철도시설공단노동조합, 철도노동조합은 경의선공유지시민행동의 활동에 지지를 표명했고[51], 공단노조는 시민행동 가입을 구두로 약속했다. 이는 운동 전개에 새로운 가능성을 부여했다. 바로 노조의 단체교섭을 통한 경의선공유지의 의제화였다.

이 배경에는 문재인 정권이 공표한 공공 기관의 새로운 경영평가기준[52]이 있다. 이 기준은 공공의 이익과 공동체의 발전에서 사회적 가치 창출을 주된 측정 요소로 제시하고 있다. 따라서 철도시설공단은 개발 이익과 새로운 기준을 동시에 만족시킬 필요가 있었다. 이 점에 착목한 시민행동은 교섭대표 노조와 더불어 철도 부지의 민간 임차와 관련한 개발의 재검토를 꾀했다. 비록 이는 노조 지도부의 변화로 실행되지 못했으나 적어도 커먼즈를 둘러싼 여러 운동 간의 실천적인 접점을 확인할 수 있는 시도였다.

공단노조의 구두 약속은 '어쩌다 보니 공무원'과 더불어 개발의 추진과 허가 주체의 내부에 운동을 지지하는 주체를 확보하는 것을 의미했다. 2019년 하반기 경의선공유지는 공간적 한계와 주거권 운동의 영역을 넘어 다양한 사회운동의 협력의 장으로 나아가려던 참이었다.

경의선공유지 운동을 주목해야 하는 이유

내가 경의선공유지에 관심을 갖게 된 이유는 두 가지다. 먼저 민주화 이후 주거권 운동에서 발견되는 분화와 단절에도 불구하고 경의선공유지시민행동이라는 연합 조직을 구성해 공동으로 점거 운동을 벌이고 있다는 점이었다. 특히 운동 조직들이 불법 점거라는 비타협적인 실천과 함께 커먼즈 계획을 통해 제도 개선을 꾀하려 했던 배경, 즉 운동 주체와 실천 방식의 복합성에 주목했다. 다른 하나는 운동이 공간을 통제해 개발을 막고 있다는 점이었다. 해당 부지는 국유지이며 이미 개발 계획이 나온 곳이라서 공권력에 의한 진압과 해산은 충분히 예상되었다. 그러나 점거는 4년여에 걸쳐 이뤄졌고, 그간 찾아온 것은 이따금 계고장을 붙이러 오는 지자체의 공무원이나 경찰 정도였다. 이에 운동을 둘러싼 정세의 영향도 살피고자 했다.

운동 주체와 실천 방식의 복합성에 대해서는 다음과 같이 생각한다. 먼저 그 시작에는 주거권 운동에서 오래된 논의의 재현이 있었다. 이전까지 주거권 운동의 기반은 주로 정주성이 보장되는 지역에서의 지역 주민운동, 그리고 철거 대상지에서의 철거민 운동으로 나뉘어 공간 또는 운동 목표가 서로 유리된 양상을 띠었다. 그러나 경의선공유지 논의는 동일 공간의 정체성을 둘러싼 것이었다. 제도개선형 운동과 철거민 운동은 반젠트리피케이션이라는 공통 관점을 갖고 있었으므로, 주된 논점은 점거 기간의 장기화와 공권력과의 충돌 가능성이라는 당면과 제로 좁혀졌다. 그래서 점거 운동의 유지에 찬동하는 단체는 26번째 자치구 선언을 통해 비타협적인 노선을 분명히 하는 가운데 대안적 도시 재생을 통한 제도 개선을 목표하게 되었다. 이러한 주체와 운동 양식의 다면화는 지지 세력의 연쇄 확장으로 이어졌으며, 제주대학교를 통한 외부 커먼즈와의 교류는 운동에 질적인 변화를 가져왔다. 그것은 공유'지'에서 커먼즈라는 더 넓은 범위의 공동자원을 향한 전환이었으며, 커먼즈 계획은 그 표현이었다.

헤스와 오스트롬은 공동자원(common resources) 성격을 갖는 자연자원과, 공공재(public goods) 성격을 갖는 지식자원의 복합성·다양성을 나타내기 위해서 커먼즈라는 용어가 적절하다고 말한다(Hess and Ostrom, 2007: 4). 그 복합성과 다양성을 선명하게 드러내기 위해 볼리어의 커먼즈에 관한 범주화 논의를 빌리면, 공동목장, 강정마을, 배다리마을을 각기 토착 커먼즈, 사회·시민 커먼즈, 국가 신탁 커먼즈 등으로 분류할 수 있다. 이 분류는 커먼즈의 다양성을 나타내는 것뿐 아니라, 형성 과정과 존속·발전에 있어 각자의 전략이 있음을 시사한다. 현재의 공동목장을 예부터 내려온 목축공동체뿐 아니라 '토착' 커먼즈로 이해하는 것은 역사·문화적 가치를 근거로 경제적 합리성에 저항하는 과정을 포함한다. 마찬가지로 강정마을 운동은 기지 완공 이후로도 마을에 상호부조 공간과 네트워크 형성을 꾀하는 사회·시민 커먼즈 운동으로 존속하고 있으며, 배다리마을은 산업도로 반대와 함께 철거 대상지의 시민 자원화를 추진하고 있다.

한편 경의선공유지의 도시난민을 위한 일시적인 플랫폼은 난민 각자가 경의선공유지 외부에서 겪는 문제가 해결되면 경의선공유지 점거를 해제하는, 기간이 한정된 점거를 뜻했다. 이러한 방침은 점거 주체의 수적 변동에 의해 운동의 존속이 크게 좌우된다는 점에서 불안정성을 띤다. 여기서 커먼즈를 "복수의 개인이 동시에 편익을 얻을 수 있는 공유자원과 그 존속을 담보하는 구조"(茂木, 2014: 223)로 이해하면, 공유지에서 커먼즈로 전환은 플랫폼의 존속과 발전을 새롭게 운동 목표로 설정하는 것이었다고도 볼 수 있다. 도시난민의 플랫폼이라는 기존의 방침은 도시 커먼즈 개념을 통해 커먼즈와 맞닿은 시민과 함께하는 다양한 활용 방안의 하나로 위치하게 되었다.

커먼즈 계획의 공론화에 불가피했던 것은 과거 제도개선형 운동의 활동가였던 '어쩌다 보니 공무원'의 협력이었다. 주거권 운동의 제도화에 대한 기존의 비판적 관점에서는 다뤄지지 않았던 그들의 속성은, 제도의 내외라는 틀에 묶이지 않고—협치서울 정책 토론회 사례에 한정해—운동과 서울시의 가교가 되어 비합법 활동의 존속과 확장에 기여했다. 이 글에서는 존재 확인에 그치고 있으나 그 형성과 유동적인 성격에 대해서 향후 추가적인 검증이 필요하다고 생각한다.

시부야는 도시 커먼즈를 도시 공간에서 벌어지는 계급투쟁으로 바라보는 한편, 직장에서 노동조합 투쟁은 아닌 것으로 간주한다. 또 가치투쟁에 있어 "사회적 재생산 기반을 자기 조직적으로 유지하는 커먼즈적 생활양식"과 "노동을 파는 것으로 생계를 꾸리는 자본주의적 생활양식" 간의 충돌에 관해 논한다(渋谷, 전게서: 13). 그러나 경의선공유지에서 보이듯, 공공성 확보라는 명확한 정치노선을 띤 노조 및 산하 지부와 도시 커먼즈 운동이 갖는 접점은 양자의 제휴를 가능하게 했다. 물론 이는 앞에서 언급한 당시의 정치정세에 더해 한국사회의 공공재 또는 공공성과 커먼즈에 관한 실천적 논의가 아직 충분하지 않는 상황에서 나타나는 현상일 수도 있다. 그 상세를 파악하기 위해서는 여러 운동 영역과 도시 커먼즈와의 관계성에 관한 더욱 풍부한 사례의 등장과 연구가 필요하다.

주거권 운동은 한국의 주거권을 둘러싼 논의에서 중요한 역할을 맡아 정치·사회 정세에 조응하며 변화해왔다. 경의선공유지의 점거 운동과 커먼즈로의 전개 또한 그 편린이면서도 향후 주거권 운동에 새로운 방향성을 시사하는 사례였다. 한국의 도시 커먼즈 형성의 초기 사례인 경의선공유지는 점거 종료 이후의 운동적 전개에 관해서도 계속해서 주시할 필요가 있다.

5

경의선 프로젝트
'마포 이노베이션 파켓' – 늘장

콜라(박현진)

2013년 가을 '늘장'이라는 이름으로 경의선이 지나던 빈자리에 장터 열기를 시작했다. '열기를 시작했다'라고 쓰는 이유는 늘장 개장 한참 전부터 펜스로 둘러싸인 빈 공터(경의선 유휴 부지) 위에서 더불어 살려는 사람들이 삶의 정서를 담은 활동을 하기 위해 애썼고, 늘장 개장과 함께 많은 사람들의 고군분투가 시작되었다는 이야기를 하기 위해서다. '열렸다'라고 하면 왠지 신기루처럼 한 번 '짜잔' 나타났다가 사라지는 하루의 즐거운 이벤트 같이 느껴지기 때문이다. 또한 늘 열려 있는 공원이며 함께살이를 꿈꾸는 사람들이 시민공원으로 늘장을 만들어가기 위해 애쓴 진심이 담기지 않을 것 같아서다.

공간 그 이상의 의미를 담다

늘장의 출발은 2012년 봄 경의선포럼에서였다. 1905년부터 기차가 달리던 경의선과 공항철도가 지하에 건설되면서 낡은 철도길이 덩그러니 남았다. 이 길을 단순히 유휴 부지라고 말하는 것은 왠지 서글프다. 이 철길에는 녹록하지 않은 삶의 시간이 묻어 있다. 공무를 한다는 사람들의 머리에서 이 무게감에 대한 고민은 1도 없이 공원으로 덮는다는 계획이 세워졌다. 계획만으로는 아름다운 그림이다. 잘 차려진 공원에서 조깅하고, 산책하는 시민들이 있는 그림. 그러나 물어야 했다. 철길이 담고 있는 시간에게, 그 시간을 끌고 살아온 사람들에게. 이 길을 그렇게 사뿐사뿐 걷기만 하는 길로 만들어도 괜찮을지. 물음과 진지한 고민은 삭제된 채 계획은 세워졌고, 공사는 시작되었다.

2012년 2월 1단계 대흥동 구간의 공사가 완료되었다. 1단계 공사를 하며 드러난 다양한 문제들을 보완하기 위해 전체 숲길 6.3km 계획 보완 자문회의가 열렸다. 자문회의를 거치며 좀 다른 상상들을 보태어 이 철길이 가지고 있는 의미를 살릴 수 있는 의견을 모으기 위해 세 번의 경의선포럼이 진행되었나. 늦었지만 시민들의 이야기를 담아야 한다는 전문가들의 생각이 더해졌다. 경의선 철길의 의미와 역사를 살리자는 의견도 포함되어 있었지만, 5년이 넘는 긴 공사 기간 중 빈터로 방치되어야 하는 구간과 이미 상업 개발이 약속되었으나 당장 개발 공사를 진행할 수 없는 구간을 그대로 비워두기 난처한 한국철도시설공단과 서울시, 마포구의 판단도 개입되었다(마포구가 가장 많은 구간의 개발허가권을 가지고 있다). 한국철도시설공단과 서울시, 특히 공덕 구간 개발허가권을 가지고 있는 마포구는 난처함을 덮기 위해 공사가 진행되지 않는 빈 구간을 실험적으로 활용해보자는 시민단체와 사회적경제 전문가의 제안을 적극 받아들일 수밖에 없었으리라 짐작한다(짐작이라는 단어를 쓰는 이유는, 나는 2012년 당시 경의선포럼에 참여하지 않아서 그때의 정확한 제안과 상황을 다 알지 못하기 때문이다).

2012년 당시 경의선포럼을 주도적으로 이끌었던 시민단체는 이음, 서울그린트러스트, 와우책문화예술센터, 방물단, 문화로놀이짱, 00은대학, 마포FM이었다. 이들은 폐선 부지 공간을 활용해 그저 산책하거나 벤치에 앉아 쉴 수 있는 공원이 아닌, 시민들의 활동이 펼쳐지는 광장이자 모두의 공간으로 대안적 실험을 해보자고 제안했다. 더불어 높은 펜스가 둘러쳐진 어두운 골목이 우범지대로 변해가고 있으니 공사용 펜스를 걷어내고 동네를 살려보자고 했다. 그렇게 많은 사람들의 참으로 야무진 꿈과 상상으로 늘장은 시작되었다.

늘장의 초기 콘셉트는 파크마켓이었다. 전국 어디서나 볼 수 있는 그렇고 그런 디자인의 벤치가 줄줄이 놓인 공원이 아닌 시민의 공원을 제안했다. 시민들의 다양한 마음과 생각이 담기는 시민 문화 플랫폼으로 대안장터(시민시장)와 공원이 결합된 파크마켓을 제안했고, 서울시와 마포구는 이 제안을 받아들였다. 아니 돌이켜 생각해보면 받는 '척'했다.

당시는 공유지라는 개념이 지금처럼 깊고 다양하게 이야기되지 않던 때였다. 공유경제에 관해 이야기하고 있었지만 물품을 공동으로 사용하는 정도라, 파크마켓을 제안할 때 공유지라는 개념으로 계획이 제안되지는 않았다. 그러나 파크마켓 안에는 공유지 개념이 포함되어 있었다. 파크마켓 늘장은 시민이 만드는 첫 번째 공공 공간 프로젝트였다. 전문가라고 불리는 누군가에 의해 만들어지고 시민에게 시혜를 베풀 듯 서비스되는 공간이 아닌, 시민들의 힘으로 만들어가는 문화 공유지로 파크마켓을 제안했다. 경의선이 지나다니던 6.3km의 구간 중 20%만이라도 시민들이 마음껏 상상하며 꿈을 만들어 가는 공간이기를 바랐다.

그러나 안타깝게도 늘장이 만들어진 구간은 경의선포럼이 진행되기 이미 1년 전 이랜드공덕(주)이라는 출자회사가 개발 계획을 세우고 있던 구간이었다. 개발 계획만 세우고 1년을 지지부진하던 이랜드공덕(주)에게 마포구는 시간을 벌어주고 싶었던 듯하다(마포구는 개발허가권을 가진 주체다). 공사용 펜스만 쳐두고 개발이 지지부진하자 공덕오거리 구간(늘장이 만들어진 구간)은 해가 지면 지나다니기 무서운 우범지대로 변해갔고 주민들의 불안이 깊어졌다. 마포구는 주민들의 불안을 덜어주기 위한 특단의 대책이 필요했을 것이다. 때마침 선한 의지가 모여 제안된 경의선포럼의 파크마켓 계획은 임시 대책이 될 수 있겠다고 마포구는 판단했을 것이다.

늘장 프로젝트는 경의선포럼 주체들의 생각보다 이상하다 싶을 만큼 빠르게 진행되었다. 마포구는 선뜻 기초 인프라(바닥 공사, 수도, 공중화장실 등)를 제공하겠다고 나섰다. 철도가 수십 년을 지나던 자리의 흙이라 생물이 제대로 자랄 수 없을 정도로 오염된 상황이었다. 무엇을 한다고 해도 철도가 놓였던 자리의 흙길을 그대로 사용할 수는 없었다.

장벽 같은 펜스가 걷어지고 즐거운 상상들이 실현되는 것처럼 보였다. 파크마켓-늘장 운영을 위해 경의선포럼을 주도했던 시민단체와 사회적기업들이 주축이 되어 대표 운영 단체를 선출했다. 마포구가 경의선포럼 주체들에게 내민 운영 조건은 기초 인프라를 제공하니 운영 단체가 스스로 운영 예산을 마련하는 것이었다. 그것만으로도 즐겁고 행복한 시간이었다. 종이 위의 계획으로만 존재하던, 함께 살아가기 위한 토대를 만들자는 실험적 상상을 현실에서 펼쳐볼 수 있다는 것은 짜릿한 경험이었다. 행정이 변화를 시도하고 있다는 착각에 충분히 빠질 만했다. 지금 와서 곰곰 생각해보면, 경의선숲길공원이 만들어진다 해도 수도와 전기, 화장실은 있어야 했다. 어차피 할 공사를 조금 빨리하는 것으로 우범지대 민원을 막고 주민을 위해 노력하고 있다는 생색을 내려는 마포구의 꼼수에 휘둘렸다 싶기도 하다.

어찌 되었든 흉물인 공사용 펜스가 허물어지고 바닥이 말끔해지고 화장실이 생기면서 2013년 뜨거웠던 여름 900평의 광장 위에 파라솔 몇 개를 치고 늘장이 시작되었다. 경의선포럼을 주도했던 7개 단체는 더 많은 사회적경제 영역의 활동단체와 시민단체가 이 야무진 꿈을 키워나갈 수 있도록 열린 광장에 함께할 사람을 모았다. 늘장을 함께 만들어가기로 마음먹은 단체들이 각자의 색을 입힌 아기자기한 컨테이너와 공간 구조물을 마련해 광장을 채워나갔다. 빈 광장에서 땡볕을 맞으며 시작한 늘장은 더위가 채 가시기 전부터 제법 동네에 입소문이 났다.

시멘트 보도블록만 깔린 공터 위에 골목이 있는 작은 동네가 만들어졌다. 아기자기한 새로운 동네는 함께하는 사람들의 한 땀 한 땀이 들어간 결과물이었다. 주말도 없이 직접 페인트를 입히고 나무를 잘라 집을 지었다. 지금도 그렇지만 늘장에서 대안장터(시민시장)를 상상하며 마음을 낸 대부분 단체들은 자금 여유가 없는 사회적기업이나 마을기업, 협동조합, 시민단체였다. 몸을 움직여 자금력을 대신하며 요즘말로 '영끌'로 있는 돈 없는 돈 끌어 모아 공간을 만들어갔다. 모두 열심이었다. 주중에는 사무실 일을 하고 주말에는 공터를 채우기 위해 전기 공사를 하고, 나무를 심고, 테이블을 만들었다. 그렇게 뜨거운 시간을 두어 달 보내며 늘장은 각양각색의 모양과 색으로 진심이 담긴 시민들의 공원이자 마켓의 모습을 갖춰갔다.

도시 한가운데서 장작을 패고 불을 피워 화덕으로 피자를 만드는 가게, 책 이야기로 가득한 카페, 파리의 광장에서나 느낄 수 있을 법한 달빛을 맞으며 음악을 즐기는 펍이 만들어졌다. 자원 순환과 지구 환경을 지키려는 가게들, 일상에서 예술을 만날 수 있는 아트마켓, 좋은 먹거리를 파는 가게와 청년사업가의 실험정신이 담긴 팝업스토어까지 동네에서 저녁 마실을 나와 문화예술과 시민 활동을 만날 수 있는 파크마켓-늘장이 채워져갔다. 주말도 없이 밤을 새우며 공간을 꾸미고 채우는 시간들이었지만, 함께하는 모두의 얼굴에 새로운 노선과 보험을 앞둔 설렘이 있었다. 시민의 힘으로 만들어가는 첫 번째 공공 공간 프로젝트라는 목표와 꿈을 가지고. 시민의 공간에 시민의 생각을 담아 만들어가는 과정이기에 가능했던 꿈이. 실험적 문화 공간으로 만들어가는 즐거움도 있었지만, 환경과 생태계를 고민하고 문화예술로 삶을 변화시키는 실험에 동참하기 위해 찾아주는 이들과 마음을 나누는 일은 또 다른 설렘이었고 서로를 성장시키는 시간이었다.

갈등

늘장이 채워지기 시작하고 한 계절이 채 가기도 전에 우리의 설렘은 걱정과 고민으로 변해갔다. 마포구의 본심을 알아버린 것이다. 대기업에게 상업지 개발 계획을 완성할 시간을 벌어주고, 본격적으로 개발 공사가 시작되기 전 민원을 잠재우기 위한 꼼수로 우리를 이용했다는 사실을 깨달았다. 잠시 머물다가 떠날 주체로 우리를 세웠다는 것을 뒤늦게 알게 되었다. 행정의 전형적 뒤통수치기 수법에 열과 성을 다해 동참하고 있다는 현실을 자각하고 당황했다. 설렘과 즐거움은 분노와 무기력으로 뒤엉켰다. 우리는 수많은 사람들의 일상을 실어 나르던 경의선과 평생을 함께한 철길 옆 사람들에게 즐거움을 선사하고 싶었다. 그러나 순수한 열정이 악의적 꼼수를 포장하는 알맞은 포장재로 쓰이고 있다는 사실에 개탄했다.

늘장 옆 작은 골목이 이어진 주택가는 재개발이 예정되어 있었고, 늘장 자리에는 이랜드공덕(주)의 상업 공간이 들어서는 아무진 계획이 이미 세워져 있었다. 재개발로 아파트가 들어서면 10억 원대 아파트를 소유할 사람들을 위한 우아한 상권이 필요했을 것이다. 그리고 새 아파트 입주민의 호감을 살 만한 시설과 공원을 만들어 집값을 올리고 그들에게 표를 구걸해야 상위 10% 사람들이 사는 세상이 지켜질 것이다. 이러한 그들만의 사회 시스템이 변화할 의지를 가지고 있다는 생각은 우리의 착각이었다.

마포구는 늘장 위에 옹기종기 다양한 의미를 담은 구조물이 들어서고 낮고 작은 동네가 만들어지는 것을 언짢아했다.

"벼룩시장을 한다고 하지 않았나? 벼룩시장하는데 캐노피와 파라솔 말고 뭐가 더 필요한가? 그냥 적당히 돗자리 펴고 볕을 가릴 텐트 정도면 충분하지 않는가? 쓸데없이 공간을 꾸미고 야단이냐!"

이렇게 심기불편을 노골적으로 드러냈다. 개발이 시작되면 언제든지 쉽게 치울 수 있는 파라솔 정도로 적당히 중고벼룩시장이나 하다가 때가 되면 나가주기를 바랐던 것이다. 공덕오거리의 금싸라기 땅은 대기업이 돈 놓고 돈 먹기를 할 땅이지, 우리처럼 힘없고 순진한 사람이 "누더기 같은 공간"(마포구의 표현)을 얹어 놓고 "더불어 살이"니 뭐니 하는 이상향을 꿈꿀 수 있는 땅이 아니었다, 그들의 기준에서는.

"시민들이 만들어 가는 공간? 공동체? 모르겠고. 대기업이 투자해서 잘 개발할 수 있도록 깨끗하게 사용하다가 나가주세요! 제발! 이게 얼마짜리 땅인 줄 알기나 해?"

마포구는 운영대표를 맡고 있던 '이음'을 이렇게 압박했나.

구조물 설치로 시작된 마포구와의 마찰은 "먹을거리, 마실거리를 판매하지 말아달라"로 이어졌다. 핑계는 주변 상권과의 마찰 우려였다.

"시끄럽게(소음이 발생할 수 있는 어떤 놀이나 행사)도 하지 말라. 그러나 땅다지느라 돈을 들였으니 생색낼 수 있도록 사람들이 많이 찾아오게 만들어라."

이것이 마포구의 되먹지 못한 요구와 압박이었다. 두 손 두 발 다 묶어놓고 단거리 달리기 세계기록을 세우라는 어이없는 요구였다.

늘장은 늘 열리는 시민들의 시장이었고, 시민시장은 다양한 먹을거리와 마실거리, 놀거리를 매개로 활동을 나누고 담는 공간이었다. 그럼에도 이 금싸라기 땅의 사용 허가권을 가진 마포구는 시민의 활동을 나누는 의미와 가치 따위에는 관심이 없어보였다. 오직 개발권을 실행해야 하는 시점에 늘장이 골칫거리가 되지 않을까만 고민하는 눈치였다. 이 압박의 시간은 결국 2013년 겨울을 넘기지 못하고 늘장 운영을 총괄하던 단체의 사퇴로 이어졌다.

2014, 다시 시작

운영대표 사퇴가 결정된 뒤 늘장을 함께 만들어가던 팀들은 더 깊은 고민에 빠졌다. 이 작은 공동체 늘장이 만들어지기까지의 맥락을 모르는 새로운 단체가 마포구로부터 운영 위탁을 받는다면 지금까지의 갈등이 더 깊어질 수 있겠다는 우려였다. 위탁을 유지하기 위해 최선을 다해 '갑질'하는 마포구의 생떼를 받아들일 수밖에 없는 을의 입장이 될 것이 분명했기 때문이다. 다른 한편으로는 예산도 없이 공간을 유지하는 정도의 수익뿐인 이 사업을 위탁받으려는 단체가 있을지도 걱정이었다.

고민 끝에 지금까지의 의미와 가치를 지키며 계속할 수 있는 방법으로 늘장 활동에 참여하고 있는 11개의 단체가 공동 운영하기로 결정했다. 늘장 공동체를 공식화하는 첫걸음이었다. 시민이 만들어가는 공간을 좀 더 민주적으로 운영해보자는 의기투합이었다(단체들을 나열하지 않으려 한다. 혹여 부담을 줄 수 있다는 생각 때문이다. 늘장을 운영하는 동안에도 충분히 힘들었을 그들에게 부담을 주고 싶지 않다).

유난히 눈이 많이 온 2013년 겨울을 우려와 불안을 누르며 어렵사리 보내고 2014년 3월 늘장은 재개장했다. 협의체를 꾸리고 나서 우리는 더 많은 시민이 이 공간을 적극적으로 활용하기를 바랐다. 마켓이 열리는 날 구경 오거나 물품 판매자로 단순 참여하는 것을 넘어 시민 소유권을 적극적으로 표명하는 시민들이 많아지기를 원했다. 땅의 행정 소유가 국가기관의 이름으로 되어 있다고 해도, 그것은 관리의 권한을 시민들에게 이양 받은 것일 뿐 아무에게나 팔아먹을 권리 따위는 국가에 없음을 알리고 싶었다. 시민의 권한을 더 많이 활용하고 누리기를 바랐다.

늘장에는 마포구가 최선의 갑질을 행사하기 위해 설치한 1m 높이의 나무 화분을 가장한 바리케이트가 있었다. 누구에게나 열린 공원에 왜 경계가 있어야 하는지는 마포구만 알 것이다. 늘장을 눌러싸고 있는 이 화분에는 군데군데 사철나무가 이갈이하는 아이의 앞니처럼 심어져 있었다. 우리는 이 화분이 가진 이상한 경계의 의미를 지우고 싶었다. 그래서 화분이 아닌 텃밭으로 쓰기로 했고, 그 방법으로 가까운 동네에 살고 있는 분들에게 한 상자씩 분양했다. 당시는 비싼 아파트가 들어서기 전이었고, 바로 옆 골목에는 집 앞과 마당에 먹거리를 기르는 분들이 많았다. 골목과 마당 안 작은 화분 농사를 늘장 텃밭상자로 옮겨드렸다. 텃밭상자를 분양받은 주민들은 '누구네 밭'이라는 명패도 손수 달아가며 비어 있던 늘장 텃밭상자를 가꾸었다. 새 동네와 옛 동네를 가르고 서 있던 의미 없는 화분에 시민들의 손길이 닿으면서 경계가 아닌 소통의 매개가 되었다. 텃밭상자에서 기른 먹을거리로 공유밥상을 차렸다. 텃밭상자는 소박한 밥상에 둘러앉아 사는 이야기를 나누는 시간을 만들어주었다.

우리는 아이들이 뛰놀 수 있는 소박한 놀이터도 만들었다. 화덕을 만들고 남은 모래를 쌓아 모래놀이터를 만들고, 텃밭 체험장을 만들었다. 나는 텃밭 체험장을 하며 목화를 처음 보았다. 늘장을 누구에게나 열린 공간으로 만들기 위해 예술가들도 힘을 보탰다. 회색의 보도블록 위에 늘장의 꿈을 그려주었다. 그렇게 3월 재개장 이후 늘장은 조금씩 시민의 놀이터로 자리 잡아갔다.

늘장이 시민 공간이 되어갈수록 마포구는 어이없는 단속과 간섭의 수위를 높였다. 도시 한가운데서 장작 패고 화덕 데워 요리 체험하던 '자연의 부엌'과 은둔형 외톨이 청년들의 자립을 돕는 K2 인터내셔널 NPO가 운영하던 먹거리 공간을 문 닫게 만들었다. 늘장에 생기를 불어넣기 위해 고군분투하며 주머닛돈을 털어 넣던 우리에게 큰 타격이었다. 상황은 더욱 나빠졌다. 늘장에서 5분 거리에 있는 디자인 고등학교와 협력으로 학교축제를 늘장 마당으로 옮겨와 진행하던 것마저 마포구는 소음 민원이라는 이유로 중단시켰다. 뭔가 새로운 활동을 만드는 족족 차단을 당하며 늘장은 점점 분위기가 침체되어갔다. 힘을 모아보자 의

기투합했던 사람들도 기운을 잃기 시작했다. 마포구의 압박은 마포구 지원 사업으로 유지해야 하는 협의체 소속 사회적기업과 협동조합에게는 부담이 아닐 수 없었다. 압박은 대놓고 협박이 되기도 했다.

이런 마포구의 양아치 같은 갑질에 대응하기 위해 늘장은 2015년 협동조합을 조직하고 운영을 지속했다. 2014년 늘장이 '프로그램 마켓'이었다면 2015년 협동조합 늘장은 지역 예술가, 활동가와 연대해 문화예술 거점이 되기 위해 애썼다.

늘장이라는 이름으로 협동조합까지 조직하며 3년을 고군분투했지만, 결국 마포구는 2015년 겨울 이랜드공덕(주)의 본격적 상업지 개발을 지원하기 위해 일방적으로 부지 사용 계약 중단을 통보했다. 그리고 우리의 모든 활동을 불법적 행동으로 낙인찍었다. 이를 보다 못한 시민단체들이 힘을 모았다. 시민의 공간을 되찾고 국유지의 공공성을 되살리기 위해 경의선공유지시민행동을 조직했다. 경의선공유지시민행동은 늘장 마을을 시민들이 운영하는 26번째 자치구로 선언했다(서울에는 25개 자치구가 있다). 그 이후로도 공유지에 대한 시민의 권리 찾기 노력은 계속되었다. 하지만 공권력을 이기지 못하고 2020년 다시 흉물스러운 공사용 펜스가 쳐졌다.

행정 마피아가 시민의 공유지를 공공성 따위는 아랑곳하지 않는 특정 기업에게 넘기기 위해 어떻게 움직이는가를 지켜본 7년이었다. 시민의 권리 따위는 무참하게 짓밟으며 개발이익을 보장하기 위해 움직이는 공권력의 힘을 보았다.

지금 늘장은 공사용 펜스에 가려져 사라진 것처럼 보이지만, 공유지를 향한 시민들의 열망으로 시작된 첫 번째 공동 프로젝트로 충분히 역할했다. 7년은 결코 짧지 않은 시간이다. 7년 동안 늘장은 사람들의 더불어 살려는 본능을 일깨우고 함께살기의 감각을 키운 텃밭이었다. 이제부터가 진짜 늘장의 시작, 시민 시대의 시작이 아닐까? 조심스럽게 희망을 품어본다.

경의선공유지 연대기

1. 늘장에서 경의선공유지로 전환(2016. 2. 19~)

공덕역 부근 철도 유휴 부지에 있던 시민들의 장터 늘장(2013~2015년)은 구청 및 한국 철도시설관리공단의 일방적 퇴거 요청을 통보 받는다. 대기업 중심의 국공유지 활용에 관한 문제제기와 이에 동의하는 시민들이 모여 '경의선공유지시민행동'을 구성해 활동을 시작한다.

2016. 2. 19.   경의선공유지시민행동 시작 파티 : 경의선 부지를 공존, 공공, 공유의 공간으로!

2016. 3. 26.   공유지 난장 : 경의선공유지시민행동 지지 마켓

2016. 4. 3.   경의선 110년, 어제와 오늘을 걷다 : 경의선공유지 시민 걷기

2016. 4. 30.   경의선공유지 파종·프로젝트 : 공유지 텃밭 시농제

2016. 7. 12.   경의선 책의 거리에 대한 질문들 : 경의선공유지시민행동 연속 토론

2016. 10. 28.   2016 문화활동가대회 : 공유지를 탈환하라

2016. 11. 2~5.   경의선공유지 영화제 CGV(Commons Gentrification Variation)

2. 경의선공유지 26번째 자치구(2016. 11. 27~)

서울이라는 거대 도시에서 쫓겨나고 소외된 이들이 스스로 딛고 일어설 거점 공간으로 경의신공유지를 활용하는 안이 구상된다. 서울 25개 자치구에서 대책 없이 쫓겨난 도시난민들이 경의선공유지를 연대와 공유의 공간으로 활용하자는 의미를 담아 '26번째 자치구 선언'을 한다.

2016. 11. 27.   경의선공유지 자치구 선언 : 공유지를 탈환하라

2017. 5. 20.   도시를 묻는다 공유지를 묻는다 : 우리의 도시를 향한 질문들 좌담회

2017. 6. 10.   혼자만잘살믄무슨재민겨 ; 경의선공유대잔치

2018. 2. 8.   협치서울 정책 토론회 : 대안공유지 계획, 가능성과 한계

2018. 3. 24.   경의선공유지 두 돌 잔치 : 16년생 공유지

3. 경의선공유지추진위원회(2018. 5. 3~)

여러 연구자들과 활동가들은 커먼즈의 실천적 사례로 경의선공유지를 주목하기 시작
한다. 이에 경의선공유지에 대한 장기적 계획을 수립하는 과정에서 경의선공유지추
진위원회가 발족된다. 이후 추진위는 범대위(경의선공유지 문제 해결과 철도 부지 공유화
를 위한 범시민공동대책위원회)로 확장된다.

2018. 5. 2~4.   커먼즈네트워크 워크숍 : 지금, 여기 커먼즈
2018. 5. 3.   대안적 도시재생 모델을 만들기 위한 : 경의선공유지추진위 발족
2019. 4. 23.   기자회견 : 철도시설공단은 공덕역 경의선공유지에 대기업 중심의
                개발을 중단하라
2019. 4. 26.   연구자의집 상량식
2019. 5. 18.   경의선공유지 문제 해결과 철도 부지 공유화를 위한 범시민공동대책
                위원회 발족
2019. 5. 27~31. 2019 커먼즈네트워크 포럼 : 커먼즈, 공동의 질문
2019. 7. 15.   긴급성명 : 마포구청은 시민을 가두려는가? 철도시설공단은 경의선
                공유지 개발 계획을 투명하게 공개하라

4. 안녕, 경의선공유지(2020. 초)

2019년 말, 정부와 공단이 주도한 법적 소송 절차가 진행된다. 사실상 패소가 예상되
는 상황이었다. 경의선공유지시민행동은 '일시적 사용의 원칙'을 관철하기 위해 자진
철거 방식으로 활동을 갈무리한다.

2020. 2. 29.   26번째 자치구 자치구민 총회
2020. 3. 14.   경의선공유지 시설 자진철거 시작
2020. 3. 25.   1차 자진철거 집중의 날
2020. 4. 1.   안녕, 경의선공유지 : 현수막 게시 및 바닥 레터링
2020. 4. 11/18. 경의선공유지, 다시 시작 포럼
2020. 4. 23.   2차 자진철거 집중의 날 : 안녕 아현포차
2020. 4. 24.   자진철거 종료
2020. 4. 27.   경의선공유지 폐쇄 : 경의선공유지시민행동 입장문 발표

6

26번째 자치구와 공유지 운동

김상철

우리는 새로운 '자치구'를 선언한다

우리는 쫓겨났다.

그늘은 우리의 오랜 가게가, 집이, 거리가, 세상이 자신들의 것이라 말했다. 마치 아무 일도 일어나지 않은 것처럼 쫓겨난 가게에서는 새로운 간판이 오르고 망가진 집 위엔 낯선 아파트가 세워지고 파괴된 포장마차 위에는 화분이 들어섰다. 그렇게 흔적을 지워버리면 우리의 아픈 삶도 지워질 것이라 믿었던 모양이다. 하지만 그들은 착각했다.

그래서, 우리는 싸운다.

우리가 속해 있던 기존의 자치구가 우리를 버렸으므로 우리도 이들을 버린다. 대신 우리는 각자의 싸움을 우리의 싸움으로 만들기 위해 함께 자치구를 세우기로 했다. 이곳에서 우리의 삶을 포기하지 않으면서도 지치지 않는 싸움을 해나갈 것이다. 우리는 우리를 지우려 하는 이 도시에 지워지지 않는 화인을 남길 것이다.

우리는 모이고, 살아가고, 투쟁하며 웃을 것이다.

이곳에 더 많은 시민들을 초대한다. 도처에 뿌리 뽑힌 이들은 이곳으로 오라. 우리는 웃으면서 분노할 것이고 우리의 삶을 걸고 물러서지 않을 것이다. 우리의 '26번째 자치구'는 그들이 포기한 자치와 연대, 그리고 희망을 말하는 진짜 자치구가 될 것이다.

오늘부터 명령하고 빼앗던 어제의 서울과 작별한다.

'26번째 자치구' 만세!

2016년 11월 27일

'26번째 자치구' 선언 참가자

경의선공유지는 2016년 11월 27일에 '26번째 자치구'를 선언했다. 서울에는 25개의 자치구가 있다. 우리는 여기에 새로운 하나의 자치구를 더함으로써 우리가 경의선공유지에서 하고자 하는 내용을 명확하게 밝혔다. 우선, 새로운 것을 만들어내겠다는 것이다. 행정 단위인 자치구를 가져오되 그 과정에서 '자치'구의 의미를 강화했다. 다음으로, 이미 존재하는 25개에 이은 26번째를 선택함으로써 경의선공유지의 상대적 위치를 명확하게 드러냈다. 한편으로 형식적인 기존의 자치구를 명확하게 자치를 위한 공간으로 천명했지만, 다른 한편으로 기존의 25개 자치구가 공통적으로 가지고 있는 한계에서 벗어난다는 명확한 방향성을 내세웠다. 이는 경의선공유지 운동이 분명한 물리적 공간을 바탕으로 하는 운동이었기 때문에 가능했던 방식이다. 하나의 새로운 자치구를 선언할 때, 가상의 공동체가 아니라 좀 더 실재감을 가진 공동체로 느껴질 수 있었던 물적 조건으로서 경의선공유지의 존재는 핵심 요소였다. 그러면서 26번째 자치구라는 말, 그리고 이를 정당화하기 위해 도입한 '도시난민'이라는 표현 역시 구체성을 획득했다.

　이 글은 공유지 운동의 하나로서 경의선공유지 운동이 가지는 다양한 맥락 가운데 구체적인 공간을 매개로 하는 전략에 초점을 맞춘다. 그리고 내몰린 주체를 다시 적극적인 주체로 재구성하는 과정에서 공간에 대한 규정을 전환하는 맥락을 기록한다. 기존의 사회운동이 어쩌면 완결적인 주장에서 시작해 이를 제한적으로 달성하는 경로를 택하는 것과 비교해 경의선공유지 운동은 불안정하게 시작했다. 끊임없이 정당화 요구에 직면한 임시방편적 경로를 드러내는 데 의미가 있을 것이다.

퍼블릭에서 커먼즈로

정치적인 이념으로서 공화국은 로마어인 레스 푸블리카(res publica)를 어원으로 가진다. 철학자 김상봉에 따르면 레스 푸블리카는 '공공적인 것'을 뜻한다. 여기서 푸블리카가 포풀루스 즉 인민이라는 명사에서 만들어진 단어이기 때문에 '인민의 것'으로 이해할 수 있다고 말한다. 어원으로만 놓고 보면 공화국은 인민의 것들을 뜻한다. 우리가 퍼블릭(public)을 통해서 공적인 것을 표현할 때 쓰는 '모두의 것'은 곧 인민의 것을 말하는 셈이다. 그러다 보니 여기서 '모두'에 속하고 또 빠지는 것들이 중요해진다. '인민'은 개개인의 시민을 가리키는 말이 아니라, '합의된 법과 공공 이익에 의해 결속된 다중의 공동체'(키케로)이다. 따라서 공공적인 것을 말할 때 '합의된 법'과 '공공 이익'의 내용과 범위를 둘러싼 쟁점이 생겨날 수밖에 없다.

경의선공유지시민행동은 애초 'public space for citizen'을 지향했다. 시민을 위한 공적 공간으로 경의선공유지를 선언했다는 뜻이다. 여기엔 구체적인 두 개의 대립항이 있다. 하나는 공적 공간에 대립하는 사적 공간에 관한 문제의식이고, 다른 하나는 시민에 대립하는 기업에 관한 문제의식이다. 이런 구분은 경의선공유지의 속성을 보여준다.

애초 철도가 다니던 길이 지하화된 것이 2000년대 초반이다. 막대한 예산을 들여서 지하화한 것에는 그동안 철길 때문에 지역주민들이 겪은 불편에 대한 '사후적 보상' 성격이 강했다. 2010년 서울시와 한국철도시설관리공단은 철도의 상부 구간에 대한 토지 사용 협상을 진행하고

2011년 상부의 상당 구간을 공원으로 조성하기로 한다. 총 457억 원이 든 공원 조성 계획은 3단계에 걸쳐 추진되었고, 2016년에 완공된다.

이 과정에서 주요한 역세권, 즉 홍대입구역, 대흥역, 공덕역 주변 부지에 대해서는 '철도 유휴 부지 활용 지침'에 따른 민자 사업이 추진된다. 당연히 민자 사업자의 사업성을 위해서는 도시계획 차원에서의 특혜가 필요하다. 사실 현재의 경의선숲길과 역세권 개발은 공(서울시)과 공(한국철도시설공단) 사이의 공적 절차를 둘러싼 거래의 산물이라고 할 수 있다. 당연히 이 과정에서 공적인 것의 원천이 되는 '인민'의 자리는 없었다. 실제로 이런 계획에 따라 2017년 공덕역 도화동 부지에 대기업 효성이 거대한 관광호텔과 상업 용도의 건물을 지었다. 최근에는 홍대입구역에 또 다른 대기업 애경이 사옥과 쇼핑몰을 지었다. 현재 경의선 공유지가 자리하고 있는 부지 역시 한국철도시설공단이 2011년 사업 주관자를 모집하고 2012년 이랜드 측과 사업추진협약을 체결한 뒤 이랜드공덕(주)이라는 특수목적법인에게 사용권을 30년 부여했다.

이런 상황에서 경의선공유지에 대한 공적 공간 선언은 국유지였던 철도 부지 사용권의 민간 기업 이전이 사유화의 맥락이라고 본 것이다. 따라시 애초의 국유지로서 가시고 있는 공석(public) 의미 회복이 중요한 과제로 인식되었다. 새로운 의미를 만들어내기보다는 기존의 공적 공간 회복을 역세권 개발 사업과 대립시켰다.

단순화화면, 서울시와 철도시설관리공단의 경의선숲길 조성과 역세권 개발 계획은 기존의 공적 공간을 사적 공간으로 전환시키는 것임과 동시에 시민 대신 기업을 파트너로 삼는 과정에 다름 아니었다. 이는 기존 경의선공유지에서 시민시장을 통해 공적 공간을 회복하려 했던 시민 활동의 과정과 정확하게 대척점에 서 있다. 그런데 이것은 기업이냐, 시민이냐 같은 단순 대립으로 끝나지 않는다.

현재 경의선공유지 맞은편에 완공된 효성 개발의 상업 시설은 30년간 점용료가 약 900억 원 발생하고 국가는 1,810억 원, 지방자치단체는 220억 원의 세수가 걷힐 것으로 예측했다. 여기서 '약'이라는 단서가 붙는 이유는 사업자가 생각한 대로 사업이 잘되었을 경우를 전제로 계산했기 때문이다. 연간으로 환산하면 1년에 점용료 20억 원, 세금 수입 60억 원 정도이다. 상당한 규모다. 공공의 것을 뜻하는 퍼블릭은 곧 공공의 이익을 뜻한다. 따라서 당장 사용은 기업이 하더라도 이 기업의 활동을 통해 연간 60억 원 정도의 세금 수입이 생긴다면, 철도 유휴 부지를 기업이 개발해 사용케 하는 것은 분명 '공적인 일'이 된다.

또한 퍼블릭이 '일련의 규칙을 따르는 것'이라는 의미를 함께 가지고 있는 한 우리가 한 점유는 사실상 공공 규칙 위반이 되어버리고 만다. 퍼블릭인 공공성은 그것 자체로 현상을 유지하는 힘이며, 혁신보다는 보수의 힘에 가깝다. 퍼블릭을 벗어나 커먼즈로 넘어가는 맥락에는 한 번도 명시적으로 토론한 적은 없지만, 활동 감각을 통해서 인식한 퍼블릭의 한계가 놓여 있다. "그래도 법은 지켜야 하지 않는가"라는 공공기관과 합리적 시민들의 질문에 우리가 왜 법을 어기면서까지 이 부지를 지키려고 했는지 퍼블릭의 관점에선 설명하기 힘들다. 이미 익숙한 퍼블릭의 과정에서는 "당신들의 주장이 맞다고 하더라도 지역주민들이나 관련 기관과의 협의를 통해서 문제를 해결해야 하는 것 아니냐"는 질문에 반박하기 어렵다. 무엇보다 '거기가 얼마짜리 땅인데, 이렇게 무용하게 차지하고 있는가?'라는 퍼블릭의 경제적 관점 앞에서는 거의 격침 직전의 난파선이 되어버리고 만다.

그러니까 애초 새로운 권리를 구축하기보다 기존의 권리를 재구성할 뿐인 퍼블릭은 경의선공유지 운동을 해명하는 데 전혀 도움이 되지 않는 논리인 셈이다. 결국 경의선공유지시민행동은 기존에 공적 공간으로서 퍼블릭의 논리가 더 이상 경의선공유지에서는 맞지 않는다는 경험을 통해 다시 자기-정당화의 요구에 따라 대안적인 개념인 커먼즈의 발견으로 비약한다. 이것이 비약인 이유는, 사후적으로 보면 매끈한 개념의 전환이 사실상 일정 기간 동안 지루하고 단절되지 않는 혼란을 통해 이루어졌다는 점에 기인한다.

26번째 자치구 선언

경의선공유지가 커먼즈로 자기-정당화를 시도한 맥락은 '26번째 자치구' 신인과, 우리 정체성을 '노시난민'으로 규정한 것을 통해서 좀 더 구체적으로 확인할 수 있다. 26번째 자치구 선언은 경의선공유지의 구체적인 주체들의 구체적인 성격에 의해 파생된다.

이 선언의 직접적인 계기는 아현초등학교 주변에서 40년 가까이 장사를 해온 아현포차에 대한 강제 철거다. 소위 아현뉴타운이 지정된 것은 2007년이고, 이중 아현3구역이라고 불리는 지역은 원래 서울로 이주한 초기 이주민들이 정착해 살던 곳이었다. 여기에 3,300세대가 넘는 대규모 아파트가 지어졌는데, 삼성물산과 대우건설컨소시엄이 사업자였다. 아파트 단지가 준공된 시기가 2014년이고 그해 9월부터 입주가 시작되었다. 입주민 중 상당수는 원주민이 아니라 이주민이었다. 그럼에도 이들은 2015년 입주자대표자회의가 구성된 후 다양한 영역에서 '주민으로서 영향력'을 발휘한다. 대표적인 것이 아파트 단지를 관통해 미개발 아현 지역을 오가던 마을버스 노선 폐지다. 이들이 내세운 논리는 아파트 단지 내 안전이었다. 마을버스가 아파트 거주자의 안전을 위협한다는 것이었다. 또한 계획되어 있던 등기소 이전을 방해했다. 이때도 외지인이 등기소를 찾게 되면 아파트 안전이 위험하다는 논리였다.

이렇게 뉴타운을 타고 들어온 이주민들은 새롭게 만들어진 아파트를 배경으로 해서 주민으로서의 권리를 마음껏 향유한다. 아파트 단지 내 헬스 시설의 개관식에는 지역 국회의원 노웅래가 방문하고 구청장과 면담도 성사시킨다. 그러면서 아현초등학교 인근에 있던 아현포차에 대해 '초등학생의 학습권'을 이유로 구청에 민원을 제기하고 100여 명이 동원된 집회를 개최하면서 압력을 행사한다. 구청은 민원 대응을 이유로 2016년 1월 아현포차 상인들에게 자진 퇴거를 요청한다. 초기에는 초등학교의 요청과 학생들의 안전이라는 이유였으나, 시간이 지나면서 좁은 차도 확장으로 바뀐다.

그리고 7월 강제 철거 방침을 통보하고, 구청장이 여름휴가를 떠난 사이에 강제 철거를 감행한다. 아현동에 위치해 있으면서도 아현푸르지오, 아현래미안이 아니라 마포푸르지오, 마포래미안으로, 그것도 모자라 아예 마포래미안푸르지오로 부르기를 바란 지역주민들의 민원에 구청의 청부 행정이 빚어낸 비극이다. 아현포차와 연대한 지역 단체들이 자연스러운 이주와 3~5년 사이에 장사를 정리하겠다는 자체 계획을 내놓았으나, 이마저도 마포구청은 거절했다. 흥미롭게도 강제 철거가 진행된 지 2년이 지난 시점에도 차도의 확장은 이루어지지 않았다. 어쨌든 이 과정에서 밀려난 아현포차 중 일부가 경의선공유지에 정착한 것이 2016년 8월이다. 뒤이어 성동구에서 철거 세입자로 쫓겨난 뜨거운청춘 이희성이 경의선공유지의 최초 거주민으로 들어온다.

이렇게 기존의 자치구 구조에서 밀려난 경험은 단순히 폭력적인 행정 과정의 결과로만 접근할 수 없다. 왜냐하면 실제 아현포차나 불타는청춘(이희성의 활동명) 사례는 새롭게 자산을 획득하거나 자산을 가지고 있던 다른 주민들에 의해 의도적으로 배제된 과정이었기 때문이다. 최소한의 절차적 정당성을 요건으로 삼는 현재의 도시 행정은 과거와 같이 일방적인 행정 절차로 사람들을 내몰지 못한다. 지역주민의 피해와 요구라는 강력한 힘들이 취사선택되는 과정을 통해서 소수자나 자산이 없는 이들에 대한 내몰림은 정당화된다. 그런 차원에서 기존의 자치구 행정은 물론이고 지역주민으로부터도 배척된 이들이 필요로 하는 공간은 기존의 25개 자치구 안이 아니라, 새로운 규칙이 작동하는 자치구 즉 26번째 자치구를 필요로 한다. 어떤 이론화 경로에서 추출되었다기보다는, 현장 문제를 해결하기 위해 계속 수정하고 변경하는 과정에서 '26번째 자치구'가 제안되었다.

현행 지방자치법 제2조(지방자치단체의 종류)는 '지방자치단체인 구'를 자치구로 부르며 여타 시도의 일반 구와 구분한다. 그리고 "자치구의 자치권의 범위는 법령으로 정하는 바에 따라 시군과 다르게 할 수 있다"고 규정한다. 자치구의 권한은 법이 아니라 시행령으로 정해둔다. 한국의 자치구는 일반 구에 비해 고유 사무보다는 위임 사무 비율이 절대적으로 높다. 그렇기 때문에 사실 명칭은 자치구라 하더라도 실제 자치의 영역으로 포괄하는 사무는 넓지 않다.

하지만 현실에서 자치구의 이런 제한된 업무 범위는 소위 행정 재량권 측면에서 특수한 조건을 만든다. 대표적으로 동일한 위임 사무라 하더라도 법령의 규정 여부에 의해서가 아니라 자치구의 의지에 따라 적극적/소극적 행태가 나타날 수 있다. 많은 경우 이런 권한 행사는 자의적이다. 또한 광역정부에 비해 주민이나 지방의회의 견제와 감시가 미약하기 때문에 오히려 정치인인 자치구청장보다 자치구의 공무원 권력이 훨씬 강한, 행정 주도의 지방자치가 나타난다. 실제로 도시에서의 분쟁은 생활권 수준에서 자치구가 어떤 적극적인 역할을 하느냐에 따라 크게 영향 받는다. 자치구 공무원이 자신에게 부여된 행정 권한을 주민 권한의 지원이나 활성화를 위해 사용하기보다 대립해 사용하는 경우가 많다. 그리고 중앙정부나 광역정부에 비해 기초정부 수준에서 행정 일탈은 사회적으로 제대로 평가되지도 않는다. 그러다 보니 실제 법령상의 제한적인 자치권이 자치구 수준의 구체적인 정치적 행위보다는 시험을 봐서 임용된 행정 권력에 과도하게 집중되는 예가 많다.

따라서 26번째 자치구 선언은 기본적으로 행정 주도의 25개 자치구와 분리하겠다는 선언이다. 즉 현재까지 서울에서 벌어지는 다양한 갈등 속에서 기존의 25개 자치구는 짐짓 중립적인 위치를 강변하며 방관하거나, 그들이 해석한 '적법'의 기준을 무작위로 적용해왔다. 하지만 행정 권력을 조율해야 하는 지방의회의 수준은 매우 낮다. 실제로 서울의 약자들이 자치구의 도움을 받는 경우보다 자치구의 훼방이나 횡포로 고통 받는 예가 더욱 많다. 그런 점에서 26번째 자치구는 기존의 25개 자치구가 사실상 '비주민'으로 내버린 사람들의 자치구라는 의미를 갖는다. 즉 제도와 법령에 의해 '보이지 않는 사람'이 된 분쟁 당사자들을 '보이는 사람'으로 만든다는 뜻이다.

도시난민이라는 정체성

더불어 이렇게 내몰리는 사람들을 규정하기 위한 개념으로 '도시난민'이라는 정체성을 제시한다. 도시난민은 국제관계에서 파생된 비자발적 이주자인 난민을 전용한 개념이다. 국내의 비자발적 이주 상태를 뜻한다. 특히 현재 서울이라는 도시에 '정착 자체가 거부된' 이들의 특수한 상황을 뜻한다. 실제로 난민은 새로운 정착을 필요로 하는 것이 아니라 문제 해결을 통해서 기존에 있던 곳으로 돌아가는 것이 목적인 상태다. 경의선공유지 역시 새로운 이주민에 의해 정착되는 공간이 아니라, 도시 난민이 '다시 돌아가기 위한' 일종의 캠프로서 기능한다. 서울에서 뿌리 뽑힌 상태를 드러내기 위해 '26번째 자치구' 개념을 활용한다면, '내몰려서 이주하는 상황'을 직관적으로 드러내는 개념으로 '도시 난민'을 활용한다.

급격한 도시화로 인한 '장소의 내몰림(displacement)'은 전 세계에 공통적으로 나타나는 현상이다. 유엔난민기구는 이를 '도시난민(Urban Refugees)'으로 부른다. 또한 '내부적으로 쫓겨난 사람들(IDPs; Internally Displaced Peoples)'을 별도로 사용하고 있다. 도시난민은 도시에 정착한 난민 즉 유입 경로에 중점을 두는 개념이고, IDPs는 정부에 의해 내부적으로 내몰린 경로에 중점을 두는 개념이다.

유엔난민기구의 조사에 따르면, 전 세계적으로 난민 1,950만 명의 60%와 IDPs 3,400만 명의 80%가 도시에 살고 있다. 우리가 쉽게 접하는 도시의 쫓겨난 사람들은 IDPs에 더 부합하는 것으로 보인다. 난민은 거주하는 정부에 권리를 요청하지도, 정부가 의무를 부과하지도 않는 대상이다. 이에 반해 IDPs는 정부에 권리를 요구하는 해결 방법을 추구하며, 정부 역시 세금 등의 의무를 부과한다.

하지만 이런 차이보다 유사점이 더욱 커지고 있는데, 특히 IDPs가 점차 난민'화'되는 경로가 그렇다. 유입 경로에 있어 내/외부의 차이가 있을 뿐, 권리와 책임에 있어 지방정부나 중앙정부가 해당 책임을 포기

도시난민과 IDPs의 구분

	도시난민(Urban Refugees)	내부적으로 쫓겨난 사람들(IDPs)
유입 경로	외부에서	내부에서
정부와 관계	비권리/무책임	권리와 책임

하거나 외면하는 경우가 점점 많아지고 있다. 일례로 아현포차 철거와 같이 후속 대책이 없는 일방적인 행정 행위로 내몰림이 발생했는데도, 마포구청은 해당 행위의 적법성만을 강조할 뿐 내몰린 주민들의 상황은 고려하지 않는다. 아현포차 주민들을 책임져야 하는 주민으로 보지 않으려는, 즉 법적 권리가 부재한 사람으로 보고자 하는 행정의 시각을 엿볼 수 있다.

우장창창 사례 역시 적법성 논리로 자행된 내몰림이다. 도시난민은 다른 법체계에서 옮겨왔기 때문에 '외부'에 위치한다. 하지만 현대 도시에서 벌어지는 내몰림은 지방정부 등이 주민을 '적법하게' 법제도의 바깥으로 내모는 현상이다. 내부적으로 쫓겨난 사람들의 난민성이 도드라지게 발생한다. 이런 변화는 시민의 권리가 정치적·사회적·문화적 권리를 포괄하는 복합적인 권리로 보장되지 않고 오로지 경제적 권리로만 치환되는 기업가적 도시정부의 특징에서 찾아볼 수 있다. 기업가적 도시정부는 도시 내 성장연합 세력의 전략을 뒷받침한다. 도시에서는 다양한 이해관계를 가진 주체들의 긴장 관계가 반복되는데, 이 과정에서 지방정부가 특수한 이해관계를 정부의 정책으로 수용하고 정책 세트로 체계화한다. 특히 신자유주의적인 경제 정책 아래서 도시정부의 중요 목적은 국가 성장을 위한 도구로 간주되었다.

이때 경제적 성장에 도움이 되지 않는 행위는 지방정부에 의해 배제된다. 그 전까지는 온정주의적 절차(이를테면 보상 등)가 있었으나, 긴축 재정 정책과 맞물리면서 점차 폭력적인 과정으로 전환되었다. 그런데 이런 경제적 이익은 직접적으로 드러나지 않는다. 다시 아현포차의 사례를 보면, 최초의 문제제기는 2014년에 대규모로 이주한 아파트 주민들의 민원이었다. 속칭 마래푸[53] 주민들은 명동의 꽃길과 아현포차 길을 대비시킨 홍보물에서 마래푸 입주자들에게 '어떤 길을 원하는가'라는 질문을 던진다. 이후 마포구청은 아현포차 철거 방침을 확정하며, 지역 국회의원인 더불어민주당 노웅래는 자신의 공약으로 '아현포차 철거'를 넣기에 이른다. 이런 일련의 과정은 직접적 착취나 폭력 행위로는 설명되지 않는, 정치적·사회적인 권력 작동을 통해서 관철되는 구조적 배제를 보여준다.

자치구 운동의 의미

자치구 운동은 기존의 도시 운동에 구체적인 한 양상을 만드는 의미가 있다. 이제까지 논의된 공유지 운동은 상당 수준의 구체성을 획득했으나, 이를 담는 구체적인 사례 혹은 실질적인 필요를 증명해내지 못했다. 적어도 26번째 자치구 운동은 서울에서 축출된 이들의 문제 해결을 위한 공동의 플랫폼이라는 필요에 의해 준비됐다. 즉 기존의 공유지 운동이 가지고 있는 다양한 수준의 이야기 중에서 하나의 구체적인 효과를 노리는 사례로서 의미를 가진다.

26번째 자치구에서 주민성을 가지는 사람들은 모두 기존의 25개 자치구 안에서 벌어진 자기 문제를 가지고 있다. 하지만 이들은 자기 문제를 위해 투쟁하는 순간 서울이라는 도시에서 뿌리 뽑혀 부유하게 된다. 이런 뿌리없음의 상태는 투쟁의 안정성은 물론이거니와 투쟁하는 당사자의 안전에도 중요한 문제를 낳는다. 따라서 공유지는 이들에게 안정과 안전을 보장하는 장소다. 우리가 26번째 자치구 운동을 제안하면서 이곳을 '투쟁을 위한 플랫폼'이라고 했을 때는 현재 제도에 의해 쉽게 해결되지 않는 문제들을 해결하기 위한 진지의 성격을 가진다. 우리는 이런 공유지라는 진지를 통해서 우리가 가지고 있는 문제의 구체적인 부딪힘을 생산해낼 수 있다. 이야기할 시간과 더 많은 사람들을 만날 수 있는 공간을 확보함으로써 기울어진 제도가 강요하는 단기간의 투쟁을 벗어나 좀 더 장기적인 투쟁을 진행할 수 있다.

무엇보다 26번째 자치구 선언은 기존의 행정이나 정치권력에 의해 하향식으로 주어진 자치가 아니라, 실제 살아가는 시민들의 필요에 의해 상향식으로 요구되는 자치를 구축한다. 실질적인 의미에서 보면, 지금까지의 행정적/정치적 관행과 정면으로 충돌할 수밖에 없다. 이것은 소위 "모든 권력은 국민으로부터 나온다"는 헌법상의 선언을 구체적으로 적용하는 사례, 즉 시민 권력의 사용이라고 할 수 있다.

마포구나 서울시 혹은 이 부지에 대해 일차적인 사용권을 구매한 자본권력은 26번째 자치구 운동에 적대적일 수밖에 없다. 그들의 통제나 규정에서 벗어나 있기 때문이다. 이때 그들이 말하는 권한이 과연 시민의 자발적인 자치 요구에 맞서서 어떤 행태를 보일지 확인할 수 있다. 당연히 각종 행정 조치나 강제 철거 등의 조치가 이루어진다. 그리고 이런 구체적인 갈등은 그동안 기계적인 수준에서 논평하던 언론 등 사회 공중의 변화를 촉구하는 계기가 된다. 하지만 무엇보다 26번째 자치구에 입주하는 당사자들의 자기 문제가 이런 방식으로도 집합적인 해결을 꾀할 수 있다는 데 의미가 있다. 즉, 기존의 시혜적인 태도가 가지는 경계를 확인할 수 있다. 그들이 말하는 시민은 어디까지나 그들에 의해 통제되고 지시되는 시민이다. 이 과정에서 확인할 수 있었던 쟁점은 크게 3가지다.[54]

첫째, 도시에서 자치-자율 공간은 불가피하게 현재의 법제도와 갈등한다는 것입니다. 실제로 철도 부지이고 철도시설관리공단의 역세권 개발 사업에 의해 사용권이 지정된 경의선공유지와 마찬가지로, 인천의 배다리는 인천시의 산업도로 계획에 반대하는 것이었고 공유성북원탁회의는 동네 흉물로 불린 고가도로 밑의 여유 공간을 미인도라는 문화예술 시설로 전유했습니다. 이 과정에서 고가도로를 관리하는 도로 관리의 행정과 갈등이 있었죠. 즉 우리가 말하는 자치는 누군가 보장해주는 영역에서의 자치를 뜻하는 것이 아니었습니다. 그것은 '자치'이어야지 생존할 수 있는 조건이었던 셈입니다.

둘째, 복합적인 의사결정 구조를 가지고 있다는 점입니다. 이 자리에 나온 누구도 자신을 실질적인 '대표자'라고 여기지 않았습니다. 무언가 결정하기 위해서는 위임 받은 누군가가 결정하고 그 결정을 따르는 구조가 아니라, 지속적으로 잠정적인 결정을 내려가면서 누군가 자임하는 범위에서 책임과 권한을 행사하는 구조로 운영되고 있었습니다. 이것은 기존의 사회운동이나 지역 운동이 '오랫동안 거주한 기간'이나 특정한 '자산의 소유'를 바탕으로 의도하지 않는 위계가 만들어진다는 것과 차이가 납니다.

셋째, 물질적 공간의 재전유, 점유 등을 통해서 구체성을 띤다는 것입니다. 도시에서의 커머닝은 물질적 공간만을 뜻하는 것은 아니지만, 불가피하게 물질적 공간을 매개합니다. 특히 경의선공유지시민행동의 경우에는 26번째 자치구를 선언하면서 구체적인 도시난민의 일시적 캠프를 표방하는 순간부터 구체적인 공간의 활용이 예정되어 있었다 할 것입니다.

경의선공유지시민행동이 거처하던 경의선공유지에 26번째 자치구가 세워진 배경은 더 이상 행정이 촘촘히 작동하는 서울의 어느 곳에서도 '권리가 보장되지 않는 이들'의 자리가 없다는 것을 확인한 결과다. 행정을 통해서 자치와 자립이 보장되지 않는 상황에서, 수십 년 동안 삶을 통해 증명했던 가치가 '불법'으로 축출되는 상황에서 이들이 머물 수 있는 공간은 없다. 행정에 의해 무법자로 낙인찍힌 이들은 사회적 약자가 아니라 난민이 되었다. 없어지라는 서울의 말을 듣지 않으려면 따로 경계선을 긋고 캠프를 만들 수밖에 없었다. 경의선공유지 선언은 우리가 원하지도 않았는데 모든 권리를 잃은 채 버려졌음을 드러내는 것이며, 그럼에도 권리 없는 이들로 지워지기보다는 모여서 드러내겠다는 의지를 밝힌 것이다.

당연히 난민들의 싸움은 통합이라는 압력에 놓인다. 그래도 함께 공존해야 하지 않느냐는 상식적인 주장에 놓인다. 하지만 그러기 위해서는 다시 권리가 복원되지 않으면 안 된다. 동등한 시민적 권리를 가지고 있는 이들로 사회에 통합시켜야지, 숲에 잡목을 감추듯 가려놓으면 안 된다. 그래서 우리는 끊임없이 아무런 권리 없이 모여 있음을 드러내는 동시에, 그들의 합법과 규칙이 어떤 구속력도 발휘할 수 없음을 소리칠 수밖에 없다.

도시난민이라는 문제설정은 이런 조건을 드러내는 개념적 장치이며, 그것이 아니면 표현할 수 없는 도시의 가지지 못한 자들을 표현하는 사실적인 말이다. 특히 최소한의 삶을 유지하는 '버틸 수 있는 힘'을 만들어내는 것, 어쩌다가 생기는 동정이 아니라 빼앗긴 것을 되찾아가는 싸움이다. 아현포차의 이모들은 하루를 벌지 않으면 살 수가 없는데도 마포구청은 불법으로 밀어버렸다. 그들이 바라는 것은 '무법자'인 아현포차 이모들이 그렇게 사라져 죽는 것일까? 좋게 봐도 마포구청의 태도는 '내 알 바 아니다' 같다. 보행로 개선이라는 명목으로 거리에서 치워진 노점상들은 어떻게 하루를, 한 달을 살아가야 할까? 역시 '내 알 바 아니다' 같다. 서울시의 다양한 도시계획으로 어딘지도 모르게 흩어진 사람들의 처지 역시 '내 알 바 아니다' 같다. 이런 '내 알 바 아니다' 행정은 스스로 가지지 못한 자들을 배제했다. 우리가 빠져 나온 것이 아니라 그들이 밀어낸 것이고, 경계가 없는 곳으로 몰아낸 것이다. 우리가 선택할 수 있는 방법은 죽음과 생존 사이에 놓여 있으며, 그 방법은 합법성 위에서는 도저히 불가능하다.

이것이 바로 서울이라는 대도시의 도시난민이 처한 상황이다. 그리고 구체적인 이 사태를 일종의 내전으로 받아들이는 이유다. 누군가는 살기 위해 스스로 속했던 국가 공동체를 떠날 수밖에 없듯이, 여기에 모인 이들 역시 살기 위해 스스로 속했던 각종의 공동체를 떠났다. 그래서 난민이다. 우리는 경의선 공유지의 26번째 자치구를 아름답고 신

비롭게 만들 생각을 하지 않았다. 난민들이 모인 캠프는 늘 위태롭고 비상 시기다. 그것을 날것으로 드러냄으로써 이 도시가 우리에게 벌이고 있는 전쟁을 드러낼 작정이다. 어떤 권리 회복 없이 저 공동체로 스며든다는 것은 마치 2등 시민임을 받아들이고 앞으로의 차별을 약속하는 것과 같다.

다시 인클로저된 공유지

2019년 마포구청과 한국철도관리공단이 국토교통부를 통해 소송을 제기하면서 불안정한 균형 상태가 깨진다. 대한민국 정부는 국토교통부를 원고로 하는 2건의 소송을 제기한다. 하나는 '부동산명도단행가처분'이고, 또 하나는 '부동산퇴거양도소송'이다. 앞은 공간을 실질적으로 점유하고 있는 이들에게 공간의 점유를 중단하고 퇴거하라는 법원의 명령을 구하는 것이고, 뒤는 앞의 가처분 신청에 따른 본안 소송으로 판결을 구하는 소송이다. 문제는 소송 자체가 아니라 소송 방식이다. 정부는 경의선공유지를 활용해온 시민들이 그긴 사용료를 내지 않고 사용한 탓에 손실이 난 토지 비용을 36억 원으로 산정했다. 또한 우리가 이 부동산 개발 사업을 방해하고 있다는 주장을 펼쳤다.

한국은 2010년 이후 국유재산 관리를 강화하면서 사용료 징수와 관련 소송을 적극 장려했다. 과거 국유재산의 관리 소홀을 개선하기 위한 조치였는데, 이는 결과적으로 국유재산과 관련한 소송이 남발되는 결과를 낳았다. 경의선공유지 문제와 연관해 가장 중요한 쟁점은 소송 자체가 아니라, 해당 소송에 이어 제기될 손실비용의 청구였다. 실제로 기획재정부가 제정해 운영하는 '수탁 국유일반재산 관리 처분 업무 규정'에서는 '재산의 환수, 보전 및 권리의 확보 등을 위해' 소송을 제시하도록 의무화하고 있으며(제39조), 소송 결과에 따라 피해를 보전하도록 했다. 즉 36억 원 상당의 토지를 시민들이 4년간 점유하고 있었다면 해당 기간에 따른 토지 사용료가 부과될 개연성이 높았다. 현행 국유재산법에는 사용 허가에 따른 연간 사용료를 재산가액의 1,000분의 50 이상의 요율로 곱한 금액으로 하도록 되어 있다. 따라서 1년간 1억 8,000만 원, 4년간 7억 2,000만 원에 달하는 금액이 부과될 수도 있었다.

문제는 정부가 대외적으로 모든 공간 내 시설물에 대한 처분권을 양도받은 경의선공유지시민행동뿐만 아니라 개별 공간 사용자들까지도 소송 대상에 포함했다는 사실이다. 아현포차의 상인들과 재개발 사업 때문에 집이 없어진 세입자들도 포함되었다. 단체만 소송 대상이 되었다면, 정부가 주장하는 피해가 가상이며 오히려 국유지를 방치한 책임이 정부 측에 있다는 사실을 알리기 위해 소송에 참여했을 것이다. 하지만 공간 사용자까지 대상이 된 터라 쉽사리 결정할 수 없었다.

소송장이 법원에 접수된 시기가 2019년 11월, 송달 시점이 2019년 12월이었다. 우리가 대응할 수 있는 시간이 많지 않았다. 그 사이 다양한 변호사들의 자문을 얻은 결과 소송에서 이길 가능성은 '0'에 가까웠다. 법원이 우리 주장을 들어주더라도 불법 점유라는 사실이 부정되는 것은 아니기 때문에 정부 측의 승소로 결론 날 터였다. 특히 사실관계가 명확하기 때문에 소송 기간도 짧을 것이며, 퇴거 소송에서 승소하면 바로 사용료 징수를 위한 구상권을 청구할 수 있다고 우려했다.

소송 당사자 중 하나인 마포구청은 매월 1~2차례씩 경의선공유지를 찾아와 공간 사용자들에게 퇴거를 종용했다. 하지만 소송이 준비 중이고 진행될 것임을 전혀 알려주지 않았다. 그러니까 마포구청은 시민을 상대로 소송할 생각이었다. 구체적으로는 비용을 청구할 계획이었다. 당연히 이 과정에서 국유재산의 관리를 위임받은 한국철도시설공단의 의지가 작용했다. 공간을 방치하고 있기 때문에 시민단체가 점유하고 있는 것이 아니냐는 비판을 피할 방법은 일단 점유하고 있는 단체들에게 소송을 제기하는 것이었다. 정부가 시민을 상대로 대화나 타협보다는 소송을 제기한 셈이다. 그것도 소송이 진행될 수 있다는 고지도 하지 않은 채 사실상 '징벌적인 소송'을 제기했다. 분노가 컸지만 실정법상 법리는 확실했다.

결국 자진 퇴거를 전제로 한 협상을 제안했다. 2020년 2월 일정 기한 동안 퇴거하면 소송을 취하하는 방식의 협의를 제안했고, 이를 쌍방이 수용해 결론이 났다. 이미 법원이 1심 기일을 잡아 통보한 시기였고, 변호사들은 1심으로 끝내고 바로 판결을 내릴 것으로 보았기 때문에 상당히 급박했다. 결국 4월 말까지 하기로 한 퇴거를 한 차례 연기해 5월 초에 자진 퇴거했다. 공간의 주요한 시설물을 자진 철거했다. 무엇보다 공간에서 생계를 꾸려왔던 상인들은 또 한 번 강제 이주해야 하는 상황에 놓였다. 경의선공유지시민행동에서는 아현포차 상인들의 재정착을 지원하기 위해 대출을 받아 최소한의 상가 전세금을 마련했다. 그리고 공간 점유를 마무리하는 1주일 동안의 행사를 진행했다. 이로써 4년간 진행된 공유지 실험은 실질적인 점유를 마무리하게 되었다.

새로운 공유지 운동은 가능한가

경의선공유지시민행동은 2020년 9월 21일 펜스를 친 경의선공유지 앞에서 〈경의선공유지 운동 2.0〉을 선언했다.

우리는 오늘부터 대한민국 정부, 그리고 시민의 자산인 철도 부지를 오랫동안 방치하고 있는 철도시설공단에게 당신들이 우리에게 던졌던 질문을 다시 돌려주는 활동을 시작합니다. 우리가 서 있는 이 펜스는 대한민국 정부가 시민보다 무능하다는 증거가 될 것입니다. 실제로 우리는 2016년부터 2020년까지 이 공간에서 수많은 시민들의 활동을 지원했고 풍요로운 도시 경험을 만들어왔습니다. 그런데 당신들은 펜스로 가려놓고 방치만 하고 있을 뿐입니다. 우리는 36억이라는 경제적 가치 외에 다양한 문화적·일상적 가치들을 만들어왔습니다. 하지만 당신들은 그 36억에 달한다는 가치를 펜스 안에서 썩히고 있을 뿐입니다. 도대체 대한민국 정부가 그동안 광장으로 이 공간을 운영해왔던 경의선공유지시민행동의 시민들보다 유능한 것이 무엇입니까?(〈2.0 선언문〉 중 일부)

경의선공유지를 점유하면서 새로운 사용 방식을 만드는 것에는 실패했지만, 해당 공간이 특정 기업의 사유물로 전락하는 것은 막아야 했다. 여전히 우리가 퇴거한 공간은 비어 있고 누구도 들어갈 수 없게 펜스가 쳐져 있다. 우리가 있던 시간은 연간 1억 8,000만 원의 비용으로 계산할 수 있었지만, 우리가 없고 아무도 사용하지 않는 지난 1년은 어떻게 계산할 수 있을까? 어쩌면 현재 방치되어 있는 경의선공유지야말로 사용하면 비용이 발생하고 사용하지 않으면 비용이 발생하지 않는 '국유지의 역설'을 보여주는 사례가 아닌가 싶다.

경의선공유지시민행동이 경험했던 시간들은 커먼즈를 발견해가는 과정이라고 할 수 있다. 상대적으로 혁신적인 서울시정부라는 조건에서도 여전히 낡고 고정되어 있는 공유재산의 관리 제도가 작동하고 있었으며, 시민의 자율적인 공간 사용을 보장하는 내용이 전혀 없었다. 즉 기존의 제도 권력이 주도하는 혁신이 있었을 뿐이다. 그런 점에서 커먼즈의 발견은 어떤 권한과 방식이 분배되고 새롭게 발명되어야 하는지를 깨닫게 하는 계기가 되었다. 커머너는 태어나는 것이 아니라 만들어지는 것, 우리는 이미 그런 능력이 있다는 것에 대한 확인이 경의선공유지시민행동 1.0의 가장 중요한 교훈이다.

7

경의선공유지 관리의 내재적 모순과 도전[55]

박인권, 김진언, 신지연

현대 도시는 자본주의 시장 법칙과 국가 질서가 가장 촘촘하게 작동하는 공간이다(Huron, 2015). 사실상 도시에서 전통적 의미의 커먼즈를 찾기는 쉽지 않다. 도시 공간은 이미 오래전에 인클로저를 통해 사유화되었거나 국가 또는 지방정부가 소유하는 땅이 되었다. 도시에서 공동목장, 숲, 공동어장 등 공동체가 소유하고 이용하며 관리하는 커먼즈를 찾기란 쉽지 않다.

이처럼 커먼즈를 찾아보기 어려운 공간인 도시에서도 최근 커먼즈를 회복하려는 운동들이 나타나기 시작했다. 유엔 해비타트(UN Habitat)는 2016년에 개최된 제3차 회의에서 도시를 사적 이윤의 각축장이 아닌 커먼즈로 인식하고, '모두를 위한 도시'로 만들어갈 것을 선언했다 (Habitat III Secretariat, 2017). 이러한 국제적 노력은 각 도시의 기층에서 나타나는 커먼즈 운동 흐름을 받아 안은 것으로 이해할 수 있다. 우리 나라의 여러 도시에서는 마을 공동체 활동을 통해 마을 카페와 마을 도 서관과 같은 커먼즈를 만들어가는 운동이 나타났다. 주택을 소유하지 못한 도시 사람에게 저렴주택을 제공하기 위해 공동체토지신탁 (community land trust: CLT) 운동이 대두되어 성공을 거두기도 했다 (Bunce, 2016). 한편, 온라인 디지털 환경에서 콘텐츠와 같은 비물리적 자 원을 공유해 제품을 생산하는 P2P(peer to peer) 영역으로 도시 커먼즈 운동이 확장되기도 했다(Hess, 2008).

이들 도시 커먼즈(urban commons)는 전통적 의미의 커먼즈와는 다른 특성을 갖는다. 공동목장, 숲, 공동어장 등과 같은 전통적 커먼즈는 대 개 농촌을 배경으로 형성되고 이를 운영하는 공동체가 대체로 명확하 게 정의된다(Kip et al., 2015). 도시에 비해 농촌은 개발 및 사유화의 압력 이 상대적으로 크지 않아 공유적 이용 및 관리 방식을 도입하기가 비교 적 용이하다. 또한 커먼즈를 관리할 농촌 공동체가 명확하게 정의될 수 있다는 사실은 하딘(Hardin, 1968)이 제시한 "공유지의 비극"을 막고 성 공적 커먼즈 관리를 위한 중요한 조건이 되기도 한다(Ostrom, 1990). 그 러나 도시 커먼즈는 이러한 전통적 커먼즈의 조건들을 갖추고 있지 못 한 경우가 많다. 도시를 배경으로 형성된 도시 커먼즈는 전통적 커먼즈 와는 사뭇 다른 조건들을 가질 수밖에 없다. 도시는 자본의 이윤 추구 활동이 활발히 전개되어 사적 소유와 가격 법칙이 가장 잘 작동되는 공간으로, '공유'가 존재하기 어렵다. 또한 도시에서 공동체란 명확히 정의되기 어려우며 설령 존재한다 하더라도 동질적 집단으로 보기도 어려워 매우 유동적인 성격을 가질 수밖에 없다.

이로 인해 도시 커먼즈는 관리에서 독특한 어려움과 도전에 직면한다. 먼저 커먼즈의 존재에 필수적인 전제 조건인 공동체(communities)의 불확정성 때문에 어려움을 경험한다. 도시 공동체는 그 경계가 명확하지 않고 유동적이며 낯선 사람들의 결합으로 구성된다(Kip et al., 2015; Huron, 2015; 2017). 따라서 전통적 커먼즈에서 나타나는 공동체 내부의 강한 유대와 동질성을 찾기 힘들며, 이를 기반으로 하는 커먼즈 관리의 용이성을 기대하기 어렵다. 또한 도시 커먼즈는 전통적 커먼즈 관리에 적용되는 배타적 권리를 특정 공동체에 부여하기 어려운 상황에서 이를 관리하기 위한 독특한 규칙이나 원칙을 마련해야 하는 문제가 있다. 오스트롬(Ostrom, 1990)이 제시한 커먼즈 관리의 원칙 중 상당 부분은 도시 커먼즈에 바로 적용하기 어렵다. 도시 커먼즈는 가용 자원의 측면에서 도시라는 환경이 주는 끊임없는 위협을 극복해야 하는 어려움도 있다. 현대 도시는 한편으로 자본주의 시장 질서에 따라 이윤을 극대화하려는 힘이 작동해 도시 커먼즈 자원을 끊임없이 위협한다(Harvey, 2012: 80; 김용창, 2015). 다른 한편으로 도시는 국가의 지배 논리와 규칙이 엄격히 적용되는 공간으로, 이 질서에 반하는 커먼즈의 운동을 제한하기도 한다. 도시 커먼즈는 외부에서 오는 이 두 가지 위협에 대처하고 극복해야만 그 존재를 유지할 수 있다.

서울시 마포구의 경의선공유지는 한국사회에서 나타나기 시작한 도시 커먼즈 운동의 대표적 사례라 할 수 있다. 도시 커먼즈를 배제적 메커니즘이 작동하는 현대 자본주의 도시에서 시장적 사회관계에 대항해 자원을 사용자 공동체 모두의 공동의 것으로 만들기 위한 실천의 산물이라 할 때, 경의선공유지는 이러한 정의에 잘 부합했다. 경의선공유지는 부동산 개발을 통해 사적 이익을 극대화하는 자본의 이해에 대항해 기존의 철도 부지를 무단점유(squatting)해 공동자원으로 만들고, 공동체 구성원들이 자치적으로 관리하며 공유의 가치를 실현하기 위한 실천의 산물이기 때문이다.

물론 경의선공유지는 경험의 일천함과 길지 않은 역사 등으로 내부의 모순 구조를 극복하고 대안적 관리 방식을 정착시키지 못했다. 사회적으로도 공간 점유의 정당성을 충분히 획득했다고 보기 어렵다. 커먼즈를 구축하는 과정에 있고 운영 과정에서도 많은 갈등 상황에 부딪히면서 어려움을 겪었다. 그런데 이러한 어려움의 상당 부분은 경의선공유지만의 특수한 특성이라기보다 도시 커먼즈가 겪는 일반적 도전이다. 이 사례에서 나타난 어려움과 갈등의 원인은 대부분 도시 커먼즈의 효율적 관리의 내재적 모순과 맞닿아 있다. 따라서 경의선공유지는 도시 커먼즈 관리에서 나타나는 전형적인 도전과 모순 구조를 이해하는 것을 목적으로 하는 이 연구에 오히려 적합하다고 할 수 있다.

도시 커먼즈 관리의 내재적 모순 구조

커먼즈의 효율적 관리 원칙 또는 조건을 가장 체계적으로 제시한 사람은 노벨경제학상 수상자인 엘리너 오스트롬(Elinor Ostrom)이라고 할 수 있다. 오스트롬(Ostrom, 1990)은 일반적인 커먼즈, 특히 공동자원(common pool resources)의 효율적인 자치 관리를 위한 조건 혹은 요인을 제시했다. ① 명확한 경계와 멤버십 : 자원 사용 공동체의 멤버십과 자원의 경계가 명확히 설정되어야 한다. ② 적합한 규칙(congruent rules) : 자원의 사용 및 제공 규정이 현지 조건과 부합해야 한다. ③ 집합적 선택의 장(arenas) : 공유 환경에서 요구되는 규정이나 조건을 이용자 집단이 집합적으로 선택할 수 있어야 한다. ④ 모니터링 : 내부에서 제정된 규칙을 이용자들이 제대로 준수하는지 적절히 감시해야 한다. ⑤ 단계적 제재(graduated sanctions) : 이용자들이 규칙을 위반한 경우 위반 정도에 상응하는 제재가 있어야 한다. ⑥ 갈등 해결 기제 : 내부 이용자 간 혹은 이용자와 관리자 간 발생하는 갈등에 관한 해결 장치가 있어야 한다. ⑦ 자치 조직권의 인정 : 공동체 외부 권위체의 위협으로부터 자유로운 자치의 권리를 인정받아야 한다. ⑧ 중층적 사업 단위(nested enterprise) : 규모가 큰 공동체에서 중층의 사업이 운영될 때 각 층위의 제도는 서로 정합성을 지녀야 한다.

그러나 도시 커먼즈는 도시와 커먼즈라는 속성의 결합으로 인해 오스트롬이 제시한 관리의 효율성 측면에서 보면 많은 문제에 직면할 수밖에 없다. 효율적 관리에 적합한 커먼즈의 조건 또는 원칙이 도시라는 속성과 모순을 일으키기 때문이다. 킵 외(Kip et al., 2015: 14)는 커먼즈의 효율적 관리를 위한 조건 또는 원칙을 커먼즈의 세 가지 구성요소에 대응시킬 수 있다고 한다. 첫 번째 조건은 공동체와 자원의 요소에 대응되고 나머지 조건들은 제도의 요소에 대응된다. 이러한 틀에 따라 도시의 속성과 효율적 관리를 위한 커먼즈의 속성이 어떻게 모순과 갈등을 일으키는지는 [그림 1]에 잘 요약되어 있다.

먼저 공동체 차원을 보면, 오스트롬이 제시하는 커먼즈 관리에 적합

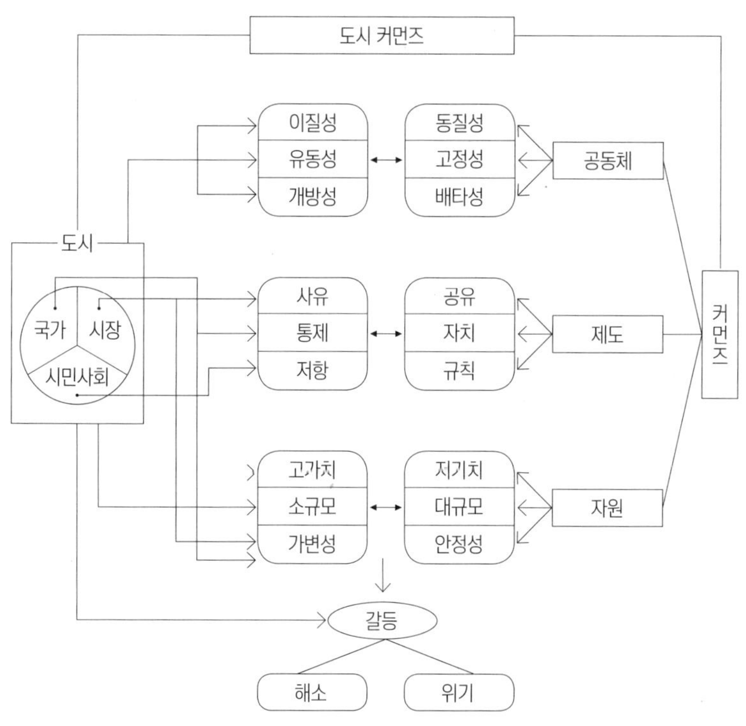

[그림 1] 커먼즈의 효율적 관리 조건과 도시 속성의 모순 구조

한 공동체는 경계가 뚜렷하다. 그에 속한 구성원들은 동질적이고 고정적이며, 외부 사람들에 대해서 배타적인 속성을 갖는다. 이러한 공동체일 때 커먼즈 관리의 원칙을 채택하기가 용이하다. 그러나 도시 커먼즈를 이루는 도시적 속성은 이러한 공동체의 특성과 배치되는 속성, 다시 말해 이질성과 유동성, 개방성을 특징으로 갖는다. 커먼즈의 효율적 관리를 위한 공동체의 조건과 도시 공동체의 속성이 모순되는 것이다.

다음으로 제도 차원을 보면, 커먼즈의 효율적 관리를 위해서는 공동체에 의한 집합적 소유, 외부 통제로부터 자율성을 갖는 자치권 확보, 커먼즈의 이용과 제공에 관한 적합한 규칙의 제정과 집행이 이뤄져야 한다. 그런데 제도의 측면에서 도시는 한편으로는 시장 법칙에 의한 사적 소유와 국가 통제가 지배적인 질서를 형성하는 공간이고, 다른 한편으로는 이러한 시장과 국가의 힘에 저항하는 공간이기도 하다. 따라서 집합적 소유보다는 사적 소유에 익숙하고, 자율과 자치보다는 통제와 단속에 길들여졌다. 지배적 질서에 저항하는 세력들은 종종 규율이나 제약을 거부해 자치적인 규칙의 형성을 제대로 하지 못하는 경우도 많다. 이런 식으로 제도의 측면에서도 커먼즈의 효율적 관리를 위한 조건과 도시 제도의 속성이 모순된다.

세 번째로 자원의 차원을 보면, 커먼즈의 효율적 관리에 적합한 자원은 생산적 가치가 낮고 개인이 소유하기에는 규모가 크며, 토지 이용의 측면에서 변화 가능성이 낮다. 그러나 도시의 토지는 이와 상반된 속성을 갖는다. 생산적 가치가 높고, 개인이나 기업이 얼마든지 소유하고 관리할 수 있을 만큼 세분화되어 있으며, 토지 이용의 측면에서 매우 큰 변화 가능성을 갖는다.

물론 이러한 대비가 복잡한 현실을 지나치게 단순화하는 도식화의 위험이 있고, 도시 커먼즈의 미래를 지나치게 비관적으로 볼 우려가 있다. 실제로 가넷(Garnett, 2012)은 커먼즈의 효율적 관리 조건과 원칙에 관한 오스트롬의 주장은 도시 커먼즈 관리를 지나치게 비관적(pessimistic)으로 볼 위험이 있다고 반박한다. 그는 물리적으로 고정된 위치에 존재하는 도시 공유지(보도, 거리, 공원 등 도시의 공공 공간)는 국가의 강제적 통제나 (준)사유화 방식을 도입하지 않더라도 시민사회의 성숙도가 높으면 협력적 관리가 충분히 가능하다고 주장한다. 즉, 공공 공간 이용에 관한 비공식적 사회 규범(informal social norms)이 행동 규범으로 작동하고, 퍼트넘(Putnam, 2000) 식의 사회적 자본-사회적 네트워크와 호혜성의 규범, 그리고 그로부터 나오는 신뢰-수준이 높으면, 오스트롬이 주장하는 조건이 갖추어지지 않더라도 적어도 공공 공간과 같은 물리적 커먼즈의 협력적 관리가 이뤄질 수 있다는 것이다(Garnett, 2012).

따라서 도시 커먼즈의 성공적 관리를 위해서는 시민사회의 역할이 매우 중요하다. 도시 커먼즈의 내재적 모순에서 발생하는 관리의 어려움과 도전은 시민사회의 성숙도에 따라 바뀔 수 있다. [그림 1]의 아래에 나타낸 것처럼, 시민사회의 사회적 자본 수준과 역량에 따라 도시 커먼즈의 내재적 모순과 갈등은 적절히 조정되고 해소될 수도 있고, 도시 커먼즈 자체의 위기로 이어질 수도 있다.

경의선공유지의 발전과 갈등

경의선공유지의 이용과 관리

경의선공유지 활동가들은 늘장협동조합 시절부터 활동해왔거나 시민시장에서 개최하는 행사에 적극적으로 참여한 경험이 있는 사람들이었다. 이들은 경의선공유지를 전체적으로 관리하고 운영했다. '공간지기'는 주거 및 영리 활동을 목적으로 공유지 일부 공간을 차지해 활동하고 있는 사람들로, 경의선공유지를 이루고 있는 핵심 구성원이었다. 더불어 공유지 내부 시설을 직접 이용하거나 공유지와 연접한 공원이나 주변 상점을 이용하는 사람들은 모두 경의선공유지에 직간접적으로 영향을 미치고 있었다. 이들의 노력에 외부적 상황이 맞물려 경의선공유지는 도시 커먼즈를 위한 자원으로 만들어졌다.

경의선공유지는 크게 세 가지 용도로 사용되었다. 도시 공간의 사유화 및 상품화 과정에서 내몰린 사람들은 피난처로, 일반 시민들은 다양한 활동을 위한 공유 공간으로, 대안적 사회운동 차원에서 접근하는 사람들은 도시 커먼즈 운동의 선도 사례로 이곳을 이용했다. 이 용도들은 조화를 이루기도 하지만, 때로는 도시 커먼즈 관리의 존재 기반을 근본에서 뒤흔드는 갈등을 낳기도 했다.

먼저 도시의 투기적 개발에 밀려난 사회적 약자와 높은 자본의 이윤 추구 목적에 부응하지 못하는 예술가는 경의선공유지를 피난처로 활용했다. 서울시 아현동 재개발 사업으로 인해 강제 철거된 아현포차 상인, 청계천 재개발로 인해 가든파이브로 상점을 옮겨야 했지만 그마저도 버티지 못하고 쫓기듯 이주한 영세상인, 서울시 행당동 재개발에서 강제 퇴거를 당한 청년을 포함해 도시의 높은 임대료를 버티지 못하고 이곳에 자리 잡은 예술가까지, 대체로 비자발적 내몰림(displacement)과 박탈을 경험한 채 경의선공유지에 모였다. 이들은 이곳에서 생업을 이어나가며 일부는 주거까지 해결했다.

다음으로 경의선공유지는 주변에 거주하거나 다양한 공동 활동에 관심 있는 일반 시민이 공유 공간으로 활용하기도 했다. 이곳에는 전시 목적을 가지고 운영되는 공유 스튜디오가 있었으며 각종 포럼, 세미나, 영화 상영, 공연 등을 위한 공간도 존재했다. 해당 공간을 이용하기 위한 어떠한 제약이나 조건도 없었다. 경의선공유지에 상주하는 사람들뿐만 아니라 일반 시민을 포함해 해당 공간을 사용하고자 하는 사람은 누구든지 사전에 예약만 하면 이용할 수 있었다. 중앙 광장에는 지역 주민과 공간지기가 함께 관리하는 공유 텃밭도 있었다. 해당 공간에서는 다양한 문화 및 여가 생활을 공유할 수 있는 장소를 제공했다.

마지막으로 사유화 및 상품화가 심화되는 현대 도시에서 대안적 질서를 만들고자 노력하는 사람들은 경의선공유지를 도시 커먼즈 운동을 홍보하는 선노석 사례로 활용했다. 특히 문화연대, 민교협, 경의선공유지의 일부 활동가들은 경의선공유지를 도시 커먼즈 운동의 선도적 사례로 만들기 위해 다양한 활동을 전개했다. 이들은 커먼즈를 연구하는 학자 및 시민과 함께 정기적인 네트워크 포럼을 기획하기도 하고, 자립과 공생의 길을 모색하는 워크숍 등을 개최해 커먼즈 담론과 운동에 대한 관심을 발전·확산시켰다. 뿐만 아니라 경의선공유지 철거를 규탄하는 기자회견도 열었다. 이러한 활동을 경의선공유지 내부인 뿐만 아니라 도시 커먼즈의 가치에 동의하는 일반 시민과 함께함으로써 커먼즈의 중요성을 알렸다.

이상의 세 가지 용도는 구체적으로 경의선공유지의 공간 이용으로 표출되었다. 도시 재개발 과정에서 내몰린 상인이 운영하는 음식점 및 잡화점 5곳, 주택 재개발에서 쫓겨나거나 높은 임대료를 감당하지 못한 사람들이 거주하고 있는 거처 2곳, 도시의 높은 임대료를 견디지 못하거나 이윤을 창출하기 어려웠던 청년 예술가가 운영하는 공유 스튜디오 및 공방 5곳이 있었다. 이외에도 장애인 인식 개선 홍보관 1곳, 전시·공연·세미나 공간 2곳, 공유지 운영·관리를 위한 사무국 1곳, 공동으로 운영하는 마켓과 텃밭이 있었다.

여러 사람이 서로 다른 목적을 가지고 모이는 만큼 현대의 도시 커먼즈를 유지하기 위해서는 효율적인 관리가 필요하다. 경의선공유지는 기존에 늘장이 관리하며 시민시장 위주로 운영되다가, 경의선공유지 형성 이후에는 공간의 커먼즈화로 인해 새로운 목적을 지향하는 주체들이 결합해 관리했다. 이들은 국가나 시장으로부터 개발 압력을 견디며 공간을 존속시키기 위한 관리 방법을 도입했고, 복잡한 가치들이 얽혀 있는 만큼 공유지 이용자들 내부에는 나름의 역할 분담과 관리 규칙이 명시적 또는 암묵적으로 존재했다.

우선 상근 활동가가 배치되어 공간을 전반적으로 관리했다. 이들은 공간 내에서 활동하고 있는 공간지기들을 관리하고 공간을 배분하며 공간 존속의 정당성을 확보하기 위한 다양한 행사를 기획하고 홍보하는 역할을 맡았다. 또한 엄격하지는 않지만 공유지 내 활동에 있어서 최소한의 규칙으로 여겨지는 '공유, 공존, 공생'이라는 규범을 만들어 적용했다. 그러나 이와 같은 규칙은 지나치게 추상적이며 강제할 수 있는 수단이 없었다. 이에 대한 대안으로 '향약 제정 TF팀'을 만들어 경의선공유지에서 함께 활동하는 사람들 간의 지켜야 하는 필수적인 규칙에 대해서 구체화하고자 시도했다. 다음으로 공간지기의 자발적 공유지 관리 규칙도 존재했다. 매주 환경 정리 담당을 지정하고 전기 및 수도 요금 등을 공동으로 부담했다. 하지만 환경 관리와 각종 비용 분담은 이를 강제할 수 있는 수단 없이 이용자의 자발성에 의해 이루어졌다. 따라서 비용 부담의 형평성 문제가 발생했으며, 이로 인해 발생하는 피해는 활동가나 기타 운영진에게 전가되는 편이었다. 마지막으로 경의선공유지를 알리고 일반 시민으로부터 공간 점유의 정당성을 인정받기 위해 '26번째 자치구민'[56]을 모집하는 등 다양한 노력을 펼쳤다. 이는 경의선 공유지의 존립을 지지하고 동의하는 그룹을 확대해가면서 정부와 시민사회로부터 정당성을 획득하고자 하는 과정으로 볼 수 있다. 많은 사람들로부터 동의를 얻게 되면 공유지를 운영하는 데 훨씬 용이하기 때문이다.

경의선공유지 관리를 둘러싼 갈등

경의선 공유지 관리를 둘러싸고 여러 주체 간의 갈등이 존재했다. 공간지기 간의 갈등, 공간지기와 활동가 간의 갈등과 같은 내부적 갈등을 포함해, 경의선공유지를 구성하고 있는 내부 주체와 국가 및 시장과 같은 외부 주체와의 갈등 또한 발생했다. 이를 내부 주체 간의 갈등과 내부 주체와 외부 주체 간의 갈등, 그리고 제3의 주체의 역할로 구분해 살펴보자.

먼저 내부 주체 간의 갈등은 주로 공간 이용에 관한 권리 주장으로부터 발생했다. 이는 주로 공간지기 사이에서 나타나는 것으로 커먼즈 내에서 터를 잡고 활동하는 주체들이 공간에 대해 갖는 소유 의식과 관련이 깊다. 기존 협동조합 체제로부터 경의선공유지시민행동(이하 시민행동)이 출범한 2016년 초 이후로 공유지를 점유해 이용하는 공간지기의 수는 꾸준히 늘어났다. 반면 배분할 수 있는 물리적 공간은 한정되어 있기 때문에 기존 구성원들이 공간 사용에 관해 권리를 주장하면 갈등이 발생할 수밖에 없었다. 커먼즈는 '공유(commoning)'라는 가치가 적용되는 공간임에도 불구하고 자원의 경합성과 비배제성으로 인해 자원 이용을 둘러싼 갈등의 위험이 상존한다. 경의선공유지 활동가에 따르면, 경의선공유지의 공간지기들은 공간 이용에 관한 권리 의식은 강하지만, 관리는 활동가나 사무국에 의존하는 경향을 보이기도 했다(활동가 A, B 인터뷰). 환경 정리뿐만 아니라 공유지 사용에 따라 발생하는 비용을 누구에게, 또 얼마만큼 부과할지에 관한 문제는 소극적인 태도에 가로막혀 해결되기 어려웠다. 이는 명확한 관리 규칙과 제재 수단이 부재해서 발생하는 문제로, 그에 따른 피해는 다른 공간지기 및 이용자에게 고스란히 전가되었다. 이로 인해 갈등이 발생했지만, 활동가들은 갈등을 중재할 권한 또는 권위를 갖지 못해 공간지기 간의 갈등은 쉽게 해소되지 않았다.

다음으로 내부 주체와 외부 주체 간의 갈등은 주로 공간의 소유권 주장으로부터 발생했다. 시민행동은 무단점유(squatting) 방식을 통해 경의선공유지 공간을 차지하고 있었기 때문에 이 부지를 소유하고 있는 국가와 직접적으로 부딪칠 수밖에 없었다. 부지에 대한 법적 소유권을 보유하고 있는 철도시설공단과 경의선공유지 부지를 점거 중인 주체들 간에 갈등이 첨예하게 드러났다. 철도시설공단은 늘장이 2015년 말 사용 기간 종료 후 경의선 부지를 원상회복 반환하지 않고 계속 사용함으로써 국유재산 사용허가 계약 조건을 위반했다고 주장하며 자진철거를 계고했다. 이후에는 무단점유를 해소하기 위해 명도소송을 진행했다(윤슬기, 2020). 이에 대해 시민행동은 개발 명목 아래 방치된 유휴 부지를 시민들을 위한 열린 공간으로 사용하고 있다고 주장하며 철도시설공단에 개발 계획의 중단을 촉구하는 방식으로 대응했다.

2013년에 철도시설공단과 부지 사용 계약을 맺은 마포구청과 철도시설공단은 공단에게 소유권이 있는 경의선공유지를 일부 시민이 '무단점유'하고 있다고 주장했다(정창환, 2019). 반면 시민행동은 과거 국유지였던 경의선 철도가 유휴화된 것이므로 부지 소유권은 시민에게 있고, 시민에게 소유권이 있는 국유지에서 시민들이 보여 새로운 대안적 활동을 지속하는 것은 전혀 문제가 없다고 주장하며 팽팽하게 맞섰다.

경의선공유지의 내부 주체와 외부 주체 간 갈등에는 제3의 주체들이 다른 형태로 개입하며 복잡한 갈등 구조를 보였다. 먼저 경의선공유지를 도시 커먼즈 운동 차원에서 접근해 부지 공유화를 주장하는 시민사회 세력이 있다. 이들은 '경의선공유지 문제 해결과 철도 부지 공유화를 위한 범시민공동대책위원회(이하 경의선범대위)'를 발족시켜서 대체로 시민행동의 입장을 지지하고, 철도시설공단 및 관할 지자체인 마포구청과 대립했다. 그러나 경의선공유지 공간의 이용과 관련해서는 공간지기들과 입장을 같이하는 것은 아니었다. 이들은 경의선공유지가 현재 공간을 점유하고 있는 공간지기뿐만 아니라 모든 시민에게 열린 공간이 되어야 한다고 강조했다.

경의선공유지를 둘러싼 외부 주체와의 갈등에는 지역 주민과의 갈등도 종종 발견되었다. 도시 커먼즈는 그 경계가 명확하지 않고 주로 낯선 사람들의 결합으로 구성되어 있다. 따라서 지역주민 역시 경의선공유지 공간에 대한 권리를 갖는다고 생각했다. 일부 주민들은 경의선공유지 부지의 적절한 이용을 통해 자기들이 소유한 부동산의 가치를 높이는 데 관심이 있었다. 그들은 대체로 경의선공유지를 경의선숲길과 같이 공원화하는 것을 선호했으며, 시민행동의 토지 이용에 불만을 드러냈다. 마포구청에 민원을 제기해 부정적 여론을 표출하거나, 경의선공유지를 직접 방문해 활동가들에게 불만의 목소리를 내기도 했다. 그러나 또 다른 주민들은 시민행동 측의 다양한 활동에 참여하는 것을 즐기거나 옹호하기도 했다. 그들은 경의선공유지에서 열리는 벼룩시장, 도시텃밭 가꾸기, 전시 활동 등에 참여하면서 직간접적으로 시민행동의 활동에 힘을 보태기도 했다.

그런데 이 모든 갈등과 어려움은 경의선공유지만의 특수한 문제가 아니다. 도시 커먼즈의 이용과 관리 방식을 제대로 정립하지 못한 데서 발생하는 문제인 것은 맞지만, 도시 커먼즈의 정의와 속성상 거의 모든 커먼즈에서 발견되는 공통적 난제라고 봐야 한다. 외국의 도시 커먼즈 사례를 다루는 연구들에서도 이러한 어려움은 공통적으로 제기되고 있다(Bresnihan & Byrne, 2015; Huron, 2015). 도시 커먼즈는 관리의 측면에서 볼 때 '도시'의 속성과 '커먼즈'의 효율적 관리 조건이 모순을 일으키기 때문에 사실 이러한 갈등 발생은 거의 필연적이라고 할 수 있다. 아래에서는 도시 커먼즈의 어떤 내재적 모순 조건들이 이러한 갈등을 일으키는지 분석해보자.

공동체 차원의 갈등 구조

동질성 대 이질성

도시 공동체 경계의 불명확성은 커먼즈 관리에 있어서 하나의 방해 요소로 작용하기도 한다. 효율적인 커먼즈 관리에 적합한 공동체는 그 경계가 명확해야 하며 구성원의 속성이 동질적이어야 한다(Ostrom, 1990). 그러나 도시 커먼즈 사례인 경의선공유지 공동체 구성원들은 공동체 참여 동기와 목석, 공유지를 바라보는 시각이 상이했다. 운영 빛 관리를 담당하는 활동가 집단과 공간을 일부 점유하고 주거 및 상업 활동을 영위하는 공간지기, 이곳을 이용하는 일시적 이용자들의 커먼즈 이용 목적이 다양하며, 서로 다른 속성을 가지고 있는 이질적인 사람들로 구성되었다. 그럼에도 불구하고 공유지의 지속적인 이용과 존치에 관한 공동의 이해관계를 기반에 두고 있었다. 단기적으로는 당장 공유지의 존속을 공동 목표로 가지며, 장기적으로는 공유지의 공유가치를 인지하고 보호하고자 하는 이상을 어느 정도 가지고 있었다.

활동가 집단은 주로 경의선공유지를 관리하고 운영하는 일을 담당하고 공간지기 간의 갈등을 조정하는 역할을 했다. 또한 공간의 존속을 위해 다양한 프로그램을 기획해 실행하기도 했다. 활동가 집단은 실험적이고 자유로운 공간이라는 점이 경의선공유지의 가장 큰 매력이라고 느껴 운영에 참여하고 있지만(활동가 A, B 인터뷰), 공간지기 집단은 대체로 생계를 목적으로 이곳에 머물렀다. 따라서 공간지기 집단은 수익을 창출하거나 거주를 목적으로 하는 등 공유지 이용 동기가 활동가 집단과 달랐다. 한편 경의선공유지의 일시적 이용자 집단은 주변 지역에 거주하는 주민과 공유지 활동에 참여하는 일반 시민을 포함한 불특정 다수로 이루어졌다. 이들은 경의선공유지에서 물건을 구입하는 등 임의로 공유 공간을 이용하기도 하고, 포럼과 세미나 등 다양한 프로그램에 참석하기도 했다.

각 집단 내부에서도 구성원들 사이에 이질적인 속성이 발견되었다. 공간지기는 영위하는 업종이 음식점, 잡화점, 스튜디오 및 공방 등으로 매우 상이했다. 따라서 새로운 관리 규칙을 제정하려고 할 때 모두가 동의할 수 있는 규칙을 합의하기가 상당히 어려웠다. 일시적 이용자 집단 구성원 역시 방문 동기뿐 아니라 연령, 성별, 이용 목적 등에서 이질적인 속성이 나타나므로 관리 측면에서 효율적인 방안 모색이 결코 쉽지 않았다. 경의선공유지에 온 목적과 서로의 이해관계가 다르기 때문에 공간 내 갈등 발생은 당연한 것으로 받아들여지기도 했다(활동가 B 인터뷰).

자원 공유를 기반으로 삼는 커먼즈에 대한 막연한 환상으로 인해 커먼즈 내부의 갈등은 겉으로 잘 드러나지 않아 오히려 증폭되곤 했다.

　물론 이러한 이질성에도 불구하고 경의선공유지 공동체는 동질성도 함께 가지고 있었다. 공유지 공동체 내 구성원은 단기적으로 공유지 존속이라는 공동 목표를 가지고, 장기적으로는 공유 공간으로서의 가치를 공고히 하며 이 가치를 사회에 확장하고자 하는 공통 비전을 가지고 있었다. 이는 공동 연대 행위를 통해 표출되었다. '연대'는 어떤 동질성을 기반으로 여러 주체들이 힘을 모으면서 이루어지기 때문에 연대의 형성은 동질성의 형성과 불가분의 관계에 있다. 경의선공유지 존속에 대한 바람은 공동체 주체들을 하나로 연대하게 만들며, 커먼즈가 지속되고 유지될 수 있도록 보조하게 만드는 계기가 되었다. 특히 이러한 연대는 마포구청이나 철도시설공단 등 외부 주체와의 갈등 과정에서 매우 강한 결속으로 나타나는 경향이 있었다. 2019년 7월 15일부터 이틀간 마포구청이 경의선공유지 주변에 2m 높이의 펜스를 설치하려 했으나, 공유지 공동체 구성원들과 시민단체 회원들이 연대하고 저항해 막아냈다(김보현, 2019). 공동체 구성원은 공유지 이용 목적이 상이하지만 공유지의 존속과 유지에 관해서는 동일한 의식을 가지고 있었나. 이러한 동질성은 공동체의 이질성과 긴장 관계를 이루면서 경의선공유지 공동체를 유지하는 힘이 되었다고 할 수 있다. 한 공간지기는 이런 상황을 다음 사례로 잘 묘사했다.

　서로 앙숙이라 맨날 싸우는 공간지기 두 분이 마포구청이 펜스 치러 왔을 때 공무원을 감싸고 둘이서 따다다다 따지는 거예요. 그래서 공무원은 물러났고. 그래서 아 이럴 때는 공동의 적이 필요하구나라는 것을 느꼈어요(공간지기 E 인터뷰).

고정성 대 유동성

도시는 끊임없이 인구의 유입과 유출이 발생하는 공간이며 크고 작은 수많은 집단이 밀집한 공간이기도 하다. 그에 따라 도시 커먼즈를 구성하고 있는 구성원의 변화도 줄곧 발생할 수밖에 없으며, 관리의 어려움이 나타난다. 이러한 맥락에서 경의선공유지를 이루고 있는 구성원들은 고정적인 것처럼 보이지만 한편으로는 상당히 유동적인 특성을 지녔다.

우선 활동가와 공간지기는 대체로 고정적 구성원이었다고 할 수 있다. 이들 가운데 상당수는 경의선공유지를 떠날 계획이나 의도를 가지고 있지 않았다. 공유지가 존속되는 동안 계속해서 활동했다. 물론 공간지기들은 필요에 따라 언제든지 공간을 벗어나 다른 곳으로 이동해 활동할 수 있는 가능성도 있었다. 이들은 이 장소에 묶인 예치자본도 없었고 이탈에 따른 제재도 없었기 때문에 활동을 위한 더 나은 공간을 발견하면 쉽게 이동할 수 있었다. 그러나 경의선공유지가 존속되는 동안 공간지기의 구성은 크게 바뀌지 않았다.

다음으로 일시적으로 경의선공유지의 시설이나 서비스를 이용하는 사람들은 그야말로 일시적 이용자들이었기 때문에 결코 고정적이지 않았다. 이들은 해당 활동이 종료된 뒤에는 대체로 다시 방문하지 않았다. 물론 다시 방문하지 않더라도 경의선공유지 공동체의 일원으로 자신을 규정할 수는 있으나 고정적 구성원으로 보기는 어려웠다. 마지막으로 아직 공간을 이용한 경험은 없지만 공간을 이용하고자 하는 의지를 보이는 사람들은 언제든지 경의선 공동체에 추가로 진입할 수 있었다. 사실 경의선공유지의 공동체 구성원들이 고정적일 수 없고 그래서도 안 되는 이유는 바로 이러한 미래의 공동체 구성원들 때문이었다. 공간의 이용 수요와 관련해 일시적 이용자 M은 아직 가본 적은 없지만 본인과 같은 노인 계층에게는 경의선공유지가 시간을 보낼 수 있는 좋은 장소가 될 것이라고 말했다.

이처럼 경의선공유지 공동체의 구성원들 중 일부는 고정적이지만 상당수는 매우 유동적이다. 고정적 구성원 역시 경의선공유지가 도시 커먼즈로 역할을 다하기 위해서는 일정한 시점이 되면 현재 공간을 비워주어야 했다. 공동체의 고정성은 커먼즈의 유지 관리에 필요한 요소이기는 하지만, 도시 커먼즈가 고수하기 어려운 특성이다. 이처럼 공동체의 유동성은 도시 커먼즈로서 경의선공유지가 갖는 본질적 특성이기 때문에 고정적 멤버십을 기반으로 하는 전통적 커먼즈와 달리 효율적 관리에 어려움이 따랐다.

배타성 대 개방성

경의선공유지는 전통적 커먼즈의 속성으로 여겨지는 배타성과 도시 커먼즈의 속성인 개방성이 공존하는 공간이었다. 앞서 언급했듯이 구성원의 경계가 명확할수록 커먼즈 관리가 수월해진다. 구성원의 명확한 경계가 존재할 때 커먼즈 체계로부터 유무형의 자원 유량을 누가 얼마나 이용할 수 있는지가 더욱 정확하게 결정되기 때문이다(Ostrom, 1990). 초기에 경의선공유지는 투기적 도시 개발로 밀려난 몇몇 사람들로부터 구성되기 시작해서 나중에는 공간의 대부분이 빈틈없이 채워졌다. 자원은 한정되어 있으므로 경합성이 발생하며, 이로 인해 자원을 이용하고자 하는 인구가 늘어날수록 한 사람에게 돌아가는 몫이 감소한다. 공간도 자원의 일부로 경의선공유지의 기존 내부 구성원들은 공간을 지속적으로, 또한 더 넓은 면적을 차지하기 위해 자원 이용을 원하는 외부인에게 배타적인 태도를 취하게 되었다. 이러한 배타성은 아래와 같이 한 공간지기의 인터뷰 내용에서도 확인된다.

어떤 공간을 선점하느냐에 따라서 매출이 달라지는 부분이 있어서 예전에 몇 년간 나오시는 분들이 있어서 은연중에 어떤 자리는 그분들의 자리로 인정되는 인식이 있었는데, 저는 그 부분이 당연하다고 생각하고 …… 또 셀러들 간에도 충돌이 있었다. 기존에 계셨던 분들은 기존 장소에서 판매를 했었는데, 그들은 암묵적으로 각자의 자리가 있어서 판매를 해왔었고 토요일만 약간 자리를 바꿀 수 있는 여지를 둔 정도였는데 새로 온 셀러가 토요일에 오기 시작하면서 처음에는 사이가 좋았다가 원래 나오는 셀러가 늦게 나오는 것을 알게 되고 나서 주중에도 일찍 나와서 자리를 선점하게 되면서 싸운 적이 있었다(공간지기 E 인터뷰).

2019년 민교협은 학술 운동의 일환으로 연구자를 위한 연구 공간 및 세미나 공간을 포함하는 '연구자의집'을 경의선공유지에 개관하고자 계획했다. 그러나 이 계획을 일부 공간지기는 반대했다. 연구자의집을 주로 사용할 사람들은 시장과 국가권력에 밀려나 오갈 데 없는 사회적 약자가 아니므로, 이들을 수용하는 것은 공유지 공간의 취지와 맞지 않다고 주장했다. 연구자의집이 설립된다면 배타적인 태도를 취하는 상황에 직면할 수 있다고 우려했다(공간지기 G 인터뷰). 이러한 우려는 경의선공유지의 기존 내부 구성원들이 새로운 구성원들에게 배타적인 입장을 취하고 있음을 확인할 수 있는 예시이다.

그럼에도 불구하고 이곳은 개방적인 속성 또한 지니고 있었다. 경의선공유지에 관심 있는 사람이라면 누구나 공유지 운영 관리 회의에 참석할 수 있고 새로운 프로그램을 함께 만들어나갈 수도 있었다. 일반인도 공유지 내 행사 참여나 공간 이용이 가능하고 26번째 자치구민이 되어 경의선공유지를 더욱더 적극적으로 이용할 수 있는 잠재적 사용자가 될 수 있었다. 이 과정에 제약과 조건은 전혀 없는 만큼 커먼즈의 개방적인 특성을 동시에 보여주었다. 아래 인터뷰 내용처럼 일부 공간지기들은 실제로 상당히 개방적인 태도를 지니고 있었다.

새로 공간을 사용하고 싶은 분이 계시면 시간제로 돌려서 같이 쉐어하거나, 저 같은 경우 뒤에 새로운 소공간을 만들고 있는데 이런 식으로 새로운 공간을 만들어서 나눠 쓸 수 있을 거예요. …… 그런데 새로 들어오는 사람들 같은 경우에는 생산적이거나 뭔가 공유지 취지에 맞는 그런 분들이 들어오시면 좋겠어요(공간지기 E 인터뷰).

제도 차원의 갈등 구조

공유 대 사유

도시 커먼즈 역할을 수행하고 있는 경의선공유지에서는 자본주의 사회를 움직이는 핵심 제도인 사유(私有) 양식과 시장 법칙 및 국가권력에 저항해 공동체가 함께 토지를 이용하고 관리하는 제도인 공유(共有) 양식이 공존하고 있었으며, 이로 인해 갈등이 일어났다. 경의선공유지 공동체 구성원들은 한편으로 공유 양식을 지향하면서도 다른 한편으로 강한 소유 의식을 가지고 있었다. 두 가지 상반된 양식 사이의 모순은 도시 커먼즈로서 경의선공유지를 유지하는 데 저해 요인이 되기도 했다.

먼저 경의선 공동체 구성원들은 상당수가 도시 공간의 사유화와 상품화 과정에서 배제를 경험한 사람들로 공유의 필요성을 절감했다. 따라서 경의선공유지 부지가 자본의 투기적 개발 대상이 되거나 사적 이익을 축적하는 공간이 되는 것에 반대했다. 철도시설공단이 이 부지를 상업 시설로 개발하려고 할 때 그들이 강력히 반대하며 내세운 논리는, 이 공간은 시민이 자유롭게 사용할 수 있는 '공유 공간'이 되어야 한다는 것이었다.

그런데 역설적으로 경의선 공동체가 공유지를 지켜내기 위한 투쟁 과정에서 가지게 된 장소 애착은 소유 의식으로 전환되었다. 부지 개발 계획에 따라 철도시설공단은 경의선공유지를 점거하고 있는 시설물과 사람에게 자진 철거를 계고하고 강력하게 행정 대응하는 등 공유지의 존속을 끊임없이 위협해왔다. 공유지 공동체 사람들은 공간을 계속 사용하기 위해 이러한 위협에 대응해 자원을 안정적으로 확보해야 할 필요성을 느꼈다. 그들은 경의선공유지를 국가 및 지자체와의 투쟁을 통해 얻어내고 지켜낼 수 있는 자원이라는 인식을 갖게 되었다. 그 과정에서 자원을 확보하고자 투쟁하는 사람들에게 장소에 대한 강한 애착심이 자리 잡았고, 이는 사적 소유 의식으로 발전했다.

커먼즈를 효율적으로 관리하기 위해서는 공유 의식이 바탕이 되어야 한다. 하지만 사적 소유 의식이 발동하면서 커먼즈 내에서 또 다른 사유화가 일어난다. 이러한 모순 구조는 국가와 시장과 같은 외부 주체와 투쟁할 수 있도록 돕지만, 공유지 내부 주체 간의 갈등을 발생시키기도 한다. 공간지기 D는 기존의 생활 영역에서 내몰려 경의선공유지로 왔지만 소유 의식으로 인해 이 안에서 서로 간의 또 다른 배제가 만들어지고 있음을 언급했다. 활동가 B는 이러한 문제를 해결하기 위해 오랜 시간 활동한 사람들에게서 발생하는 권리 의식과 커먼즈의 중요한 가치인 공유 의식이 공생할 수 있는 방안에 대해 지속적으로 고민할 필요가 있다고 강조했다(활동가 B 인터뷰).

자치 대 통제

경의선공유지가 도시 커먼즈로 제대로 작동하기 위해서는 외부의 압력과 통제로부터 자치 원리를 확보해야 했다. 그러나 시장 원리와 국가 통제가 팽배해 있는 현대 사회에서는 아직까지 커먼즈 개념에 적합한 자치가 익숙하지 않은 경우가 많다. 경의선 공동체 구성원 역시 대부분 기존의 생활 영역에서 급작스럽게 밀려나 경의선공유지에 정착했기 때문에 온전한 자치 의식을 충분히 갖추었다고 할 수 없었다. 그러나 다른 한편에서는 공유지의 확보와 유지를 위한 공동의 행동 과정을 통해 자치의 원리를 조금씩 터득해가는 과정도 보였다.

경의선 공동체 구성원들은 나름의 기준을 세워 광장과 공유 공간을 정비하고, 발생하는 각종 요금을 스스로 해결하는 등 자치적 관리 노력을 기울였다. 하지만 일부 공간지기들은 이러한 자치적 관리를 외면하기도 하고, 활동가들을 일종의 행정 조직으로 인식해 공유지 이용에 따라 발생하는 의무사항을 그들에게 떠넘기기도 했다(활동가 B 인터뷰). 이는 활동가들이 짊어져야 할 부담으로 전가되었으며, 공동 관리를 통해 유지되어야 하는 커먼즈의 자치 원리에도 위배되었다.

이렇듯 자치의 내면화가 이뤄지지 않아 발생하는 일들은 비단 경의선공유지 내부에서만 발생하지 않았다. 이곳을 일시적으로 이용하거나 방문하는 시민들도 공유 텃밭의 수확물을 무단으로 가져가기도 하고 공유지 주변에 쓰레기를 투척해 미관상 정돈되지 않은 이미지를 심어주는 일이 자주 일어났다. 이는 스스로 관리해야 한다는 자치 의식이 경의선 공동체 내외부 시민사회에 깊게 뿌리 내리지 못했기 때문에 나타나는 일들이었다.

규칙 대 저항

경의선공유지는 시장과 국가의 질서에 대한 반감과 저항으로 만들어졌지만, 공유지 내부에서는 일종의 규칙과 규율을 정해야만 효율적인 관리가 가능한 모순을 가지고 있었다. 시장 메커니즘과 국가권력에 의해 밀려난 사람들이 모여서 이를 거부하고 새로운 대안적인 활동을 꿈꾸는 곳이 커먼즈이지만, 아이러니하게도 커먼즈를 구성하고 있는 사람들 간의 규칙을 통해 커먼즈가 효과적으로 유지될 수 있다는 점은 기존 연구에서 밝혀진 바 있다(Bresnihan & Byrne, 2015).

경의선공유지에서 발생하는 전기 및 수도 요금은 공간지기들의 비용 분담을 통해 해결하거나 후원금을 통해 일부 충당했다. 그러나 이에 관한 정해진 규율과 규칙이 없다 보니 발생하는 운영비용을 어느 누구에게도 강요할 수 없었다. 활동가들은 어려움을 토로했다. 활동가와 공간지기는 이 문제를 해결하기 위해 공유지 내부의 자치 규칙을 제도화하려 했지만, 국가 질서에 저항해 만들어진 대안적인 공간이 또 다른 매뉴얼이나 규칙에 의해 관리되는 것이 옳은가에 대해 고민하곤 했다. 또한 공간지기 간 갈등을 활동가가 임의로 기준을 정해 중재하기 어렵기 때문에 명확한 규칙이 존재하지 않아 촉발되는 관리 운영의 어려움은 활동가의 활동을 저해했다. 나아가 도시 공간에서 커먼즈의 보전을 위태롭게 했다.

경의선 공동체 내에서 공유지 관리에 관한 구체적인 규율과 기준이 필요하다는 의견이 모아서 일명 '향약 제정 TF팀(이하 향약팀)'이 발족되었다. 그동안 규칙을 만들어왔던 반상회가 제 기능을 수행하지 못하는 부분들을 보완하고, 각 구성원의 특징을 반영할 수 있는 구체화된 자치 규약을 제정하고자 했다(활동가 B 인터뷰). 향약팀은 공간을 사용하고 있는 사람들뿐 아니라 직접 공간을 사용하지 않지만 경의선공유지에서 갈등 상황을 중재해본 경험이 있는 외부인들도 포함해 운영되었다.

내·외부인을 모두 포함해 자치규약을 정하는 이유는 서로에 대한 가치 판단을 할 때 최대한 공정한 자세를 유지하고 효율적인 사항을 정하기 위해서였다. 그러나 향약을 제정하기 위해 참석하는 일조차 자율적 의지에 의해 이루어지기 때문에 정기 모임에 불참해 자치규약의 제정이 늦어지는 일이 발생하기도 했다. 또한 공간지기 사이에서도 서로 활동 영역이 달라서 통일된 명확한 원칙을 제정하는 것은 쉽지 않았다.

자원 차원의 갈등 구조

가치

시장경제 체제에서 도시의 토지는 농촌에 비해 상대적으로 높은 부가가치를 창출하기 때문에 시장 가격이 높게 형성된다. 따라서 네팅(Netting, 1976)이 제시한 것처럼 커먼즈의 관리 대상으로는 적절치 못한 편이다. 토지 입지와 시장 수요에 따라 결정되는 토지의 '최유효이용'에 따르도록 끊임없이 개발 압력이 작용한다. 경의선공유지 부지 역시 매우 좋은 입지 때문에 높은 시장 가격이 형성되어 있다. 4개 지하철 노선이 교차하는 공덕역으로부터 200m 이내에 위치해 있으며, 주변 지역에 양질의 공원이 조성되고 상업적 재개발이 실시되고 있어 해당 부지뿐만 아니라 인근 주변 지역의 지가와 임대료가 지속적으로 상승하고 있다. 이런 상황에서 경의선공유지 부지를 커먼즈로 이용하는 것은 효율적일 수 없다.

하지만 토지 가치를 반드시 돈으로 책정해야 하는 것인지에 대해서는 일반 시민 사이에서도 의견이 나뉜다. 국공유지를 시민들이 스스로 가꾸고 관리하며 모두가 이용할 수 있는 공간으로 조성하는 것이 토지 가치를 극대화시킬 수 있다고 판단하는 이들도 있다. 2019년 6~7월에 경의선범대위가 개최한 '도시의 투기적 개발 반대와 쫓겨난 사람들을 위한 시민 대축제'의 일환으로 '바람직한 경의선공유지 활용을 위한 시민 대토론회'가 경의선공유지에서 열렸다. 이 토론회에서 국가가 주도하는 경의선공유지 개발 사업에 관해 시민의 의견을 공유하고 개발 계획의 대안을 제시했다. 토론회 참석자 중 일부는 이곳에 고층 빌딩과 상업 시설이 세워진다면 일반 시민은 오히려 접근할 수 없음을 우려하면서, "정말 시민들을 위한 개발이 무엇인지 고민해 보아야 한다"고 언급했다.

다음 인터뷰는 경의선공유지의 가치를 어떻게 서로 다르게 판단하고 있는지를 잘 나타낸다. 해당 부지의 가치를 시장 가격으로 매겨 판단할 때에는 경의선공유지가 시민들에게 비효율적인 토지 이용으로 인식됨을 알 수 있다. 반면 또 다른 시민은 경의선공유지를 시장 가격이 아닌 다른 기준으로 판단하기도 한다.

(경의선공유지가) 효율이 좀 떨어지는 것 같아요. 저대로 있기에는 땅이. …… 동네 주민들이 산책하는 곳인데 조금 더 활용적인 게 있으면 좋지 않나(일시적 이용자 K 인터뷰).

뭘 하든 깔끔하게 해야 돼요. …… 이 좋은데, 땅값 비싼 좋은 아파트 많은 곳이 값어치가 떨어지잖아요(일시적 이용자 L 인터뷰).

공덕역에서 집으로 걸어오는 이 근방에는 고층 빌딩이 많잖아요. 그래서 그런지 이 공간이 가진 의미가 굉장히 특별하고 좋은 느낌이었어요. 공간 중앙에 텃밭이 있다는 것도요. 시민들이 향유할 수 있는 가치 있는 공간이라는 것이 도시 환경에서는 잘 찾아볼 수 없으니 지금보다 많이 늘면 좋겠어요(일시적 이용자 H 인터뷰).

사실 경의선공유지 내부 공간을 이용하지 않고 경의선숲길 같은 연접 시설만 이용하는 일시적 이용자들(일시적 이용자 K, L)은 대체로 공유지의 토지 이용이 비효율적이라는 생각을 갖는 편이었다. 반면 공유지 내부 공간을 직접 이용해본 경험이 있는 일시적 이용자들(일시적 이용자 H, I, J)은 대체로 H와 같이 공유지의 토지 이용이 시장적 가치 이상의 의미를 가진다고 여겼다.

요컨대 경의선공유지의 핵심 자원인 부지는 높은 시장 가격 때문에 커먼즈 토지 이용이 비효율적일 수 있다. 하지만 다른 한편으로 자본주의 사회에서 공유 문화를 시민들이 직접 향유할 수 있는 기회를 제공한다는 점에서 시장 가격 이상의 또 다른 가치를 제공할 수 있다고 보는 시각도 존재했다. 이러한 두 가지 시각이 서로 경쟁했고, 이 점이 경의선공유지의 토지 이용을 둘러싼 갈등의 근본적 원인이라 할 수 있다.

규모

네팅(Netting, 1976)에 따르면, 전통적 방식의 공동 소유 및 관리에 적합한 토지는 효율적 이용에 필요한 면적이 넓고 이용을 위해서 투자해야 하는 노동이나 자본이 큰 대규모 토지이다. 그러나 현대 도시의 토지는 이 조건에 부합하기 어렵다. 토지 구획 분할에 따라 개인이 소유·관리하기에 충분히 작은 단위로 이미 나뉘어 있고, 굳이 큰 자본과 노동을 투입해서 대규모로 개발해야 하는 경우는 드물다. 경의선공유지 부지 역시 현대 도시의 토지로서 전통적인 커먼즈 소유와 관리에 적합하지 않다.

부지 전체 면적도 3,280m²로 크지 않고 그마저도 작은 필지들로 분할된 상태이므로, 단일 기업이나 개인이 소유할 만큼 충분히 작은 크기였다. 주변 지역을 봐도 이 정도 크기의 필지들이 개인 또는 기업에 의해 단독으로 개발·관리되는 경우를 쉽게 찾아볼 수 있었다. 철도시설공단이 민간 개발자를 물색했을 때 쉽게 찾을 수 있었던 것도 이러한 사정 때문이다. 자원 규모 관점에서 볼 때 경의선공유지는 효율적인 커먼즈 관리를 위한 속성에 부합하지 않는다. 이런 점 역시 토지 소유와 관리 방식에 관한 갈등 발생에 기여했다고 볼 수 있다.

안정성

도시 커먼즈의 안정성 문제는 도시 토지의 높은 시장 가치에 따라 발생하는 상당한 개발 압력과 연결된다. 최유효이용을 향한 끊임없는 개발 압력은 도시 커먼즈의 존립을 위협하기 때문에 교통 요충지에 위치한 경의선공유지는 토지 이용의 측면에서 매우 불안정한 상황에 놓여 있었다고 할 수 있다. 이곳은 4개의 지하철 노선이 지나는 일명 '쿼드러플 역세권'으로 개발 시 각종 프리미엄이 발생하는 곳이다. 또한 주변의 고층 빌딩과 상업 시설에 둘러싸여 있기 때문에 발생하는 엄청난 개발 압력을 견뎌내기 힘든 곳이기도 하다. 이러한 환경에서 커먼즈의 존재에 대해 정당성을 얻지 못하고 사회적 합의가 이루어지지 않는 갈등 상황은 피할 수 없었다.

이곳이 토지 이용의 안정성 측면에서 얼마나 불안정한 공간인지는 연구자의집 설치 계획에 대한 국가 차원의 대응을 통해 확인할 수 있었다. 민교협은 거리에 내몰린 시민과 함께하는 연구자의 학술 운동을 위해 경의선공유지 부지 내에 연구자의집을 설치하기로 하고, 2019년 4월 26일 상량식과 시민문화제를 개최하려 했다. 하지만 이 행사를 며칠 앞두고 철도시설공단과 마포구청은 연구자의집이 들어설 예정인 공간에 펜스를 설치함으로써 이를 차단했다. 그간 자진 철거를 계고하고 있는 수준이었다면, 펜스 설치는 공유지 내부 구성원들에게 경의선공유지의 안정성을 크게 흔드는 행위로 인식되었다. "이곳은 어떻게 될지 모르는 공간"이라는 한 공간지기의 말(활동가 B 인터뷰)은 경의선공유지가 커먼즈로서 얼마나 불안정한 공간인지 여실히 보여주었다. 또 다른 공간지기도 아래와 같이 공간의 불안정성이 주는 스트레스를 토로했다.

이곳의 유지 계획 차원에서 다들 더 오래 있고 싶은 바람이 있는데, 마포구청이나 서울시에서 비워달라고 하니 미래의 불안정성 때문에 스트레스가 생기는 편이다(공간지기 F 인터뷰).

시민사회의 역할

이와 같이 내재적 모순이 팽팽한 긴장관계를 이루고 있을 때 도시 커먼즈의 성공과 실패에 영향을 주는 것은 시민사회라고 할 수 있다. 시민사회는 보통 사회적 배제 문제를 해결하는 데 중요한 역할을 수행하기 때문에 도시 커먼즈 운동에서도 좋은 협력자가 될 수 있다. 공공의 숙의를 선호하는 민주통치체제와 사회경제적 계획이 존재한다면 시민사회는 더욱 응집력 있는 도시를 만들고, 이를 촉진할 수 있는 거버넌스 구축에 기여할 수 있다(Gerometta et al., 2005).

도시에는 국가와 시장뿐만 아니라 시민사회의 그물망도 촘촘하게 드리워져 있다. 따라서 시민사회가 국가와 시장과의 역관계 속에서 도시 커먼즈의 유지 발전에 어느 정도 역할할 수 있다. 시민사회 구성원은 공유지 내부 공동체에서 활동하는 활동가 개인일 수도 있고, 이를 조직적으로 움직이는 단체일 수도 있으며, 공유지를 인정하고 지원하는 시민일 수도 있다. 유동적 공동체의 속성을 가진 도시 커먼즈는 새로운 무형의 지원인 공유지의 가치나 지향점을 공유하는 일반 시민, 활동가 모두를 포함한 지지자를 새롭게 공동체에 들이면서 확장하게 되는데, 이들은 시민사회의 범주에 포함된다.

경의선공유지에 와서 참여하는 정도에 따라 시민사회 주체를 범주화할 수 있다. 공간지기·활동가 및 준활동가는 내부자, 마포구민·일시적 이용자·행사 참여자·시민사회단체(민교협, 문화연대, 문화도시연구소 등)·녹색당 등은 중간자, 그리고 잠재적 지지자(시민)·주변 지역 주민은 외부자로 구분할 수 있다. 이들은 각각의 범주 내에서 역할하고, 내외부 범주를 넘나들며 공유지의 내재적 모순을 풀어나가고자 여러 차원에서 노력했다.

먼저 활동가는 외부 활동 기획 외에도 커먼즈 내 다양한 구성원들 간 결속력을 다지고 갈등을 완화시키기 위해 여러 모임을 주선하고 자치 규율을 정하는 등 내부 질서를 만들어가기 위해 노력했다. 단순히 주어진 규칙을 받아들이는 것이 아니라 주체성과 민주성을 기반으로 공간의 규칙을 만들고 공동 관리의 문화를 실천해 나가고자 했다. 또한 공유의 가치를 지속적으로 공간지기 및 일시적 이용자들에게 설명하며 공유지로서 참된 의미가 지켜지도록 노력했다.

다음으로 중간자 및 외부자는 경의선공유지에 상주하지는 않으나 공유지를 보호하고 확장하기 위해 다양한 유·무형의 지원을 수행했다. 지지자를 확보하기 위한 확장 노력, 공유지 부지를 지켜내기 위한 물리적 지원, 구민들의 재정적 후원 등이다. 예를 들어 2019년 7월 16일 마포구청 직원 30여 명이 공유지 일부를 펜스로 폐쇄하려고 했을 때, 녹색당·민교협·문화연대 등 50여 명의 다양한 시민사회 구성원들이 모여서 공유지 폐쇄 작업을 막아내기도 했다. 실제로 공유지가 폐쇄 위기에 놓였을 때 공유지 내 공간지기와 활동가뿐 아니라 밖에서 지원하고 연대하는 시민사회의 구성원이 와서 여러 매스컴을 통해 이슈화하고, 몸으로 막아내면서 펜스 작업을 중단시켰다. 이는 도시 공유지의 불안정성이라는 내적 모순을 이겨내기 위한 노력의 일환으로 볼 수 있다.

문화연대의 경우 각종 언론 보도자료나 자체 발행하는 온라인 기사를 통해 공유가치의 중요성과 현대사회에서 경의선공유지가 가지는 의미와 필요성 등을 피력하면서 커먼즈 운동을 지원했다. 민교협은 2016년부터 경의선공유지에 관심을 갖고 운영이나 관리 방향에 참여했다. 2018년 1월에는 공유지 안에 연구자의집을 설립해 더욱 적극적으로 공유지를 '양지화'하고 지원하려는 목표와 계획을 공표했다. 그 이후 2018년 5월부터 경의선공유지추진위원회를 출범시키고 경의선공유지의 생존 전략을 함께 고안하고 여러 실천적 노력을 추진했다. 시민사회단체의 한 활동가는 경의선공유지의 의의와 발전 방향을 다음과 같이 알리는 작업을 했다.

자본주의 도시의 대부분의 문제는 모든 시민들이 집합적으로 생산한 도시 공간을 일부의 집단이 사유화해 그 이익을 배타적으로 독점하기 때문에 발생하는 것입니다. 이런 문제를 극복하기 위해 최근에 전 세계적으로 각광 받고 있는 실천적 활동이 도시 공유지 운동입니다. 경의선공유지는 우리나라의 대표적 도시 공유지 운동이 벌어지고 있는 장소로서 매우 큰 의미가 있습니다. 제가 현재 경의선공유지에서 행하는 활동과 이곳에서의 경험들은 도시 공유지에 대해 제가 가지는 학문적 관심의 연장이라 생각됩니다. …… 경의선공유지는 다양한 시민, 예술가, 연구자들이 모여 자신들의 지식, 문화, 예술, 작업 등을 나누고 공유하는 만남의 장소가 되었으면 좋겠습니다. 이러한 만남과 공유의 경험을 바탕으로 도시의 공간은 특정 집단이 배타적으로 소유해 그 이익을 독점할 수 없는, 모든 시민들의 커먼즈임을 사람들이 깨달으면 좋겠습니다(활동가 C 인터뷰, 〈경의선공유지 신문〉 제4호 겨울 2019. 2, 3쪽).

이와 같이 시민사회의 역할은 단순히 공간을 지키는 활동을 지원하는 것으로 국한되지 않고 '공유의 가치'와 커먼즈의 필요성을 알리는 것까지 확대되었다. 이를 위해 이들은 내적인 결속력을 다지고, 자치를 통한 민주적 관리 문화를 견인하기 위해 노력했다. 또한 경의선공유지라는 공간을 이슈화하고 호의적인 여론을 형성해, 행정 기관이 인정하고 더 많은 시민들이 공동체에 포함될 수 있도록 다양한 전략으로 기존 제도와 정부를 압박했다. 이러한 시민사회의 역할이 없었다면 경의선공유지를 반대하거나 부정적으로 바라보는 여론이 더 크게 형성되고, 정부와 시장은 경의선공유지를 철거하고 상품화하는 기존 계획을 더 쉽게 이행했을 것이다.

주변을 지나는 행인 인터뷰 결과는 경의선공유지에서 시민사회단체가 진행하는 행사에 참여한 경험이 있는 시민들이 실제로 공유지와 공유 가치에 대해 긍정적 인식을 갖게 되었음을 보여준다.

여기는 필요한 공간이라고 생각해요. …… 여기 사람들 처한 상황을 듣다 보니까 이들을 지지하는 시민들의 힘이 더 필요할 것 같고, 행정에서는 이런 곳의 가치에 대해서 먼저 확인하고 현장에서 같이 이해하는 자세가 필요하다고 생각해요(일시적 이용자 I 인터뷰).

이것은 땅을 주장하면서 직접 보여지는 권리가 아닌가 싶어요. …… 이 권리가 재밌는 권리, 잊힌 권리 같은데, 그 권리를 시도하는 것 같아요. ……
이와 관련해서 짧게 인터넷으로 뒤져봤는데, 세계 곳곳에 있는 것으로서, 한
국 같은 경우에는 가능성인 것 같아요. …… 특히 서울 같은 경우 시민의 삶
에 큰 영향을 주기 때문에 이게 커졌으면 좋겠어요. 이런 곳이 가능하면 지
속되고 조금씩이라도. 얼마나 가능한지는 모르겠지만(일시적 이용자J 인터뷰).

경의선공유지 관련 시민사회단체 활동에 참여한 경험을 통해 시민
들은 공유지의 역사와 가치에 대해서 알고 경의선공유지에 대해서도
긍정적인 인상을 가지게 된 것을 확인할 수 있다. 결과적으로 성숙한
시민사회는 공유지의 존폐를 결정할 수 있는 결정적인 주체 및 자본으
로서 역할을 수행하게 되었다.

도시 커먼즈의 새로운 개념 정립을 위해

지금까지 우리는 도시 커먼즈의 관리 과정에서 직면하는 어려움과 도
전을 도시 거버넌스의 내재적 모순과 연결시켜 살펴보았다. 도시 커먼즈
의 두 축을 이루는 '도시(the urban)' 속성과 '커먼즈(commons)' 속성이 관
리 관점에서 어떻게 내재적 모순을 이루는지 커먼즈의 세 가지 차원—
공동체, 제도, 자원—에서 분석하고, 내재적 모순에서 발생하는 도시
커먼즈의 갈등의 해소 실마리는 어떻게 찾을 수 있는지 시민사회의 역
할 분석을 통해 살펴보았다. 이를 위해 한국에서 대표적 도시 커먼즈

사례였던 서울의 경의선공유지를 분석했다. 사례 분석 결과 다음과 같은 결론에 도달했다.

첫째, 공동체 차원에서 도시 커먼즈는 공동체의 동질성 대 이질성, 고정성 대 유동성, 배타성 대 개방성 사이의 모순이 존재하며, 두 속성 집합 간 충돌로 인해 갈등이 나타난다. 효율적으로 관리되는 커먼즈는 이를 구성하는 공동체가 대체로 동질적이고 고정적이며 자원에 대해 배타적 권한을 갖는다. 그러나 도시 커먼즈는 도시적 속성으로 인해 공동체가 이질적이고 유동적이며 개방적이다. 경의선공유지는 활동가, 공간지기, 일시적 이용자, 시민사회단체 등 여러 집단이 공동체를 이루었다. 한편으로는 공동체 내에서 상이한 집단 간, 또는 집단 내 구성원 간에 서로 다른 출신 배경과 참여 동기, 이용 목적 등을 가지고 있어서 이질성을 보였다. 다른 한편으로는 공유지의 존속과 유지라는 공동 목표가 있었고 '공유, 공존, 공생'의 가치 실천이라는 대원칙에 동의하는 동질성도 있었다. 활동가와 공간지기는 대체로 고정적이었지만 그 이외의 집단은 대체로 유동적 성격을 가지고 있었고, 고정성과 유동성 중어떤 쪽을 지향해야 할 것인지에 대해 내부적으로 긴장이 존재했다. 배타성과 개방성 측면에서도 일부 공간지기는 외부인에게 배타적이었던 반면, 그 이외 구성원은 대체로 개방적인 편이었다. 배타성과 개방성 사이의 긴장이 존재했다고 할 수 있다.

둘째, 제도 차원에서 도시 커먼즈는 사유 대 공유, 통제 대 자치, 저항 대 규칙 사이의 모순이 존재하며, 두 속성 집합 간 충돌로 인해 갈등이 나타난다. 효율적으로 관리되는 커먼즈는 이를 규정하는 지배적 행위

양식으로 공유를 지향하고, 구성원의 자치를 중시하며, 커먼즈의 유지 및 관리를 위한 규칙을 제정해 집행한다. 동시에 자본주의 도시의 속성은 지배적 행위 양식으로 사유를 강조하고, 질서 유지를 위한 국가의 통제에 익숙하며, 이 과정에서 기존의 주류 질서에 저항하며 형성된 반대 운동은 규칙에 대한 반감을 가지는 경향이 있다. 경의선공유지는 이러한 커먼즈의 속성과 도시적 속성이 공존하며 서로 긴장관계를 이루었다. 먼저 경의선공유지 부지 획득과 존속을 위한 투쟁 과정에서 형성된 장소에 대한 애착과 주인 의식이 배타적 소유 의식으로 전화되어, 당초에 핵심 가치로 내걸었던 공유 의식을 훼손하는 경우도 종종 있었다. 또한 오랜 통제 속에서 생활하다가 갑작스럽게 형성된 공동체로 인해 자치를 내면화하지 못했지만, 공유지 확보와 유지를 위한 공동 행동 과정을 통해 자치 원리를 터득해가기도 했다. 그리고 경의선공유지가 시장과 국가의 질서에 대한 저항을 통해 만들어진 커먼즈이다 보니, 공동체 구성원들은 제도화된 규칙에 반감이 커서 공유지 관리를 위한 자치적 규율이나 규칙 제정에 관해서도 매우 신중하게 접근하는 편이었다.

셋째, 토지와 같이 물리적 형태를 띠는 도시 커먼즈는 자원 차원에서 볼 때 시장 가치가 높고, 효율적 이용 및 관리를 위한 규모가 작으며, 토지 이용이 가변적이어서 전통적 커먼즈의 공동 관리 조건과 배치되는 경향이 있었다. 인구와 자본의 밀도가 높은 도시 서울에 위치한 경의선공유지 역시 토지라는 물리적 희소자원 형태를 띠는 커먼즈로, 전통적인 공동 관리 방식에 적합하지 않은 특성을 지니고 있었다. 교통의 요충지에 위치해 있었고 주변 환경이 양호해 시장 가치가 높게 형성되어 있었다. 사적으로 소유해 토지 이용에 따른 가치를 전유하기 좋았다. 또한 대규모 인프라나 시설처럼 효율적인 이용과 관리를 위해 대규모 자본이나 노동을 필요로 하는 것도 아니었고, 개인이나 개별 기업이 충분히 개발해서 이용할 수 있는 규모였다. 이용의 안정성 측면에서도 좋은 입지 조건 때문에 상업적 개발 압력이 높아서 매우 가변성이 큰 상황이었다. 이런 점에서 볼 때 자원 차원의 특성이야말로 경의선공유지가 커먼즈로 공동 관리되기 어려운 특성들을 모두 지녔다고 할 수 있다. 무단점유라는 방식을 통해 이러한 불리한 조건을 봉합하고 균형을 이루었지만, 경의선공유지를 둘러싼 시장과 국가, 시민사회의 역관계가 경의선공유지에 불리하게 작용한다면 언제든지 이 균형은 깨질 수 있었다.

요컨대 경의선공유지 사례는 '관리'의 관점에서 볼 때 공동체, 제도, 자원의 세 차원 모두에서 내재적 모순을 지니고 있었다. 도시적 속성과 커먼즈 속성이 긴장관계를 이루며 때로는 갈등하고 때로는 적절히 타협하면서 불안정한 균형 상태를 이루었다. 이 균형 상태의 유지와 내재적 모순을 극복한 새로운 발전을 위해서는 경의선 공동체 내부의 실천도 중요한 역할을 했지만 시민사회의 역할이 특히 중요했다. 실제로 시민사회의 여러 주체들은 경의선공유지의 내재적 모순을 발전적으로 승화시키기 위해 여러 노력을 경주했다. 경의선공유지 활동가, 문화연대, 민교협 등 시민사회 구성원들은 우선 내부적으로 경의선공동체가 진정으로 공유 가치를 실천하는 도시 커먼즈가 될 수 있도록 공동체 구성원 내부의 갈등을 조정하는 역할을 수행했다. 대외적으로는 공유지의 필요성과 공유 가치의 중요성을 일반 시민에게 홍보하고 불안정한 상태에 있는 경의선공유지 부지의 정당성 확보를 위해 노력했다. 이런 노력은 경의선공유지 내외부의 갈등을 자연스럽게 해소하는 데 기여했다.

경의선공유지의 내재적 모순과 도전에 대한 이상의 논의는 도시 커먼즈의 관리 과정에서 직면하는 문제들의 원인을 도시 커먼즈의 본질적 속성과 연결시켜 찾는다는 점에서 의의를 찾을 수 있다. 이 사례와 같이 물리적 자원의 형태를 띠는 도시 커먼즈가 전통적 커먼즈와 달리 관리 과정에서 겪을 수밖에 없는 어려움은, 도시적 속성과 커먼즈의 속성이 충돌을 일으키기 때문이라는 점을 알 수 있다. 그리고 이러한 내재적 모순이 발생시키는 갈등이 파국으로 이르지 않고 도시 커먼즈의 변화 발전의 동력이 되도록 하기 위해서 도시 커먼즈 공동체와 시민사회가 어떤 노력을 해야 하는지에 대해서도 논의했다. 이는 새로운 커먼즈 개념으로 도시 커먼즈가 정립되도록 하고, 전통적 관리 조건과 다른 도시 커먼즈 고유의 효율적 관리 조건을 확인하는 데 기여할 것으로 보인다.

물론 경의선공유지 사례가 도시 커먼즈의 이용과 관리에 관한 성공적 대안보나 어려움과 도전을 보여주었기 때문에, 이 연구에서 제시하는 도시 커먼즈의 관리 방안은 결론적이라기보다 암시적일 수밖에 없다. 또한 개방형 디지털소프트웨어나 콘텐츠와 같은 비물리적 자원의 형태를 띠는 커먼즈는 자원의 존재 양식이 다르기 때문에 여기의 논의를 확장하는 데 한계가 있을 수 있다. 이 부분에 대해서는 후속 연구를 통해 더 심도 있게 다루는 것이 필요하다.

8

경의선공유지의 탈주선들

안새롬

서울 한복판 금싸라기 땅, 이렇게 5년 만에 슬럼 됐다(〈조선일보〉, 2020년 4월 11일).

자기들 땅인가요? …… 마포구에서 마포구 주민들 허락도 없이 잠시 무상으로 제공해줬더니 눌러 앉아서 공짜로 호위호식하고 있네요. 월세는 내나요? 세금은 내나요? 경의선 한가운데에 쓰지도 못하는 쓰레기들 가져다 놓고 지들끼리 놀자판 만들어놨네요. …… 마포구 주민들도 아닌 작자들이 들어와서 경의선숲길 경관이나 해치고……(네이버 카페 부동산스터디, '경의선철도 부지 무단점유하고 있는 늘장 인간들 몰아냅시다', 2019년 7월 13일).

약 4년간 인근과 다른 경관을 생산했던 경의선공유지는 "서울 한복판 금싸라기 땅"에 어울리지 않는 "쓰레기", "경관을 해치는" "슬럼"으로 규정되었다. 경의선공유지를 만들거나 유지하려는 사람들은 "마포구 주민도 아니면서" "허락도 없이" 자리를 차지하고 "공짜로 호의호식"하는 사람들이었다. 확실히 경의선공유지는 공덕역 인근에서 보기 힘든 경관과 분위기를 가지고 있었다.

경의선공유지라는 생경한 경관은 바로 그러한 시선과 함께 발생하고 있었다. 경의선공유지를 "슬럼"화하는 시선은 국유지를 비롯한 공공 공간의 가치를 부동산 가격이라는 교환가치 아래 복속시키고 그에 위배되는 요인을 소거하거나 감추고자 했다. 하지만 늘 감춰지지 않고 새로운 형태로 드러났다. 두리반, 인천 배다리마을, 테이크아웃드로잉 등 공간의 상품성을 증진하는 데 걸림돌로 취급되었던 유무형의 가치들이 독특한 형태로 드러난 사례는 무수히 많다. 같은 의미에서 경의선공유지는 도시의 생산 과정에 상존해 있던 배제된 가치들이 드러난 공간이었다.

이 글은 경의선공유지가 '탈주'를 통해 현재 도시의 생산 과정에서 배제되고 감주어진 가치들을 드러냈다고 보면서 경의선공유지의 탈주선을 찾아본다. 나는 2018년 한 해 동안 경의선공유지시민행동의 내부 회의, 신문 발간, 인터넷 방송 등에 참여하면서 경의선공유지를 매개로 발화되는 언술, 드러나는 행위, 사건을 관찰했다. 이후 경의선공유지시민행동과 인연을 이어가면서 활동가와 인터뷰를 하거나 현지 자료를 수집했다. 이 글은 내가 외부 관찰자이자 내부 참여자로 경험한 경의선공유지에 관한 해석이다.

국가로부터의 탈주

이곳 공유지(국유지, 시유지, 구유지 등 정부의 공유재산)[57]를 관리하는 한국철
도시설공단은 경의선 지하화로 인해 조성된 이 부지를 대기업 이랜드에게
넘겨 관광호텔 등 역세권 개발 사업을 하겠다고 밝힌 바 있다. …… 공유지
가 일부 대기업의 영리 활동에 쓰이기보다는 기존의 사회적 장터와 같이 시
민들이 자유롭게 사용하는 공간으로 남겨두어야 한다는 개인과 단체가 모
여 경의선공유지시민행동을 만들었다. …… 공유지는 국가 소유의 사유지
가 아니라 시민(국민)들의 토지를 정부가 관리하도록 권한을 위임한 것이다.
따라서 정부는 시민들에게 적극적으로 이용, 계획 등 전반에 대해 적극적으
로 알릴 의무와 시민들이 능동적으로 참여할 권리를 보장해야 한다(〈2017 경
의선공유지 풍당풍당 연속 토론회 자료집〉, 2017년 3월 3일).

국유지의 이용·관리를 결정할 권한이 전적으로 국가에 귀속되어 있
다는 사실은 경의선공유지의 가장 기본적인 문제의식 중 하나였다. 경
의선공유지는 국유지에 국가의 법적 소유권이 설정되어 있다고 해서
국가가 전적으로 국유지를 이용하고 변형하며 수익을 창출할 권한을
갖지 않는다고 주장했다. 국유지는 '국가 소유의 사유지'가 아니라는 것
이다. 이는 근대 패러다임의 주권 국가, 절대적 소유주 국가에 대한 문

제제기였다. 근대 주권 국가는 재산권을 가진 개별자로 구성된 세계, 곧 국유지와 사유지로 이분화된 세계를 구상하면서 국유지에 대한 유일한 주권자로서 스스로를 자리매김한다(카프라·마테이, 2019). 근대 주권 국가의 틀에서 국가는 국유지에 대한 모든 권한을 갖기 때문에 어떤 방법으로든 수익성을 추구할 수 있고 언제든 처분(민영화)할 수 있다. 또 그에 반하는 공동체의 권리 주장에 대해 '불법'이란 딱지를 붙여 공동체를 주권 국가의 적으로 삼는다. 근대 주권 국가의 관점에서 경의선공유지는 국가의 소유권을 침해하는 적이다.

국유지에 대한 절대적 소유권을 갖는 근대 주권 국가 체계에서 국유지의 운명은 온전히 정부의 역량에 좌우된다. 그런데 경의선공유지에서 보기에 정부는 지역 발전이라는 미명 아래 대기업의 영리 활동을 장려하는 방식으로 국유지를 이용하고 있었다. 국유지가 공익적 기능보다는 정부의 수익 창출과 자본의 축적 활성화에 이용되고 있다는 것이다. 2018년부터 경의선공유지는 경의선공유지추진위를 구성해 대기업 중심의 국유지 개발 계획을 대신하는 '대안 공유지 계획'을 서울시 및 마포구에 제안하고 협의하고자 했다(서울협치협의회·커먼즈네트워크, 2018). 그러나 2019년부터 마포구가 본격적인 철거 압력을 행사하면서 무산되었다.

국가의 소유권을 침해한 적으로서 경의선공유지는 2019년 7월 마포구에 의해 포위되었다. 마포구청 직원들로 구성된 인간 펜스가 경의선공유지 부지를 둘러쌌고, 철거 장비를 실은 차량이 경의선공유지 부지로 진입하려고 했다. 국가가 스스로의 소유권 영역을 확인하고 재영역화하는 작업이었다. 경의선공유지는 "펜스(fence) 말고 팬(fan)", "마포구청 이제 그만 시민의 편이 돼주라" 등으로 대응하며 국유지의 소유주 국가의 의미를 넘어서고자 했다. 그러나 정부는 소유권을 행사하는 법적 대응을 취해 경의선공유지를 해산시켰다.

공공성으로부터의 탈주

경의선공유지는 공익과 동일한 의미로 다뤄지는 공공성에 관한 문제 제기이기도 했다. 경의선공유지 활동가들은 개발 사업자인 대기업의 이윤 창출 효과가 공익을 담보할 수 없을 뿐만 아니라, 공익은 국가나 공공기관의 이익과도 동일시될 수 없다고 주장했다.

> 활동가 A : (국유지를) 개발할 수 있는 조건들이 있는데, 공익에 부합해야 된다가 기본이죠. …… 백화점이 전혀 공익적이라고 보이지 않는데 그들(한국철도시설공단)의 판단에는 그게 (공익적이라는 판단이) 있죠. 거기서 일정 부분 받는 점용료를 철도시설공단 부채 갚는 데 사용하는 거예요. …… 지역 활성화, 지역 역량 강화 이런 조항도 있어요. …… 그 조건으로 경의선공유지(에서 이랜드)나 그 앞에 있는 효성에서 호텔(사업)을 하는 거예요. 호텔을 만들어서 관광 산업을 발전시키면 지역에 무언가를 줄 수 있겠다, 그런 정도를 가지고 대기업에서 개발하고 있는 상태인 거죠. 그런데 호텔이 공익의 가치에 부합하나? …… 경의선공유지처럼 공덕역의 인근에, 완전 도시 중심 공간에

는 도서관이나 놀이터 지을 공유 부지들이 없거든요. 그런 데는 대기업한테 개발해서 수익을 가져가게 하고 도서관이나 공원이나 놀이터나 훨씬 더 공익적인 것들은 땅이 없어서 어디 산꼭대기에 짓고, 못 만들고 하는 상황. …… 이게 하루 이틀 된 문제가 아니에요.

활동가 B : 행정(기관)에 이득이 되면 그것이 공공성이라고 생각하는 것 같아요. 철도시설공단이 적자가 커, 그래서 대기업에게 임대 사업을 통해서 수익을 벌어들이면 그 공공기관에 이득이 되니까 그것이 공공성이라고 (2019. 5. 23. 인터뷰).

경의선공유지가 넘어서려는 공공성은 한국의 신자유주의적 발전주의 국가 맥락에서 역사적으로 강조되어 온 공공성이었다. 한국에서 민주정부가 들어선 이후 공공성에 민주적인 의미가 확보되기보다는 국익(혹은 공익)과 동일한 것으로 위치 지어졌는데, 이는 신자유주의 경쟁 체제에서 국가가 승리하기를 바라는 내셔널리즘 아래 용인되곤 했다(하승우, 2014). '공공성=공익=국가 경쟁력' 등식이 만들어진 것이다.

같은 맥락에서 도시 스케일에서도 이 등식이 작동해왔다. 신자유주의 경쟁 체계에 포획된 도시정부는 시민에게 재화나 서비스를 공급하고 관리하는 역할보다는 공간을 상품화하고 자본을 유치하는 등 기업가처럼 도시를 경쟁력 있게 경영하는 역할을 자처한다(Harvey, 1989). 경의선공유지 사례처럼 도시정부가 지역 발전과 경쟁력 제고를 위해 민간 자본을 유치하고 개발해 상품화하려는 방식은 신자유주의화된 도시에서 나타나는 전형적인 발전 방식이다(하비, 2014). 문제는 이와 같은 도시 발전 방식이 경제적 부나 정치권력으로부터 주변화된 이들을 소외시켜 장기적으로는 공공성을 침해한다는 점이다.

한국에서 민간 자본 유치를 통한 도시 재개발은 1986년 아시안게임과 1988년 서울 올림픽을 앞두고 시작되었다. 정부가 도시 재개발을 위해 대기업에 각종 혜택을 제공하면서 대기업들의 토지 매입이 가속화되었고, 서울 도심은 대기업들의 '빌딩 신축 붐'을 이뤘다(《동아일보》, 1983. 7. 20). 을지로 롯데타운, 서울역 앞 대우빌리지, 서소문 삼성·한진타운, 광화문 현대, 소공동 한화촌이 형성되기 시작한 것도 이때다. 이후 역사 개발 프로젝트가 이어졌다. 1989년에는 서울역에 국내 최초 민자 역사로 개발된 한양유통 백화점이 들어섰고, 1991년에는 영등포역이 당시 국내 최대 규모의 민자 역사 백화점(롯데)으로 개발되었다. 초기에 대기업 특혜 논란이 일었던 것에 비해, 민간 자본 유치를 통한 역사 및 역세권 개발은 관행적인 도시 재개발 방식으로 자리 잡았다. 경의선 지하화 뒤 경의선숲길공원 조성 계획에서 역사 및 역세권에 모두 민자 유치 개발 계획이 수립된 것은 이러한 도시 개발사의 연장선이다.

경의선공유지가 문제 삼는 지점은 공공성이라는 이름으로 진행되어온 도시 개발사가 부동산 가격 상승과 젠트리피케이션과 같은 문제를 일으키는 핵심 기제라는 것이다. 또한 그것이 실질적으로 도시라는 공동의 자산을 훼손하며, 장기적으로는 빈부 격차와 약자에 대한 배제를 가중시키는 결과를 가져왔다는 점이다. 실제로 경의선공유지가 위치한 공덕역을 비롯해 경의선숲길공원 조성 프로젝트에 포함된 개발 지역들은 빠른 지가 상승과 젠트리피케이션을 겪었다(임은정, 2019). 경의선공유지가 발전주의 도시, 투기적 도시화의 대항 담론과 긴밀하게 결합되었던 까닭은 이러한 도시화 과정이 끊임없이 재생산하고 있는 약탈적 도시성이 경의선공유지 개발 계획에도 녹아 있었기 때문이다.

시민으로부터의 탈주

활동가 A : 서울시 같은 경우에는 '주인이 되세요' 이런 식의 슬로건을 늘 써요. 그런데 그건 그냥 슬로건뿐인 것 같아요. 실제적으로 '주인으로서의 시민'이 있는지는 물음표고요. …… 대부분의 운동들이 당사자 운동처럼 되어 있었던 것 같아요. 내가 약탈당한 것들, 내가 침탈당한 것들에 대해 다시 빼앗으려는 정도였는데, 이것(경의선공유지가 주장하는 것)은 그것보다는 훨씬 더 광범위한 부분의 권리에요. 일종의 인권 개념.

나 : 그러니까 경의선공유지의 방식은 빼앗긴 권리를 되찾거나, 되찾아주려는 당사자들이 있어서 그 권리를 다시 그 당사자에게 돌려줘야 된다는, 그런 방식이 아니라는 이야기죠?

활동가 B : 당사자가 누군지부터 찾는 과정이 필요하고, 그 고민에서 커먼즈도 나오고 그런 거죠(2019. 5. 23. 인터뷰).

경의선공유지가 근대 주권 국가, 공적 공공성, 신자유주의 도시 등에 저항한 그간의 운동과 다른 점은 새로운 시민 개념의 구성에 있다. 경의선공유지는 국가와 도시에 저항했을 뿐만 아니라, 그 관계 속에서 길들여진 시민에 저항했다. 시민은 정부의 국유지 이용·관리 방식에 침묵하거나, 공(公)의 이름으로 하는 일에 공공성을 부여해준다. 또 국유지가 어떻게 이용되든 지가가 상승하면 이익을 취하거나, 발전주의 도시의 산물을 소비하면 되었다. 근대 국가주의, 신자유주의적 발전주의를 내면화한 시민은 경의선공유지가 보기에 국가 혹은 도시의 주인이 아니라 길들여진 소비자일 뿐이었다.

경의선공유지는 기존 시민 개념에 복종하지 않기로 했다는 의미에서 시민에 대한 시민불복종이었다. 많은 운동이 노동자, 세입자, 장애인, 여성, 자연 등에 적용되는 불공정한 정책이나 제도를 두고 당사자의 권리를 주장한 반면, 경의선공유지는 권리를 주장하는 자리에 시민 혹은 인간 일반을 놓고 질문했다. 시민을 넘어서려는 경의선공유지는 생산자로서 더욱 주체적이고 자율적인 의미의 시민을 구상하고 공유지와 시민의 관계를 재구성하고자 했다. 시민이 공유지에서 하고 싶은 것이 있으면 "제안하고 논의하고 같이 풀어"가며 공간을 자유롭게 사용할 수 있다고 보았다. 그리고 그 과정에서 누군가 만들어주고 관리해주면 소비만 하는 것이 아니라, 직접 만들고 관리하면서 주인이 되는 새로운 경험을 할 수 있다고 보았다.

활동가 C : 우리는 언제나 '이건 누구 땅이죠?'라는 질문을 해왔고, 그에 따라서 나의 자유도 정해졌습니다. 하지만 이런 감각으로는 기존의 개인적인 소유권 구조를 넘어설 수 없다고 생각합니다.

활동가 D : 경의선공유지에서는 노래를 해도 되고 그림을 그려도 됩니다.

물건을 팔아도 되고 캠핑을 해도 됩니다. 행사를 하고 싶으면 제안하고 논의하고 같이 풀어가는 것, 그것이 공유지의 스타일입니다.(《경의선공유지신문》, 2018년 4월)

활동가 E : 공유지는 누구나 사용할 수 있는 공간이지만 사용하는 만큼의 책임과 의무도 따릅니다. 이 원칙에 동의하는 사람이라면 누구라도 와서 다양한 모임, 새로운 실험, 창의적인 활동들을 펼쳐나가는 공간이고.(《경의선공유지신문》, 2019년 2월)

이와 같은 접근은 오래된 근대 유산으로서 '시민'을 넘어설 가능성을 보여주었다. 지역주민이라는 영역적 정체성이나 특정한 법적 권리에 기반을 두지 않고 공유지를 집합적으로 생산하는 과정(commoning)에 의거한 새로운 주체를 구상하고 있기 때문이다.

공유인(commoner)은 이를 잘 표현하는 용어다. 공유인은 무언가를 공유재로 만드는 주체를 말한다. 공유지는 공유인이 그렇게 만들지 않고는 저절로 생겨날 수 없다(볼리어, 2015). 경의선공유지에서 시도된 공유인 되기는 공유지가 지역의 주서권을 가진 수민에게 선험적으로 주어지는 것이 아니라, 집합적 과정을 통해 유지하고 만들어가는 사회적 산물이라는 점, 공유지에 대한 책임과 권리, 의무 등이 공유화 과정에서 발생한다는 점을 강조한다.

그런 의미에서 경의선공유지 활동가 E는 공유지를 '약자들의 망명지'나 '약자들의 공간'으로 규정하는 관점에 반대했다. 공유지를 어떻게 만들어갈 것인가를 논의하는 과정에서 2016년 말 아현포차처럼 도시에서 '내부적으로 쫓겨난 사람들(internally displaced peoples)'과 함께 공유지를 만들어가기로 결정한 것이지, 공유지의 필연적 귀결이나 조건은 아니라는 것이다.[58] 그에 따르면, 공유지는 어떤 공유지를 만들 것인지 함께 논의하고 결정하는 과정에 준거하는 것이다.

활동가 E : 아현포차가 아니었으면 경의선공유지는 커먼즈(공유지)가 아니었을까? 그 자체로도 커먼즈가 아닌가? 전 커먼즈를 미지의 '엑스(x)'로 생각했어요(2020. 5. 29. 인터뷰).

공유인-되기

로이크는 '탈주'가 급진적 대안을 제시하는 것이라거나 대안에 대한 희망적 관측이라기보다는 현실에 존재하는 광범한 현상들을 포착하는 것이라고 본다(로이크, 2017). 그런 의미에서 탈주는 현실(이집트)에서 출발해 그 바깥에 존재하는 이상향(가나안)으로 탈출하는 것이 아니라, 현실에서 배제되거나 주변화된 가치들을 가시화하고 포착함으로써 현실을 바꾸는 과정이다.

경의선공유지의 탈주선들은 국가 안에서 비국가적인 것, 도시에서 비도시적인 것, 시민 속에서 비시민적인 것들을 보여주었다. 이 탈주선들은 균질하고 매끄럽게 보이는 현실을 시끄럽게 만들면서 논쟁적인 담론 장을 만들어냈다. 탈주선들은 경의선공유지를 다른 공간, 사람들과 이어주고 연대를 만들어내기도 했다. 공동체은행 빈고, 제주 강정마을, 인천 배다리마을 등과 커먼즈 운동의 연결을 목적으로 하는 커먼즈 네트워크는 경의선공유지와 지속적으로 연대했던 공간 및 단체다. 탈주선이 만들어낸 연결은 경의선공유지를 4년간 유지시킨 힘이었다.

동시에 경의선공유지가 보여준 탈주선들은 공동의 비합법적 점거로는 국가로부터, 도시와 시민으로부터의 탈주가 불가능하리라는 점도 암시했다. 결국 국가, 도시, 시민으로부터의 탈주는 국가, 도시, 시민 등에 전적으로 적합하지 않은 새로운 공동의 삶의 형태를 기획해야 하는 것이기 때문이다.

삶 속에서 펼쳐지는 탈주 기획에서는 공동의 부를 어떻게 사용하고 돌보아야 할지 선택할 수 있고 스스로를 변형·통제하는 역량을 가진 공유인(Caffentzis & Federici, 2014)이 더욱 절실하게 요구될 것이다. 새로운 삶의 형태에 대한 도시의 상상력을 확장하기 위해서라도 경의선공유지 이후 새로운 경의선공유지들을 통해 공유인-되기의 경험 축적이 필요하다.

9

커먼즈 아상블라주와
일상생활의 정치

솔방울커먼즈(김지혜, 최희진)

솔방울-하다 [솔방울하다]

「동사」【…을】

「1」 공동이 만들어낸 것의 가치를 역사적으로 추적하다

「2」 공동이 만들어낸 것을 특정한 이들이 독점하지 않도록 부대끼다

「3」 공동이 만들어낸 것을 공유하기 위해 치대다

「4」 공동이 위아래 없이 무언가를 만들어내다

얼쩡거리고, 기웃거리고, 서성이는 것은 정치적인 것과 떨어져 있을

까? 혹은 작품을 만들고, 게임하고, 풀을 보고, 신조어를 만드는 일은 어떠한가? 솔방울커먼즈는 연구자, 예술가, 활동가 등으로 정체화하는 커머너들의 열린 모임으로, 특정 공간(서울시 종로구 송현동)을 중심으로 활동한다. 솔방울커먼즈는 경의선공유지의 실천과 정치 문제를 변형·해체해 다른 곳에 적용한다. 우발적인 만남과 사건 속에서 잡다한 공상과 수다, 다양한 방식의 공작(工作)을 통해 공간의 정당성에 대해 묻고 답한다. 일상 속에서 예술과 언어, 혹은 그것들과 여러 물질들의 다발로서 송현동이라는 공간의 도시계획에 참여한다.

솔방울커먼즈는 경의선공유지 운동에 직접 참여하거나 주변부에서 이 운동을 관찰하던 사람들로 이루어져 있으며, 경의선공유지와 금융커먼즈를 만들어나가는 우주살림협동조합 빈고[59]로부터 강한 영향을 받았다. 커먼즈를 사유하고 실천하는 한 가지 사례인 솔방울커먼즈를 일상생활의 정치행위자로 규정할 수 있다. 솔방울커먼즈는 언어와 예술이라는 상징을 통해 송현동 대한항공 소유지에 대한 새로운 방식의 '도시계획'을 인정받기 위해 활동하면서도 탈계획을 추구한다. 솔방울커먼즈가 문제화하는 것은 도시 공간의 매입과 공적 활용 과정에서 일어나는 투기와 반생태성, 그리고 그 결과로 나타나는 배제와 소외이나. 이를 위해 솔방울커먼즈는 상징적 스쾃팅 방식을 사용한다. 해체와 재구성을 반복하는 커먼즈 운동의 생태 속에서 솔방울커먼즈는 하나의 연결점으로서 서로 다른 이질적인 것들의 일시적 접합에 기여하고 있다. 그러나 솔방울커먼즈는 구체성을 의심받고 있으며, 밖과의 소통 및 인정 문제를 해결해나가야 하는 한계도 있다. 이 글 이후에도 솔방울커

먼즈는 계속되는 커머닝 속에서 변화할 것이며, 실행하는 자, 분석하는
자, 기록하는 자 또한 뒤섞여 있을 것이다.

모이고 흩어지고, 다시 모이는 커머너

솔방울커먼즈가 왜 송현동을 중심으로 활동하게 되었으며, 무엇을 문
제화하는지는 다음 절에 설명한다. 여기서는 먼저 세 명의 솔방울러가
어떻게 경의선공유지와 연결되었고, 솔방울커먼즈로 다시 만나게 되
었는지 살펴본다.

솔방울러이자 경의선공유지에서 활동한 상덕은 콜트·콜텍 해고 노
동자들이 농성하던 기타 공장을 함께 점거하며 전시를 한 작가이다. 그
이후에는 부산에서 작업을 이어오다가 작업실을 만들 생각으로 경의
선공유지를 찾았다. 경의선공유지에서 만든 많은 것들이 그의 손과 연
장을 탔고, 솔방울커먼즈가 하루 동안의 만남을 위해 경의선공유지 뒤
편에 설치했던 티피(tepee; 아메리카원주민 텐트)도 그가 구상하고 현실화
한 많은 것들 가운데 하나였다. 그는 누군가가 전달한 링크를 타고 들
어간 솔방울커먼즈의 페이스북에서, 솔방울이 방울방울 공중에 떠 있
는 이미지 작업이 마음에 들어 솔방울러가 되었다.

또 다른 솔방울러 초는 게스츠하우스(guests' house) 빈집[60]에 장기 투
숙하면서 공유지로서 빈집을 만들어나가는 한 명의 주인이었다. 그 과
정에서 다른 투숙자들과 살림살이를 공유했고 공유지가 무엇인지 피

부로 느껴왔다. 빈집이 해방촌 밖으로 이사하면서(혹은 내몰리면서) 해방촌에 근거지를 찾을 수 없었던 초와 친구들(해방촌사람들)은 경의선공유지 공간을 이용하기로 했었다. 그러나 본래의 활동지와 거리가 꽤 있어서 자주 모이지 못했다. 이마저도 경의선 공간을 이용하지 못하게 되면서 해방촌사람들은 갈 곳을 잃은 상태이다. 그는 솔방울커먼즈를 모집한다는 단체 SNS방 모집 글을 통해 솔방울커먼즈를 알게 되었고, 송현동이 직장 근처에 있어 자주 활동할 수 있을 것 같아 오게 되었다.

새롬은 커먼즈를 연구하는 연구자로서 연구 현장으로 경의선공유지를 접했다. 그는 신문 기사를 보고 경의선공유지를 알게 되었다. 26번째 자치구의 구청장 선거를 할 때 본격적으로 경의선공유지에서 활동을 시작했으며 경의선공유지의 팟캐스트 〈커먼커먼커먼즈〉를 진행해왔다. 그는 이전에 생각했던 국가의 도덕률인 '국가는 시민의 편이다'라는 명제가 깨질 수 있음을 경의선공유지에서 확인했다. 커먼즈 연구를 지속해온 새롬은 동료 연구자인 제계(김지혜)가 솔방울커먼즈를 만드니 함께하자는 제안에 응해 솔방울러가 되었다.

이 셋은 서로 다른 방식으로 경의선공유지에 모였으며, 각기 다른 방식으로 경의선공유지를 만들어나갔다. 그러나가 우연한 계기로 다시 솔방울커먼즈에서 만났다. 새롬은 경의선공유지가 솔방울커먼즈에게 미친 영향을 어떻게 보는지 묻는 질문에 다음과 같이 대답했다.

그런데 솔방울커먼즈가 경의선공유지의 너머라든가, 경의선공유지의 다음이라든가는 될 수 없다고 생각해. 우리가 배라고 생각해봐. 너무 많은 섬을 표류했는데 한 섬과 다른 섬만을 연결시킬 수는 없잖아. …… 일단 사람들을 거기(경의선공유지)서 만났지. 그건 정말 컸어. 뭔가를 같이하고 싶은 사람들이 있다는 걸 봤잖아. 그 사람들을 만날 수 있는 공간, 커머너들이 대면하는 공간이 경의선공유지였던 거야. …… 경의선공유지를 통해서 공유지에 대한 사람들의 생각이 다 다르다는 걸 알게 되었어. 공동으로 무언가를 만드는 어떤 공간에 대한 상이, 아니 상은 없을 수도 있어. 상은 없지만 공간에 대한 가치 같은 건 있지. 그게 다를 수밖에 없고, 사람마다. 계속 조정해야 하는 문제였던 거야. 그러면서 그게 힘들기도 했지만 다른 한편으로는 커먼즈를 이야기할 때 가능성이 되게 커졌던 것 같아. 언제든 (커먼즈에 대해) 자유롭게 이야기할 수 있고, 우리는 자유롭게 말할 수 있다. 말할 수 있는 권리 같은 것……(새롬, 계계와의 인터뷰, 2020년 6월 9일).

그의 언술에는 모이고 흩어지는 커머너들의 일시적인 집합체로서 경의선공유지와 솔방울커먼즈가 있다. 이를 통해서 커먼즈 흐름의 연속과 단절의 반복을 확인할 수 있다. 경의선공유지의 시공간이 만들어냈던 특이성은 솔방울커먼즈에서 발견되지 않는다. 반면에 경의선공유지의 어떤 것들은 변형된 형태로 다시 결집하며, 새로운 이질적인 요소가 이와 결합한다. 주변부에 있던 것들이 중심부로 들어오고, 중심부의 것들이 주변부로 이동한다. 이러한 생성과 반복 현상을 커먼즈 아상블라주라고 부를 수도 있을 것이다.

'아상블라주'는 주로 이질적인 요소들의 역동적인 무리로 명명되며, 현상의 비결정성, 창발성, 생성, 과정성을 함축하는 것으로 설명된다

(McFarlane, 2011). 질 들뢰즈가 개념화한 아상블라주는 질, 사물, 관계의 집합이자 언어와 단어, 의미의 집합이다(Anderson·McFarlane, 2011). 이 집합적 관계는 동질한 것들의 모임이 아니라 공간, 사물, 인간 등 이질적인 것들이 한데 모아지면서 만들어지는 특이성의 일시적이고 불연속적인 다발이라고 할 수 있다. 그러나 동시에 이것들은 무작위적인 것이 아니라 잠재적인 것 속에서 정향되어 있다(Wise, 2013). 어떤 의미에서 커머너는 궤적의 힘을 따라 경의선공유지에 결집되고 솔방울커먼즈를 지나친다. 구조화된 도시의 힘과 개인의 문제의식이 바로 이 궤적을 만들어낸다. 그래서 커먼즈 아상블라주는 커머너와 장소, 사물이 결집하고 해산하며, 또 다시 결집하는 현상을 표현하는 개념이다. 수많은 것들과 함께 솔방울커먼즈와 경의선공유지는 커먼즈 아상블라주를 형성한다.

문제화되는 공간으로서 송현동

2019년 모월 모일, 서울시 종로구 송현동 담벼락을 걸으며 희신은 제제에게 이 땅의 현황을 말해주었다. 희진은 이 땅을 보며 느끼는 이상하고 부당한 감정을 토로했다. 그것은 근 20년째 거의 아무 드나듦 없이 광화문 일대 한복판의 1만 1,000평을 종획(enclosure)한 대기업들의 이야기였다. 종로구청에서는 이 땅을 공원화하려 한다는 말도 덧붙였다. 희진과 제제는 도시계획과 환경계획, 커먼즈를 연구하는 연구자였으므로, 이 공간을 커먼즈로 구상하는 것이 가능한지 즉각 실험해보기로 했다(2019년 7월 6일 현장 기록).

송현동은 경복궁 남동쪽에 위치한 동십자각에서 길을 건너면 바로 보이는 돌담부터 덕성여자중학교까지의 일대를 일컫는 법정동이다. 현재 송현동 땅은 법인을 포함해 오직 네 소유주가 소유하고 있다. 그 중 한 소유주가 송현동 땅의 약 80% 가량을 소유하고 있는데, 바로 대한항공이다.

송현동은 조선시대 때 등장한 지명으로, 사간동과 소격동, 안국동으로 둘러싸여 있다. 소나무 언덕이어서 송현(松峴)이라는 이름을 얻었다. 조선시대에는 경복궁 바로 옆 세도가의 땅이었을 것으로 짐작한다. 실제로 송현동에 조선 후기 한일병합을 주도한 윤덕영의 동생이자 순종비의 아버지인 윤택영의 집이 있었다. 윤택영은 방탕한 생활로 생활고에 시달렸다. 결국 식산은행에 송현동 땅을 팔았고, 식산은행은 이 부지에 근대식 사택을 세웠다(〈동아일보〉, 1924년 6월 29일, [그림 1]). 식산은행은 알려져 있다시피 동양척식주식회사와 더불어 식민지 조선의 개발과 수탈을 위해 설립되었으며 산미증식계획을 주도했다.

해방 이후에는 미국 정부의 소유가 되었다. 소유주 변경은 1948년 9월에 발효된 '대한민국 정부 및 미국 정부 간의 재정 및 재산에 관한 최초 협정'에 따라 이루어졌다. 이 협정의 보충에는 "미국의 요구에 응해 미국이 관심을 가지는 재한국 재산의 소유권을 양도할 것"이라고 명시되어 있다. 이에 따라 지정된 송현동 49의 1 전부와 사간동의 일부가 미국의 소유지가 되었다. 송현동 부지는 1990년대까지 미대사관의 직원

[그림 1] 송현동 식산은행마을(식은촌) 관련 기사(〈동아일보〉 1924년 6월 29일). 윤택영의 가산이었던 송현동 부지를 식산은행이 매입해 개발한 과정을 서술하고 있다(서울역사아카이브).

숙소로 쓰였다. 1995년도에는 미국 측의 고도 제한 해지 요청으로 논란이 되기도 했으나 무산되었다.

시민사회의 큰 논란거리로 떠오른 것은 이미 소유주가 미국에서 삼성생명으로, 다시 대한항공으로 바뀌고 난 뒤였다. 삼성생명은 1997년 미국으로부터 1,400억 원에 이 땅을 매입해 현대미술관 건립을 구상했으나(〈매일경제〉, 1997년 11월 10일) 무산되자 10년 만에 매각 절차를 밟았다. 그 결과 2008년 대한항공이 송현동 부지를 2,900억 원에 매입했다. 문제는 대한항공이 이 땅에 고층 호텔을 짓겠다는 계획을 발표하면서 시작되었다. 서울 중부교육청이 학교 주변 호텔 건립을 반대하는 행정소송을 제기했고, 2012년 대한항공이 최종 패소했다. 계획은 무산되는 듯싶었다. 그러나 대한항공은 지속적으로 규제 완화를 시도했고, 박근혜 정부도 이에 동조하는 움직임을 보였다. 그러나 학교가 바로 옆에 있다는 점, 경복궁 등의 문화재 주변지로서 역사문화적인 가치가 있다는 점, 대기업의 부동산 개발에 대한 규제 완화 정책에 문제가 있다는 점 등을 이유로 문화연대, 걷고싶은도시만들기시민연대, 경제정의실천시민연합 등의 시민사회가 나서 반대하기 시작했다. 이들은 송현동의 역사와 가치를 새롭게 바라보며, 호텔 건립 대신 공원화를 주장하기도 했다(홍성태 편, 2014).

이러한 저항 움직임과 더불어 같은 시기에 대한항공 부사장의 부조리가 드러나면서 여론이 악화되자 규제 완화 계획은 무산되었다. 결국 송현동의 대부분 공간은 현재까지도 나대지로 남아 있다. 요컨대 송현동 땅은 미국 소유 시기부터 삼성생명, 대한항공 소유 시기까지 고도제한 규제를 해제해 개발하려는 소유주들에 대항해 이를 저지하는 제도, 사람, 조직 들의 끊임없는 움직임 덕분에 비어 있다. 이 땅이 변화하지 않는 땅으로 지켜질 수 있었던 까닭은 역설적이지만 역동적인 쟁투 과정이 있었기 때문이다.

결국 송현동 역사에서 제도와 사람과 조직, 그들이 동원한 물적 자원의 연합이 이미 사적 소유지 개발 계획에 부정(negation)의 방식으로 참여하고 있음을 확인할 수 있다. 우리는 여기에서 도시 커먼즈의 잠재성을 확인한다. 그 이유는 첫째, 송현동 사례가 땅이 단지 소유주의 것이 아니라 문화와 역사 속에서 생산된 것이라는 자각을 일으키기 때문이다. 이 공간의 가치는 소유주가 만들어 낸 것이 아니다. 지정학적 위상

학과 사람, 사물의 흐름 속에서 공간은 끊임없이 재생산된다. 둘째, 토지 개발의 정당성이 이미 제도, 조직, 담론, 사람 등의 연합에 의해 결정되고 있음을 보여주고 있기 때문이다. 어떤 개별체의 '사적' 개발은 도시 공간을 변형시키고, 이와 연결된 삶의 형태를 바꿀 수 있다. 그렇기 때문에 공동의 것에 대한 저항과 쟁투가 벌어진다. 사와 공의 공간은 분리되어 있는 것이 아니라 중첩되어 있어서 이때 일상은 정치와 분리되지 않는다. 이처럼 커먼즈 정치는 일상생활을 유지하고 번영하기 위한 공동물(땅, 물, 대기, 바람, 숲, 지식, 도시 등)을 드러내면서, 이것들을 활용할 수 있는 자격의 경계에 관한 정치라고 할 수 있다. '누가 이 공간(커먼즈)을 만들어낼 자격이 있는가?'나 '누가 이 공간(커먼즈)을 말할 수 있는가?'라는 질문 없이 커먼즈의 정치는 시작되지 않는다.

커먼즈 정치에서 송현동을 바라보자면, 공공의 영역을 넓히고자 하는 커먼즈 연합은 부분적인 성취를 일구어냈다. 2020년 현재, 공적 매수를 통한 송현동 공원화는 서울시가 토지 용도를 문화공원으로 변경한다고 공시한 만큼 가장 유력한 계획으로 꼽히고 있다(서울특별시공고 제2020-1675호). 그러나 이 성취는 부분적인 실패가 배태되어 있다. 대한항공과 시민사회의 논쟁 과정에서 시민사회가 제시한 송현동 공원화 주장은 서울시 지방정부와 종로구 지차체의 논리로 흡수되어 '숲문화공원'이라는 이름으로 전유되고 있다. 공원화 계획 안에는 박물관, 구청 이전, 주차장, 문화시설, 소나무숲 등의 구상과 개발 욕망이 뒤섞여 있다. 하지만 이것들은 숲문화공원의 '시민 품으로' 돌아간다는 명분에 가려져 있다. 2019년 10월 평일 낮 2시에 개최된 종로구 주최 '송현 숲문화공원 조성 100인 시민 토론회'의 이름이 "36,642m² 시민 품으로"였다는 점은 어떻게 시민이 지자체에 의해 호명되는지를 보여준다. 이러한 정부 주도 계획에서 나타나는 송현동의 '녹색 개발'은 녹지를 조성한다는 명분으로 주변부의 젠트리피케이션을 가속화하거나 새로운 건설 사업을 용인하는 기제로 활용될 수 있다. 정부의 숲문화공원 계획은 이러한 가능성을 검토할 시간을 생략해버리며, 더 많은 사람들이 다양한 의견을 제시할 가능성을 제거한다. 결국, 앞서 벌어진 쟁투 과정은 행정 주도의 하향식 계획에 차용된 사례로 종결될 위태로움을 안고 있다.

경의선공유지가 국공유지에서 펼쳐낸 커먼즈 정치의 무대라면, 생태와 도시의 문제가 집약된 상징적인 공간이자 담장으로 종획되어 있는 구체적인 공간인 송현동은 솔방울러들의 연행(performance)을 위한 무대로 채택되었다.

상징적 스콰과 일상생활의 정치

솔방울커먼즈는 공식적으로 2019년 7월 20일에 첫 모임을 시작했다. 첫 모임을 시작하기에 앞서 희진과 제계는 솔방울커먼즈 SNS 계정을 만들고, 커먼즈 운동을 하고 있거나 관련한 연구자들에게 활동의 개시를 알렸다. 솔방울커먼즈는 이때까지만 해도 커먼즈를 이용한 새로운 환경·도시계획에 관한 막연한 기대감을 주로 갖고 있었다. 이들이 커머닝 활동에 관해 구체적인 자문을 구한 이가 10여 년간 커먼즈 운동을 펼쳐온 빈고의 책임활동가 지음이었다. 그는 솔방울커먼즈가 구체적인 조직이 되어야 할 필요성을 알려주었다.

이때부터 솔방울커먼즈는 새로운 솔방울러를 모집하기 시작했고, 첫 모임에 희진, 제제, 새롬, 세일, 살구, 지음이 참석했다. 첫 모임에서 송현동 등기부등본을 떼어보며 송현동의 땅문서 주인을 찾아보는 시간을 가졌다. 이후 초, 상덕, 헤즈, 미어캣, 아님, 늑대, 하정, 한돌, 웅기 등이 이러저러한 인연으로 솔방울러가 되었다. 이들 외에도 많은 사람들이 솔방울커먼즈의 활동을 지원하고 있다. 대표적으로 경의선공유지의 김상철은 환경운동연합과 녹색당 활동가를 연결해주어 함께 토론회를 기획하기도 했다. 이들은 솔방울커먼즈의 중심부에 위치해 있는 것은 아니지만 완전히 그 외부에 있다고 할 수도 없다. 솔방울커먼즈는 애초에 무경계 지대를 상상했으며, 공동의 것을 추적하고 생산하고 유지하려는 모든 이들을 솔방울러로 정의할 수 있기 때문이다.

솔방울러들은 우연한 만남 속에서 스스로를 계속 정체화했고, 무엇을 하는지 물었다. 그중 하나는 '송현담장 "깎아[까ː까]먹기"'라는 제목이 모임이었다(2019년 9월 1일). 송현동 땅에는 미국 대사관 사택이 있던 때부터 세워져 있던 약 4m 높이의 돌담이 있다. 이 담은 우리의 몸을 송현동 땅으로부터 분리시킨다. 솔방울러들의 이야기 중심에는 언제나 돌담이 있었다. 만날 때마다 돌담 너머에 무엇이 있는지, 그 안에 어떤 식물이 있는지 궁금해 했다. '송현담장 "깎아[까ː까]먹기"'에는 솔방울커먼즈와 전혀 상관없는 연구 모임에서 희진과 제제가 조우한 예술가가 등장한다. 생물학과 예술의 연결을 탐색해온 예술가이자 연구자인 그는 우연한 계기로 솔방울커먼즈 이야기를 듣고 솔방울러와 함께 송현동 돌담 주변의 식물을 이용한 표본을 만들었다. 표본 만들기는 과학적 행위이자 예술적 행위이며, 담장 너머의 삶을 유추해보는 활동이었다. 그는 수십 년간 인간의 손을 타지 않고 방치된 담장 너머의 생태를 낭만적인 시선으로 바라보는 것을 경계하기도 했다.

솔방울커먼즈는 특정 공간에 대해 묻고 답하며, 공간 주변을 기웃거리며 내부를 상상하고 물화한다. '상징적 스콰팅'으로 정의할 수 있다. 스콰팅은 현재 예술의 한 형태로서 인정받고 있는데, 사용되지 않는 공간을 예술 공간으로 재전유하는 활동을 일컫는다. 1980년대부터 시작된 이 예술 형태는 예술의 제도화된 공간을 벗어나 삶과 예술을 분리하지 않는 시도로 시작되었다(김강·김동일, 2015). 그러나 솔방울커먼즈의 무대인 송현동은 스콰팅을 하기에는 넘어야 할 물리적·심리적·제도적 돌담의 높이가 너무 높았다. 그래서 직접적인 스콰팅 대신 공간을 사유해 이를 점유하는 '상징의 방식'을 택했다. 스콰팅은 커먼즈에 대해서 누구나 문제를 제기하고, 떠들고, 활동하고, (이미) 커먼즈를 생산하는 자신을 발견하는 작업이라 할 수 있다.[61]

송현동 담벼락에 땅 투기 광고를 패러디한 전단을 전시하는 것도 이러한 상징적 스콰팅에 포함된다([그림 2]). 전단을 만들겠다는 생각도 솔방울러 모임에서 우연하게 나왔다. 2019년 말부터 대한항공이 이 땅을 매각하겠다는 이야기가 본격적으로 가시화되었고, 서울시도 매입 의사를 밝혔다. 이에 따라 "싸라기 땅" 송현동 기사가 우후죽순처럼 나왔다. 이 기사들에서 땅값은 가장 큰 화두였다. 솔방울커먼즈는 공간이 투자 대상으로만 평가될 때 이 땅이 지닌 생태적·정치적 맥락이 소거됨을 발견했다. 동시에 시세를 명분 삼아 부동산 투기의 결과를 보상으로 기대하는 담론에 문제가 있음을 확인했다. 송현동 땅은 이미 개발이 무산되어 매입할 시장행위자가 없었다. 그런데도 마치 지가가 독립적으로 실존하는 것처럼 여겨지고, 지가 하락은 터부시되는 '부동산 불패' 신화가 이 속에 숨어 있었다. 솔방울러들은 이를 효과적으로 드러내는 방식을 고민하다가 지하철 광고판이나 길거리에 붙어 있는 땅 투기 광고물을 생각해냈다. 그리고 패러디물을 제작해 송현동 담장에 붙였다(2020년 3월 3일).

솔방울커먼즈에게 예술과 활동, 연구는 같은 존재의 다른 이름에 가깝다. 상덕은 예술과 솔방울커먼즈에 관해 물었을 때 이렇게 대답했다.

솔방울커먼즈가 하고 있는 행동들이 지금 시대의 예술이라고 생각하거든요. 예술이라는 게 사실은 영어로 아트(art)잖아요. 어원은 기술에서 온 것이고. …… 결국은 (예술이) 인간이 할 수 있는 활동 중에 가장 인간다우면서, 계속 생각하게 하는 활동인 것 같거든요. 예술이라는 게, 창작이라는 게. 그런데 그게 과거에는 예술가/비예술가로 구분을 했다면 점점 지금 시대에는 딱히 확실하게 구분하지 않는 지점이 있고. 요셉 보이스(Joseph Beuys)라는 사람이 그런 말을 했거든요. '모두가 예술가다'라는 말을. 그게 어떻게 보면 지금 시대의 예술이 지향하는 것이 아닌가. 그게 전부는 아니지만.

…… 솔방울커먼즈가 하는 활동들이 당연히 저는 예술이라고 생각하고,

솔방울하자	커머닝하자	솔방울하자	커머닝하자	솔방울하자	커머닝하자	솔방울하자	커머닝하자	솔방울하자	커머닝하자

[그림 2] 땅 투기 광고를 패러디한 솔방울커먼즈 전단(위). 과외 전단을 패러디해 만든 솔방울러 모집 광고(아래).

단적으로 예를 들자면 커먼즈라는 말이 있으니까 그걸 쓰면 되는데 거기에는 (현실과) 갭이 있어요. 확실히. 어떤 그, 목구멍에서 계속 뭔가 간질간질한 거예요. 커먼즈라고 말을 할 때 이거 말고, 계속 뭔가 잡아끄는 뭔가가 있어요. 이거를 다른 말로 설명할 수가 없어요. 그러니까 아예 어떤 이론의 틀이 아닌 다른 방식으로 사람들에게 설명할 수 있는 것, 혹은 보여줄 수 있는 것들을 상상하는 거죠. 그래서 "솔방울하다"라는 게, 어떻게 보면 저희가 그 네이밍을 만든 것 자체가 예술을 한 거라고 생각해요. 이 활동에 대한 정의 내리기를 예술적인 방식으로 풀어낸 거라고 생각하는 거죠. …… 예술이 당장 내 옆에 있는 누군가의 삶을 바꿀 순 없겠지만, 예술이 가진 힘은 사회를 지금보다 조금 더 나은 방향으로 가지고 가자는 하나의 방법이고, 이론도 저는 그런 측면이 있는 것 같거든요.

　…… 솔방울커먼즈는 이론을 연구하고, 그런데 그게 동시에 예술이기도 한 것이고, 되게 구체적인 활동인 지점도 있는 거고. (그래서) 여기까지는 연구고, 여기까지는 예술이고, 여기까지는 활동이라고 구분할 수 있을까, 싶은 거죠. 그 구분을 굳이 할 필요가 있을까? 구분하지 않는 방식으로 설명을 하고 그런 방식으로 체계를 만들어야 하는 것은 아닐까? 솔방울커먼즈 안에 되게 여러 개의 얼굴이 있는 거죠(상덕, 세셰와의 인터뷰, 2020년 6월 29일).

상덕이 묘사하는 솔방울커먼즈의 뒤섞임은 경의선공유지와 분산되는 지점이기도 하다. 경의선공유지는 분명 예술, 연구, 운동과 생계 활동이 한데 모이는 공간이었다. 그러나 단단한 땅 위에 있는 경의선공유지에서 드러난 공존이 경계가 분화된 방식이었다면, 솔방울커먼즈는 상징 작업 속에서 각종의 영역들이 미분화된 하나의 덩어리로 나타난다. 헤즈는 경의선공유지가 시도하는 예술의 공간에 들어갔다. 영상 작업을 하는 예술가이자 식물을 기르는 그는 경의선공유지에서 '닌자농법'이라는 게릴라가드닝 활동을 했다. 헤즈는 경의선공유지에서 어떤 작업을 했는지 다음과 같이 밝힌다.

> 일단 제가 땅을 갖고 싶어 했거든요. 꽃을 심을 땅이 필요했고, 땅이 있다고 (다른 예술가가) 저를 꼬셔서 데리고 오셨어요(웃음). 어떤 땅인지 정확한 설명을 듣고 온 건 아니었고 가보니 펜스가 있는 땅에 뭔가 해볼 수 있다, 작가들이. 재밌겠다. 그런 생각이 들었던 것 같아요. 어쨌든 도시에서 내가 땅을 갖거나 집을 가질 수 있는 형편은 아니어서, 이 실험 자체가 되게 재밌었고, 저 펜스 안을 항상 궁금해 했거든요. 그런데 …… 어떤 흐름으로 뭘 원하는지 알 수가 없으니까. 활동에 주력하던 주인은 (내가) 아닌데, 주력하던 주요한 사람들이 있고 (저는) 외부에서 들어온 사람들이잖아요. 그랬을 때 내 맘대로 뭔가를 파헤쳐도 되는지에 대한 이런 게 확실하게 얘기가 없으면 어디까지 해야 할지 난감한 거죠(헤즈, 솔방울커먼즈 모임, 2020년 5월 9일).

솔방울커먼즈의 관점에는 정치와 예술, 연구의 영역이 미분화되어 있기 때문에 영역화를 추구하는 근대의 논리와 대치된다. 이러한 미분화는 한편으로 솔방울커먼즈를 모호하고 일관된 지향점이 없는 것처럼 보이게 만든다. 그러나 동시에 자유로운 사고와 표현이 가능해지는 지점이기도 하다.

솔방울커먼즈와 경의선공유지의 공통점과 차이점은 커먼즈 아상블라주에서 나타나는 연쇄와 단절을 보여준다. 무엇이 무엇의 우위에 있는 것이 아니라, 그때 그 시공간에서 창발하는 존재가 다르기 때문에 생기는 차이이다. 그럼에도 불구하고 제도와 예술, 학문의 언어가 분화되어 있는 현실적인 상황은 솔방울커먼즈를 인정과 소통의 문제로 이끈다. 어떤 기호로 솔방울커먼즈를 말할 것인가? 솔방울커먼즈는 어떤 기호로 소통하는가? 영역을 종횡하는 솔방울커먼즈는 번역의 과정을 지나칠 수밖에 없다.

점거할 수 없는 곳의 점거

이 글의 앞에 나온 '솔방울하다'라는 동사는 솔방울러들이 모여 노는 과정에서 나왔다. 우리가 하고 있는 활동을 하나의 개념으로 담을 수는 없을까? 이 질문에 누군가가 '솔방울하다'라는 개념을 만들자는 의견을 달았고, 그에 너나 할 것 없이 솔방울하다의 정의를 써내려갔다. 개념을 만들어내는 행위는 예술이자, 연구이자, 활동이고, 누구의 이름으로 소유되지 않는 커먼즈를 만들어내는 과정이다. 여기에서 솔방울커먼즈는 하나의 가능성을 발견한다. 도시 커먼즈를 만들어나가는 과정에서 나오는 활력은 종획된 도시를 생기 돋게 만드는 방법이 될 수 있다.

솔방울커먼즈는 종로구의 토론회에 참여하거나, 서울시의 용도 변경 고시에 의견서를 제출하거나, 기자회견에 참가하는 등 '시민 참여'라고 이미 정의 내려진 활동에도 참여한다. 그러나 그것은 오히려 솔방울커먼즈의 아주 사소한 표현이다. 솔방울커먼즈는 '계획하지 않는 계획'이라는 모순된 목표를 위해 점거할 수 없는 곳을 점거한다. 소유와 개발, 심지어 녹색의 이름으로 가려져 있는 것을 파헤쳐 의미 있는 관계, 생태의 연결망을 엮어낸다. 이는 경의선공유지의 관점에서 보지 못한 부분이자, 경의선공유지에 배태되어 있던 가능성이기도 하다.

3부
상상

10

대담

경의선공유지를 넘어서[62]

이승원 정리

이승원 이 대담의 주된 목적 중 하나는 연구자들이 바라보는 경의선공유지 운동의 다양한 의미를 종합하고, 이 운동이 만들어낸 사회적 효과와 운동의 방향을 구체적이고 분명하게 고민하는 것입니다. 또 다른 목적은 경의선공유지 운동의 역사적이고 정치경제적인 배경을 드러내 운동의 성격을 분석하는 것입니다. 나아가 경의선공유지 운동의 위치를 서울이라는 맥락에서 발생하고 있는 도시 커먼즈 운동의 새로운 출발점으로 배치하려는 의도를 가집니다.

이 대담의 주제에는 '경의선공유지 이후'라는 말이 담겨 있습니다. 왜 이후일까요? 현재 경의선공유지 운동에 커다란 변화가 있기 때문입니다. 본격적인 대담에 앞서, 경의선공유지 운동의 시작부터 지금까지 그 중심에 있었던 경의선공유지시민행동의 공동대표이자 문화도시연구소 소장인 정기황 선생님으로부터 '이후'의 배경을 전해 듣겠습니다.

경의선공유지 운동의 배경

정기황　경의선은 1905년에 당시 한성과 의주를 연결하기 위해 만들어진 철도입니다. 경의선은 1950년대까지 남북 간 물류 활동에 기여했지만, 한국전쟁을 거친 후 지금까지 남북관계 그 자체처럼 남북 간에는 차단되어왔습니다. 하지만 한반도 평화 프로세스가 진전되는 희망이 보일 때면 언제나 남북 재개통에 관한 논의가 수면 위로 떠올랐죠.

이 평화의 상징 차원과 별개로 경의선은 2000년대 초반 철도 지하화 사업의 대상이 되었고, 그 결과 원래 있던 지상부의 철도가 없어지고 공지로 바뀌었습니다. 이 공지의 사용 방안에 관한 논의가 경의선 시설의 관리 책임을 맡았던 한국철도시설공단 차원에서 진행되었습니다. 그 결과 연트럴파크라 불리는 공원으로, 일부 구간은 상업적 목적으로 개발되었습니다.

대체로 연트럴파크 하면 그냥 홍대 앞 혹은 신촌 근처 공원 정도로만 생각하지만, 지리적으로 용산에서 시작해서 마포를 관통하는 굉장히 길고 큰 공원입니다. 사실상 지하와 지상 철로를 합치면 서울의 절반 이상을 관통하는 철로입니다. 지하 철도 지상부의 60% 정도가 공원으로 변경되었고, 나머지 40%가 개발을 앞두고 있거나 이미 개발된 상태죠.

그런데 경의선공유지라 불리는 공덕역 인근은 2011년 한국철도시설공단이 계약을 통해 이랜드에게 개발 권한을 제공했지만, 그 후 10여 년 동안 공사가 착수조차 되지 않은 채로 방치되어 왔습니다. 2013 사회적 주체인 늘장협동조합이 방치된 땅을 활용할 수 있는 기회를 얻었지만, 2015년 말에 퇴거명령을 받습니다. 늘장이 나간 뒤 이 땅이 투기적 개발이 아닌 시민의 공간이 되도록 곧바로 경의선공유지시민행동(이하 시민행동)이 결성되어, 2016년부터 본격적으로 활동하기 시작했습니다.

철도 부지인 경의선공유지는 국유지입니다. 그런데 철도시설공단은 이 국유지를 대기업이 상업적으로 개발하도록 용인하고 있죠. 이러한 용인은 1987년 전두환 정권 때 서울역과 영등포역을 민간이 개발할 수 있게끔 만든 법제도를 따르고 있습니다. 당시에도 대기업 특혜와 불법 문제가 빈번했었다고 볼 수 있습니다. 여전히 국유재산법은 민간에게 개발 권한을 넘겨주는 것뿐만 아니라, 상업적 개발이 가능하도록 허용하고 있습니다.

시민행동은 바로 이런 대기업의 특혜성 상업적 개발을 막고, 경의선공유지뿐 아니라 국유지나 공유지가 원래의 공적 가치대로 사용되도록 하는 데 관심을 가지고 있습니다. 시민행동은 2016년부터 2020년 4월, 즉 시민행동이 중앙정부에 의해 퇴거명령을 받을 때까지 경의선공유지를 점유하고 공유지 운동을 펼쳐왔습니다. 이 퇴거명령을 시민행동이 받아들일 수밖에 없었던 까닭은, 중앙정부가 무려 36억 원의 피해보상을 담은 소를 시민행동과 경의선공유지에서 함께한 시민 개개인에게 제기했기 때문입니다. 결국 우리는 물러났고, 그 결과 현재 경의선공유지는 공사장 펜스만 친 텅 빈 공간으로 방치되었습니다.

펜스는 시민행동과 활동하던 시민들이 경의선공유지에서 철수한 바로 다음 날 설치되었죠. 그렇게 빠른 행정 처리에 놀라울 따름이었습니다. 철수한 4월부터 이 대담을 하고 있는 6월 중순까지 약 두 달간 이 방치된 땅에서는 아무런 일도 일어나지 않았습니다. 시민행동을 내쫓으려는 것 외에 어떤 다른 공적 목적도 계획도 없었다는 사실을 말해줍니다. 공덕역 건너편 철도 부지가 호텔로 이미 개발되었고, 홍대역 인근 철도 부지도 애경에서 쇼핑몰로 개발했습니다. 이 경우를 비춰보면, 아마도 이 땅은 이랜드에서 호텔이나 쇼핑몰 같은 것으로 개발할 듯합니다.

이승원　경의선공유지 운동은 대단히 민감했습니다. 무엇보다 그리 넓지 않은 땅이지만 서울 한복판에서 일어난 점거 운동이었기 때문일 것입니다. 그리고 이 운동은 "잘살아보세"라는 국민 구호에 담긴 대한민국 개발주의 환상에 도전하고 있죠. "잘살아보세"는 개인의 삶의 질과 자유로운 행복을 담진 못합니다. 박정희 개발주의 시대를 이끈 이 구호에는 남북 분단과 적대적 대치 상황에서 반공주의와 국가안보주의라는 전체주의적 맥락이 담겨 있기 때문입니다. 이 구호는 적을 이기기 위한 구호였고, 개인의 자유보다는 집단적 동원을 통한 양적 성장이 국가적 목표였습니다.

그런데 경의선공유지 운동은 이 전체주의적 개발주의와 이에 대한 개개인의 무의식적이고 맹목적인 환상을 불편하게 만들어왔습니다. 조금 더 천천히, 부족하지만 나누면서 즐겁게 사는 방식을 시민들이 이 땅에서 자유롭게 만들어온 것이죠. 목표를 위해 어떤 위계적 질서가 정당화되거나, 규칙이 시민의 자발성과 자유에 우선하지 않았습니다. 뿐만 아니라 "잘살아보세"의 내면에 자리 잡고 있는 사유재산에 대한 거대한 욕망 또한 중요하게 여기지 않았습니다. 더 빠르고 더 많은 개발이익도, 함께 만든 것에 대한 누군가의 소유권 주장도 없었던 이 경의선공유지에서의 경험은 누군가에게는 자본주의를 건드리고 북한을 이롭게 하는 '빨갱이'처럼 보였을지도 모릅니다.

경의선공유지는 나에게
언제 어떻게 말을 걸었나

이승원 이 대담의 수제는 '경의선공유지를 넘어서 우리는 무엇을 사고 하고 무엇을 함께할 수 있는가'입니다. 이 주제와 관련한 첫 번째 질문은 '연구자에게 경의선공유지란 무엇인가?', '경의선공유지는 연구자 각자에게 언제, 어떻게 말을 걸었는가?'입니다. 연구자 여러분은 각자 무슨 사연으로 경의선공유지를 만났고, 이 만남이 여러분에게 어떤 변화를 주었는지에 관한 이야기를 나누고자 합니다.

김지혜　일단 공유지나 커먼즈라는 개념을 학술적으로 먼저 접했습니다. 저는 생태를 고민하는 연구자로서 어떻게 많은 존재들이 함께 재미있게 살아갈 것인가에 관해 고민해왔습니다. 이 고민 속에서 공동이 '서로를 착취하거나 배제하거나 소외시키지 않으면서 같이 무언가를 할 수 있다. 이것이 생태계 차원에서도 긍정적일 수 있다'는 맥락에서 커먼즈를 접했고 연구해왔습니다.

그러다 경의선공유지에서 활동하는 사람들을 알게 되었습니다. 특히 동료인 안새롬 선생님이 경의선공유지에서 참여관찰을 본격적으로 해보겠다 해서 더 관심 있게 바라보았습니다. 안 선생님에게 경의선공유지 이야기를 들으면서 점점 '아, 생태 문제는 단순하게 생각할 자연의 문제가 아니라, 쟁투 속에서 일어나는 역동적인 정치구나'라는 것을 깨닫고 경의선공유지에 더 관심을 가졌습니다. 비록 경의선공유지에 참여한 많은 분들이 이것이 생태의 문제라고 생각하지 않으실지라도, 저는 이 문제가 삶의 연결과 분리를 다루는 생태 문제라고 생각하고 있습니다.

사실 이렇게 이야기만 듣다가 경의선공유지에 처음 갔을 때 살짝 당황했습니다. 주변에서 굉장히 '좋은 곳'이라는 이야기를 많이 듣고 갔는데, '어, 내가 있을 자리가 어디지?'라는 고민이 좀 들었습니다. '여기에서 뭘 해야 하지?'라는 생각이 들면서 '도대체 여기는 뭐 하는 곳이지?'라는 고민에 빠져들었죠. 그러다가 여기에 서서히 물든 것 같습니다. '우리가 좀 더 자유롭게 살 수 있구나, 우리가 자율적으로 살 수 있구나'라는 힘을 얻었습니다. '정치적인 활동에 더 적극적으로 개입해야 되겠다'라는 생각도 들어서, 그 참에 솔방울커먼즈도 만들었습니다.

최희진　김지혜 님께서 말씀하신 것처럼 저도 똑같이 자연스럽게 물들고 있습니다. 사실 김지혜 님과 조금 다른 점은 있었습니다. 김지혜 님은 커먼즈 개념과 연구로부터 시작했고, 그러면서 경의선공유지를 쟁투의 장으로까지 여겼다고 했습니다. 하지만 저는 처음에는 이곳을 업무 공간, 업무의 연장선상으로 생각했습니다. 제가 일하는 아시아도시사회센터에서는 세미나나 콜로키움과 같은 여러 가지 학술 행사를 많이 합니다. 보통 이런 행사는 학교 공간이나 세미나실에서 하는데, 어느 날 센터장께서 경의선공유지 마당에서 해보는 게 어떻겠냐고 하셨어요. 그래서 저는 처음에는 일하러, 그러니까 학술 행사를 열러 갔습니다.

　처음에 경의선공유지에 있는 '기린캐슬'이라는 공간을 마주했습니다. 지금은 없어졌지만 몽골의 게르처럼 생긴 공간인데, 그곳에서 저희가 수많은 학술 행사를 열었습니다. 커먼즈에 관해서는 물론이고 도시에서 우리가 어떻게 정치를 하면서 살아갈 수 있을까를 이야기했습니다. 경의선공유지 활동가들이 여기서 이 추운 겨울을 어떻게 날 수 있을까를 함께 고민하는 자리도 만든 적이 있습니다. 그러면서 이 공간에 대해 호기심이 생겼고, '이런 공간에서도 우리가 공부하면서 고민할 수가 있구나', '좀 더 뭔가 창의적인 생각을 만들어낼 수 있구나'라고 깨달았습니다. 녹색당과 함께한 '맨땅에 초로록' 행사를 하면서는 '경의선공유지가 놀이 공간이면서 학습 공간이구나'라고 생각했습니다. (정기황 선생님이 지으신) 기린캐슬이 게르 같았던 것도 신선했습니다.

박배균 　저는 경의선공유지와 조우하게 된 여러 가지 계기가 있습니다. 첫째는 제가 도시 연구자라는 정체성이고, 둘째는 제가 민교협(민주평등사회를위한전국교수연구자협의회)에서 활동하는 학술 운동, 교수·연구자 운동의 실천가라는 정체성입니다.

사실 제가 경의선을 처음 만난 것은 더 오래전입니다. 2016년 8월, 지금으로부터 4년 전입니다. 경의선공유지를 늘장이 운영하다 시민행동으로 넘어온 무렵입니다. 시민행동이 막 출범한 때죠. 26번째 자치구 선언 전이었던 것 같습니다.

당시 한국사회에서 가장 큰 화두 가운데 하나가 젠트리피케이션이었습니다. 한창 문제가 터져 나왔고, 뉴스에도 나오기 시작했습니다. 학자들은 젠트리피케이션을 이미 개념적으로 잘 사용하고 있었지만, 언론은 어떻게 번역해야 일반 시민이 쉽게 이해할 수 있을까 고민하고 있었죠. 이때 젠트리피케이션의 문제를 경험하고 있던 이태원의 테이크아웃드로잉이 경의선공유지보다 먼저 이슈화되었습니다. 제가 속한 아시아도시사회센터가 연구 차원에서 테이크아웃드로잉이 있는 이태원을 몇 차례 방문했고 행사도 함께했습니다. 테이크아웃드로잉 이슈에 직접 관여하면서 젠트리피케이션이라는 자본주의 도시 공간의 문제를 다시 한 번 몸으로 깨달았고, 이를 계기로 저희 센터에서 도시 커먼즈에 관한 세미나를 시작했습니다. 3회에 걸친 세미나를 두 번은 학교에서, 마지막 한 번은 당시 커먼즈 운동을 시작한 경의선공유지에서 했습니다. 이때 이원재 선생님께서 환영해주시면서 경의선공유지와 첫 만남이 이뤄졌습니다. 투기적 도시화가 굉장히 심한 자본주의 도시 서울에서 젠트리피케이션과 같은 비극이 터져 나오면서 제가 경의선공유지를 만난 것입니다.

경의선공유지에 갔을 때의 처음 느낌은 게르 같은 것이 있는 넓은 공간, 아파트 숲속 숨구멍 같은 공간, 콘크리트 건물이 아니고 천막, 그림, 여러 가지 예술 작품으로 채워진 구조물들이 있는 공간이었습니다. 신선함 그 자체였죠. 두 번째 갔을 때는 마침 26번째 자치구 선언을 하고 자치구청장 선거를 하고 있어서 인상적이었습니다. '이 사람들 참 귀엽고 발랄하게 논다'는 생각이 들었습니다. '국가에서 인정하든 말든 우리는 여기서 26번째 자치구를 만들 거야'라며 도발적으로 자기 정체성을 만들어가는 모습을 보면서 엄청난 해방감을 느꼈습니다. 또한 아현포차나 이희성 선생님처럼 생존의 몸부림 속에서 쫓겨난 사람들이 들어와 있음을 알게 되었습니다. 쫓겨난 사람들의 비극, 젊은 행동가들의 생동감, 발랄한 축제 분위기, 여러 가지 도발적인 시도, 이런 것들이 결합되면서 엄청난 해방감을 만들어내고 있었습니다. 비판적인 도시 연구자가 자본주의 도시에서 느끼는 것은 암울함과 비참함, 그리고 구조적 모순입니다. 그런데 경의선공유지에서는 가슴 벅찬 도시의 생동감을 느낄 수 있었습니다.

저는 또 민교협 상임 공동의장이자 학술 및 교수·연구자 운동의 실천가로서, 이런 도시의 비극과 해방의 현장에 동참할 수 있는 실천적 아카데미즘을 이 공간에서 어떻게 구현할 수 있을까 고민하면서 연구자의집을 임시로나마 결합해보자라는 생각까지 했습니다. 경의선공유지 이전에는 대학 캠퍼스, 진리의 상아탑이라고 하는 학문의 영역에서 현실과 약간 동떨어진 채 학술 연구를 통해서 저의 실존적인 것들을 고민하고 있었다면, 경의선공유지와의 만남은 깊은 산에서 세속의 세계로 내려온 계기가 되지 않았나 생각합니다. 저한테는 굉장히 소중한 공간입니다.

안새롬　저는 시민들의 공간을 생각하고 있었습니다. '시민들의 공간은 언제 어디에서 만들어질 수 있는가?'에 관해서요. 시민의 공간이 유휴 부지에서 만들어질 수 있다는 글이나 이야기를 접하기도 했습니다. 시민들이 만드는 텃밭이나, 시민들이 시도하는 이런저런 실험들이 유휴 부지에서 일어날 수 있다는 것이죠. 그런데 그 유휴 부지는 늘 반환되어야 했습니다. 시민들의 공간은 국가 계획이나 지자체의 설정된 계획들과 함께 리셋되곤 했습니다. 그 계획에 따라 시민들의 공간은 해체되었습니다. 거기에서 저는 조금씩 이상함을 느꼈습니다. 경의선공유지가 언제 저에게 말을 걸었는가 돌이켜본다면, 이 지점인 것 같습니다.

저는 환경교육 전공으로, 시민들이 역량을 가지고 무언가를 만들어가는 구조를 막연하게나마 생각하고 있었습니다. 그런데 '시민들의 공간이 늘 유휴 부지에서 단기간에, 임시로만 만들어질 수밖에 없다면?' 이런 의문을 가지게 된 것이죠.

처음 관심을 가진 공간은 노들섬이었습니다. 노들섬도 같은 수순을 밟은 것으로 알고 있습니다. '저 노들섬에서 가능성 있는 시민들의 공간이 만들어지지 않을까?' 기대하는 순간 시민들이 만들어낸 유무형의 공동의 것들은—이것을 공동의 부라고 표현할 수도 있을 텐데—

다른 공간으로 이동해야 하거나 없어지고 맙니다. 거기에 지자체, 서울시에서 기획했던 문화센터가 만들어지죠. 그 문화센터가 시민의 공간이 아니라고 말할 생각은 없습니다. 하지만 시민들이 그동안 축적해왔던 공동의 것들이 그렇게 사라져도 괜찮은 것인지, 시민들이 자율적으로 무언가를 함께 만들고 실험할 만한 공간은 늘 유휴 부지여야 하는지 등의 문제의식은 가능하다고 봅니다. 이때 눈에 띄었던 게 경의선공유지였습니다.

경의선공유지는 늘장협동조합이 임시로 빌려 만든 곳입니다. 계약기간이 끝났으니 나가라고 했습니다. 거기에 부당함을 느낀 사람들이 경의선공유지시민행동을 만들어 점거했고, 거기서부터 다시 시민들이 '우리만의 새로운 활동을 해보겠다'며 이런저런 실험적인 활동을 했습니다. 저는 경의선공유지가 시민의 공간을 만드는 상당히 흥미롭고 주목할 만한 사례라고 생각했습니다.

계속 기사나 글로만 접하다가 2018년 봄에 경의선공유지를 처음 방문했습니다. 마침 경의선공유지 26번째 자치구 구청장 선거를 하고 있었습니다. 여기 계신 정기황 선생님도 후보 중 한 명이었고, 아쉽게 떨어지셨죠. 저도 구청장 선거에 투표를 했습니다. 제게는 이들이 내세우는 '26번째 자치구'의 의미가 상당히 크게 다가왔습니다. 시민들의 공간은 서울의 25개 자치구 안에서는 만들어지기 힘듦을 암시하는 것 같았기 때문입니다. 또 국유지에서 시민들이 시민들의 공간을 외치고 있다는 점이 아이러니했습니다. '시민들의 공간을 만드는 것이 현재의 법체계 안에서는 어려울까?' '자치구라는 행정 영역 안에서는 불가능할까?' '국가는 무엇이고 법은 누굴 위해 있는 거지?' 이런 고민이 이어졌습니다. 그래서 저는 경의선공유지를 만들어가는 분들이랑 이야기를 나누면서 좀 더 머무르고 싶어서 회의에도 참여하고 여러 가지 고민을 나누면서 1년 정도를 지냈습니다.

정기황 다들 이렇게 멋있게 말씀해주셨는데, 저는 처음 시작할 때에는 아무 생각 없이, 그냥 직관적으로, 하지만 친구 따라 강남 갔다기보다는, 그 주변이 변하고 살던 사람들이 다 쫓겨나는 일을 막아야 하는데 그냥 이렇게 놔두면 안 되겠다는 생각으로 들어갔습니다. 경의선공유지 주변이 지금은 모습이 다 바뀌었지만, 그전까지는 다 단층 한옥이었습니다. 이것들이 다 아파트로 변했습니다.

기본적으로 초기 1세대쯤 되는 문화기획자 선배들의 부탁도 있었지만, 뭔가 하기는 해야겠다는 생각 속에서 시작했습니다. 당시 〈마션〉이라는 영화가 있었습니다. 처음 셋이서 〈마션〉처럼 경의선공유지를 점거하고 살아보자, 얼마나 살 수 있는지 한번 해보자 정도로 얘기했습니다. 그때는 빨리 끝날 줄 알았어요. '확 지르고 저들이 개발하지 못하게 빨리 끝내자'라고 생각하고 시작했는데 뜻대로 잘 되지 않더라고요.

지금 선생님들이 말씀하시는 것처럼 저는 커먼즈를 처음부터 알고 가지는 않았어요. 처음에는 어쨌든 공유지라고 불리니까 많이 알려진 개릿 하딘의 〈공유지의 비극〉을 읽었고, 이것만으로는 부족해서 앙리 르페브르의 《도시에 대한 권리》를 읽었습니다. 커먼즈는 가장 마지막 단계였습니다. 우리는 운동을 직관적으로 시작했기 때문에 개발주의 자들의 논리를 반박하거나 이길 수 있는 방법, 시민들이 사용할 수 있는 방법을 계속 찾아나갔습니다. 거의 만 4년 이상, 횟수로 하면 5년쯤 되는 건데, 이 기간에 지금 말씀드린 공부를 굉장히 열심히 했습니다. 경의선공유지 안에서 세미나도 하고, 서로 이야기도 하면서 방법을 찾았습니다. 그 결과가 지금의 커먼즈네트워크로 이어진 겁니다.

저한테는 의미가 굉장히 큽니다. 제가 건축 전공이고, 도시사(都市史)가 박사학위 논문입니다. 그런데 경의선공유지 덕분에 그동안 공부하면서도 실제 돌아가는 도시에 관해서는 별 관심이 없었다는 깨달음을 얻었습니다. 그리고 나를 채워줄 수 있는 일종의 내용물을 현장에서 습득할 수 있고, 연구자에게도 그리고 지금 당장 운동으로서도 굉장히 중요한 역할을 하고 있다는 생각이 들었습니다.

특히 중요하게 생각하는 것이, 자본주의 도시들이 기본적으로 그렇고 서울이 유독 심한, 도시 주변화에 관한 문제의식입니다. 중요한 가치를 개발을 이유로 변두리로 내몰고 있는 것이죠. 당장 공원을 더 만들려고 해도, 유동인구가 많아 상업적 개발이 필요하다는 이유로 도시 중심 공간에는 만들기를 꺼려합니다. 도서관이나 미술관도 시민들에게 필요한데 무시하고 상업적 개발을 우선하는 것도 이해하기 어렵습니다. 요즘 도서관은 대체로 산 근처에 짓습니다. 땅이 없어서라고 말하는데, 사실은 상업용이 아니기 때문이겠죠. 서울 한복판 공덕역 옆에 있는 경의선공유지가 이런 문제의식을 확실히 드러내고 있다고 봅니다. 이런 상업적 개발을 국공유지재산법 등을 앞세워 합법적으로 하고 있다는 것이 굉장이 화가 납니다. 이런 제도적 개선도 꼭 손보고 싶습니다.

이승원　여기 모인 연구자들이 경의선공유지를 본 뒤 '여긴 엘도라도다'라고 접근하지는 않았을 겁니다. 하지만 많은 분이, 저 또한 마찬가지인데요, 엘도라도까지는 아니어도 여긴 '뭔가 다르다'라고 느꼈을 겁니다. 안새롬 선생님께서 말씀하신 내용이 저에게는 굉장히 고무적이었습니다. "시민들이 스스로 생각하고, 생각을 시도하는 실험이라는 것이 텃밭이나 유휴 부지에서 일어났다. 그런데 그 유휴 부지는 항상 반환되어야 했고, 그러다 보니 다시 모든 활동이 리셋되어야 했고, 결국에는 그 과정에서 그동안 만들었던 시민들의 생각이 해체되어야 했다." 왜 우리가 경의선공유지 뿐만 아니라 많은 공간, 장소를 시민 스스로 지키려고 하는지에 대한 아주 근본적인 이유를 말씀하신 것 같습니다.

다른 분들도 거의 비슷한 말씀을 하셨습니다. 우리 스스로 길들여져 있는 도시 생활이 경의선공유지와 딱 조우하는 순간에 우리가 그동안 망각한 채 무의식 속에서 독려하고 그리워했던 존엄한 자유에 관한 경험 같은 것들이 순식간에 일어났던 것 같습니다. 저도 마찬가지였습니다. 경의선공유지를 딱 보는 순간 설명이 필요 없이 늘 다녀야만 하는 거리, 일상의 동선을 벗어난 탈출구였거든요. 이것은 산 정상에서 바라보는 해방감과는 전혀 다른 감각이었죠. 새로운 가능성을 현실적으로 확인할 수 있는 감각의 공간이었다는 점에서 출발한 게 아니었나, 자유의 가능성을 느낀 것이 아니었나, 여기서 연구자로서 새로운 활동에 대한 자유를 경험한 것이 아닌가, 하는 생각이 듭니다.

이 자유의 가능성은 경의선공유지를 경험한 사람들에게 그야말로 삶과 관계에 대한 새로운 상상을 불러일으켰습니다. 흥미로운 것 중 하나는 오늘 대담에 참여하지는 못하셨지만, 김지선 선생님께서 구상하신 '공공공덕'([그림 1], 273쪽)입니다. 공공공덕 그 자체가 경의선공유지 운동의 건축적 종착점은 아니지만, 놀이와 쉼과 관계를 연결시킨 이 상상도를 보다 보면 투기적 도시화라는 포르말린 속에 박제화된 도심 건축 철학을 비틀고 있다는 느낌이 듭니다. 경의선공유지 운동이 그야말로 여러 영역으로 확장된다는 생각을 하게 됩니다.

박인권　저는 직접 운동에 참여하기보다 활동가들이 이 사회를 위해서 어떤 가치를 창출해내는지에 관해 옆에서 관찰하고 연구하는 연구자의 입장에서 경의선공유지를 말씀드려야 할 것 같습니다. 저는 주요 연구 의제로 '포용도시'와 '도시의 포용성'을 다루어왔습니다. 그래서 저는 '현대 도시의 가장 큰 문제 중 하나는 사회적 배제의 문제'라고 생각하고, 사회에서 배제된 사람들, 도시 공간에서 배제된 사람들이 어떤 생활을 하고, 그 사람들을 다시 포용하는 사회를 만드려면 어떻게 해야 하나, 이런 고민을 많이 하던 차에 박배균 교수님 소개로 이 공간을 알게 되었습니다.

연구년 갔다가 2018년 여름에 돌아왔더니 경의선공유지에서 운동을 하고 계시더라고요. 그래서 현장을 방문해 활동하시는 분들, 또 거기에 살면서 생업을 유지하시는 분들의 얘기를 들어보니까 '아, 이 공간이 사회적으로 배제된 사람들에게 피난처가 될 수 있겠구나'라는 느낌을 갖게 되었어요. 어떤 피난처로서의 의미가 있다는 것이죠. 이

때 '피난처'는 두 가지 의미에서 배제된 사람들을 위한 것입니다. 첫 번째는 경의선공유지에 계신 분들의 상당수가 그런 것처럼 도시개발 과정에서 배제된 사람들을 위한 것입니다. 세입자, 노점상처럼 말입니다. 공간적 배제라고 이야기하는데, 공간적으로 배제된 사람들에게 당장 생존할 수 있는 공간을 주는 의미에서 피난처인 거죠. 이런 관점에서 경의선공유지가 굉장히 큰 의미를 갖겠다는 생각을 했어요.

두 번째로 경의선공유지에서 활동하시는 활동가들이나 입주해 있던 공간지기들의 이야기를 들으면서 '문화적으로도 배제된 사람들의 출구가 될 수 있겠구나, 탈출구가 될 수 있겠구나, 사회적 실험을 해볼 수 있는 공간일 수 있겠구나'라고 생각했습니다. 거기에 들어와 있는 사람 중에 공방을 같이 하거나, 예술가가 자신만의 사회적인 실험을 하는 공간도 있었어요. 그런 것을 볼 때 사회적 배제가 심화되는 이 도시에서 배제된 사람들, 배제된 가치, 배제된 생활양식이 스스로 활로를 찾으면서 이 사회에서 실험해볼 수 있는 피난처, 영어로 haven이라고 하잖아요, haven 또는 sanctuary라고 하는 그런 곳일 수도 있겠다는 생각을 했습니다.

그런데 그런 공간이 우리가 얘기하는 도시 커먼즈라는 거죠. 도시 커먼즈가 경의선공유지를 포함해서 이러한 피난처로서의 의미를 갖겠다고 생각하고, 그때부터 본격적으로 연구하면서 이 공간을 보았습니다. 최근 문을 닫게 돼서 저는 참 안타까운데, 사실은 본격적으로 이러한 실험을 한 첫 케이스고, 오랜 시간 성공한 케이스였다고 생각합니다. 이게 더 확산이 되었더라면 얼마나 좋았을까, 하는 아쉬움이 남는 공간이기도 합니다.

경의선공유지 운동은 실패했나

이승원　다음 주제로 넘어가겠습니다. 지금까지는 굉장히 긍정적이고 희망적으로 말씀하셨는데요, 그런데 경의선공유지 운동을 바라보던, 그 안에 들어가 있던 과정들이 늘 재미있고 아름답지만은 않았습니다. 여러 가지 어려움이 있었고, 또 한계가 있었습니다. 결과적으로 지금 그곳에는 펜스가 쳐져 있습니다. 그래서 누군가는 실패했다고 말하고, 누군가는 "다시 경의선공유지"와 같은 표현처럼 새로운 국면으로 넘어갔다고 이야기합니다.

　여기서는 좀 더 구체적으로 경의선공유지 운동이 무엇에 도전했는가에 관해 이야기를 나누려고 합니다. 이번 주제는 경의선공유지 운동의 한계에 관한 것입니다. 이 한계를 말하기 위해서는 어떤 목표, 무엇에 대한 도전이었는가를 말해야 그에 따른 한계를 말할 수 있을 것 같습니다. 그래서 경의선공유지 운동의 한계를 이야기하기 전에 경의선공유지 운동이 적어도 이런 이런 것까지는 가능하지 않았을까 하는 기대, 그리고 그 기대가 좌절되었다면 그 이유도 함께 솔직히 나눠주시면 좋겠습니다.

정기황　이런 도전과 한계에 관해 이전에 이야기해본 경험이 별로 없어서 자꾸 화가 나네요(웃음).

기본적으로 도시 개발이나 재테크로 인해 쫓겨나는 사람들을 공공과 행정이, 도시정부가 포용하고 안아줘야 합니다. 그런데 그들을 안아주는 공공 집단이 하나도 없고, '퍼블릭(public)'이 전혀 작동하지 않기 때문에 '우리라도 뭘 하자, 그 체계 안에 들어가서 할 게 뭐가 있겠냐, 우리가 그분들을 안고 그분들이 여기서 편안하게 살고 생존하고 생활을 영위할 수 있게끔 하자'에서 경의선공유지 운동이 시작되었습니다. 구체적으로 26번째 자치구 선언에 이런 내용이 깔려 있습니다.

이 운동을 하면서 한계가 어마어마하게 많았죠. 제일 큰 것은 행정 권한과 관련해서입니다. 처음에 늘장은 마포구청과 계약했기 때문에, 마포구가 원상복구와 퇴거를 요구할 때마다 마포구청에 가서 기자회견도 하고 담당자도 만나고 민원도 넣고 별짓을 다했습니다. 하지만 알고 보니 마포구청은 아무 권한이 없는 그냥 일종의 완전 하위기관이었습니다. 그 위에 철도시설공단이 있고, 그 위에는 이랜드가 있었죠.

이랜드는 한 번도 만난 적이 없어요. 실제로 이랜드가 개발 주체인데도 당사자로서 나온 적이 한 번도 없고, 철도시설공단은 한 번 만났습니다. 허가나 개발에 관한 아무 권한 없는 마포구청만 계속 만난 거예요. 나중에 뭔가 법제도가 바뀌어야 할 것 같아서 국회의원들도 만났습니다. 그런데 이들이 공통적으로 하는 말이 뭐냐면, "이 제도가 원래 그래서 지금은 그럴 수밖에 없어요"였습니다. 이 말을 듣고 깜짝 놀랐어요. 철도시설공단은 문제가 있으면 국회에 가서 이야기하라는 거고, 국회의원들은 지금은 그럴 수밖에 없다는 뜻이거든요. 그럼 이것을 누가 바꿀 수 있을까요? 국회의원들도, 철도시설공단도, 이걸 관리하는 행정부처도 "문제는 있지만 바꿀 생각이 없"어요. 바꿀 수 있는 권한이 있는데도 말이죠. 오히려 시민들이 문제제기하면, '너희들이 왜?', '너희들이 무슨 권한으로?' 같은 질문을 시민들에게 던집니다. 완전히 답답한 상황이죠.

그럼 어디 가서 얘기해야 하나? 문제 있을 때 다 눈 감고 있어야 하나? 이런 생각이 들 정도였습니다. 결과적으로 그들이 저희에게 소송을 제기하니, 시민이 가진 저항권은 둘째치고 문제제기조차 할 수 없게 되었습니다. 오히려 불법이고 잘못으로 규정돼서 굉장히 불편하고 힘들었습니다.

정부는 우리에게 36억 원 소송을 걸었어요. 대한민국 정부 이름으로 된 소장을 처음 받아봤는데, 법무부장관, 국토부장관 명의로 어마어마하게 왔어요. 소를 당한 사람이 모두 8명인데, 그중 1, 2번이 저에요. 지금 늘장협동조합의 이사장이기도 하고 개인으로도 경의선공유지시민행동 공동대표를 하고 있어서 똑같은 문서가 어마어마하게 오는 거죠. 게다가 퍼블릭조차도 작동하지 않는 곳에서 커먼즈를 말하는 것도 굉장히 힘들었고 큰 한계였습니다. 그렇다고 멈출 생각은 없습니다. 100% 문제가 있다고 보기 때문입니다.

초반에 말씀드린 것처럼 1987년에 만들어진 제도에 의해 지금까지 이 상황이 이어지고 있습니다. 간단하게 설명드리면, 1987년에 올림픽을 앞두고 서울역과 영등포역 같은 곳을 개발하기 위해 전두환 정권이 현행 제도를 만들었습니다. 서울역은 한화에게 주고, 영등포역은 롯데에게 주었죠. 그 당시에도 특혜 의혹 등 문제가 많았습니다. 불법으로 허가해주는 듯한 문제가 많았습니다. 이게 벌써 30년 전 이야기입니다. 2017년에 서울역과 영등포역이 계약 만료됩니다. 그런데 신문기사도 별로 없으니까 모르는 분들이 많으실 텐데, 영등포역은 롯데가, 서울역은 한화가 다시 가져갔습니다. 20년을 또 받았어요. 그럼 50년을 주는 거예요. 이건 국공유지가 아니라 사유지에 가깝죠. 자기네들 쓰고 싶은 대로 쓰는 것과 뭐가 다릅니까?

경의선공유지는 이보다 더 심합니다. 영등포역과 서울역은 계약 시점부터 30년입니다. 공사 기간을 포함하죠. 그런데 이랜드의 공덕역 부지 사용 계약은 건물 다 짓고 난 다음부터 30년입니다. 그래서 지금 경의선공유지는 10년을 그냥 놀고 있는데도 무상으로 준 상태죠. 이전보다 대기업에게 훨씬 더 특혜를 주고 있는 셈입니다. 그리고 예전에는 일종의 근린생활시설이라고 해서 탁구장, 다방 같은 것을 허가했다가 쇼핑몰로 살짝 바꿔 주었습니다. 그런데 지금은 쇼핑몰은 물론이고 호텔까지도 허가합니다. 관련 법제도가 공익적 목적과는 정반대로 점점 더 대기업에 특혜를 주는 방향으로 흘러가고 있습니다.

원래 30년 사용 계약이 끝나면 원상회복하는 것이 법제도입니다. 그런데 이 제도가 대기업을 위해서 추가 20년 연장 사용할 수 있도록 바뀐 것입니다. 롯데와 한화가 지난 30년간 제대로 수익을 못 냈으니 봐줘야 한다는 논리가 작동했습니다. 하지만 영등포역은 전국 롯데백화점 매장 중 세 손가락 안에 들 정도로 수익률이 매우 높습니다. 사실과 다르죠. 이 논리로 국회가 지난해 봄에 관련법을 개정했습니다. 법 개정 전에는 계약 만기년인 2017년부터 2년간 해지 유예까지 해주었고요. 누가 봐도 문제가 있는데, 다들 눈감고 방치하고 있는 것입니다. 시민들의 입까지 막아가면서요. 상황은 걷잡을 수 없이 흐르고, 사회는 이를 당연한 것으로 받아드리고 있습니다. 바로 이것이 지금 경의선공유지시민행동을 하면서 느끼는 굉장히 큰 한계입니다.

안새롬　경의선공유지를 바라보는 시각이 굉장히 다양할 수 있기 때문에 제 이야기는 하나의 해석으로 여겨주시면 좋겠습니다. 경의선공유지를 무엇이라고 볼 것이냐에 따라서 한계를 지적하는 지점이 달라질 것 같습니다. 경의선공유지 운동이 특정한 목적을 달성하려는 지점이 있긴 했지만, 저는 그 특정한 목적을 달성하는 것만이 운동의 성공을 의미한다고 생각하지 않습니다. 경의선공유지 사람들이 퇴거했다거나, 혹은 경의선공유지 사람들끼리 갈등이 존재했다는 점이 이 운동의 한계를 드러냈다고 생각하지 않습니다. 정기황 선생님이 말씀하신 것처럼, 경의선공유지 운동은 현재 도시의 생산 방식을 문제 삼고 있다고 생각합니다. 그런데 누군가에게는 그 문제제기가 잘 보이지 않고 경의선공유지 사람들이 어떻게 그 공간을 사용하고 있는지가 훨씬 더 눈에 띕니다. 경의선공유지는 국유지가 어떻게 사용되어야 하는가에 대한 문제제기로 시작된 운동인데, 경의선공유지 사람들이 특정한 방식으로 공간을 사용하기 때문에 마치 그렇게 사용해야 한다고 주장하는 운동처럼 보여지는 것이지요. 경의선공유지의 노숙자들, 쫓겨난 포차 이모들, 쫓겨난 상인들이 더 가시화되기 때문에 기존의 문제제기가 전면에 드러나지는 않는 겁니다. 저는 그것이 운동의 목적과 방식의 괴리이거나 한계라고는 생각하지 않습니다. 국유지를 어떻게 시민의 공간으로 사용할 것인가의 문제는 끊임없이 실험하고 논쟁할 수밖에 없는 문제이니까요.

좀 더 풀어 이야기를 해보면, 우선 경의선공유지 사람들이 내부에서 갈등하는 것은 자연스럽다고, 다시 말해 갈등할 수밖에 없다고 생각합니다. 저는 기존에 존재하던 운동적 흐름들이 경의선공유지에 접합했다고 보고 있습니다. 경의선공유지는 도시가 감추고 싶고 축출하고 싶었던 문제들, 배제한 가치들을 한 공간에서 드러낸 사건으로 해석할 수 있습니다. 도시가 지금과 같은 방식으로 발전하는 과정에서 끊임없이 축출하고 식민화하고 배제했던 가치들이 있고, 그 가치들이 경의선공유지라는 사건을 통해 드러났죠. 그런데 그 배제된 가치들은 일렬로 정돈되어 있지 않습니다. 경의선공유지에는 가부장적인 갈등도 있었고, 페미니즘·도시재개발·탈성장과 관련한 여러 가지 가치선들이 교차하고 있었습니다. 그것들이 한 방향으로 정돈되어 있지 않았습니다. 그렇기 때문에 갈등하고 서로를 인정하지 않거나, 내가 특정 영역에서 배제되었음에도 불구하고 다른 영역에서는 다른 이를 배제하기도 합니다. 그 과정이 복잡하고 정돈되지 않은 상태로 경의선공유지에서 드러난 것이죠. 그것이 경의선공유지의 한계이지 않겠느냐는 질문을 받는다면, 저는 감추어져 보이지 않았던 이 도시의 작동원리를 드러내 보여주었을 뿐이라고 이야기하고 싶습니다. 그러므로 그것을 공유지만의 특정한 제도나 규칙을 통해 해결할 수 있다고 보기는 다소 어렵다고 생각합니다.

그렇다고 하더라도 경의선공유지 내부의 갈등은 도시가 현재 모습과 다른 방식으로 발전하고자 할 때 고민해볼 만한 지점을 제공한다고 생각합니다. 발전주의, 소유 절대주의, 가부장제나 인간중심주의와 같이 경의선공유지에 들어오지 않았던 가치선들이 많습니다. 잘 드러나지 않은 가치선들, 예컨대 영역주의와 같은 것 말입니다. 그런 것들을 어떻게 더 이야기하고 더 갈등화하고 더 쟁점화할 것인가를 생각해야 합니다. 더 많이 싸우고 갈등해야 좀 더 건강한 공유지가 되지 않을까요? 그래서 경의선공유지 안에서 일어났던 분쟁이나 갈등이 해결 대상이 아니라고 생각합니다. 오히려 도시의 비가시화됐던 것들을 가시화하기 때문에 공유지를 좀 더 건강하게 만들어 주는 것, 더 쟁점화해야 될 지점이라고 생각하고 있습니다.

다음으로 퇴거명령으로 인해서 경의선공유지에 펜스가 쳐지고, 눈에 보이는 물리적인 공간이 많이 달라졌습니다. 이걸 어떻게 해석할 것인가 하는 문제가 있습니다. 경의선공유지가 '경의선공유지'라는 이름으로 2016년부터 2019년까지 어느 정도 비슷한 모습을 유지해왔지만, 한 번도 같은 모습인 적은 없었다고 생각합니다. 아현포차나 희성 씨 같은 경우도 2016년 말에 경의선공유지시민행동이 시작되고 몇 개월 뒤에 들어왔습니다. 그 후 경의선공유지에 형성된 지형이 많이 바뀌었다고 봅니다. 2018년쯤에는 도깨비아저씨라는 노숙하시는 분도 들어왔어요. 한 명 한 명 들어오고 또 나가면서 경의선공유지라는 이름은 같았지만 경의선공유지는 완전히 다른 모습으로 바뀌었습니다. 도시의 어떤 문제를 드러내는가라는 측면에서 그렇습니다.

이런 의미에서 물리적으로는 보이지 않는 지금의 경의선공유지를 실패로 해석하기보다는 지금까지 그래왔던 것처럼 새로운 형태로 끊임없이 변형되고 있는 중이라고 해석하는 것이 좋지 않을까 합니다. 그래서 어떤 형태가 될진 모르겠지만, 새로운 형태의 경의선공유지를 통해서 도시의 더 많은 문제를 수면 위로 끌어내고 그러한 문제들이 현재의 도시를 만들고 있었다는 것을 드러내면 좋겠다고 생각합니다.

이승원 영화 〈토르, 라그라로크〉에 "여기가 아스가르드다"라는 대사가 나옵니다. 공간으로서 아스가르드는 폭파되었지만 아스가르드 사람들이 새롭게 만들어내는 흐름들, 그것이 곧 그 공간 자체이고 존재라는 뜻입니다. 경의선공유지라는 물리적 공간에 지금 펜스가 쳐져 있지만, 만약 그 문제를 계속해서 수면 위로 드러낼 수 있는 어떤 흐름, 운동이 있다면 계속 경의선공유지로서 의미가 있다고 생각합니다. 반면 수면 위에서 사라지고 침묵하고 있다면 그것이 운동의 끝이 아닐까 생각합니다. 이것이 한편으로는 우리가 생각하지 못한 부분을 끌어내기 때문에 굉장히 중요한 말씀이면서도, 다른 한편으로는 굉장히 논쟁적일 수도 있다고 봅니다. 여기에 대해서는 세 번째 질문에서 논의하면 좋겠습니다.

김지혜 기본적으로 저는 안새롬 선생님과 커먼즈 이야기를 많이 나누었기 때문에 의견이 비슷합니다. 저는 커머닝 운동이라는 일련의 흐름을 사실은 실패다, 성공이다로 재단할 수 없다고 생각합니다. 그럼에도 불구하고 제가 조금 더 외부인의 시각에서 이 운동을 반추해보면, 운동이 삶 속에서, 일상생활 속에서, 혹은 예술을 통해서 일어날 때 얼마나 활력적일 수 있는가에 관한 가능성을 현시해주었다고 생각합니다. 또 커머너를 계속 발굴하는 장소로 역할했다는 점에서 굉장히 도전적이었다고 생각합니다. 도시의 일반적인 삶의 양식, 즉 쇼핑몰에 가서 쇼핑하고 편안한 집에서 TV 보며 누워 있는 등의 일반적으로 이야기되는 '소소한 행복'에서 벗어나 다른 삶의 양식도 괜찮으며, 자유로울 수 있음을 보여주었다는 점에서도요.

좀 더 넓은 차원에서 보자면, 도시 공간의 존재 방식에 대해 큰 의미를 던졌다고 생각해요. 테이크아웃드로잉 같은 경우 소유자와 사용자의 갈등, 즉 '개인적인 갈등'이라고 치부되었지요. 사적인 공간에서 일어나는 소외와 배제라고 생각할 수 있었습니다. 경의선공유지는 국가의 땅에 대한 점유도 비슷한 양상을 보여준다는 점을 드러냈다고 생각합니다. 어떻게 국가와 자본이 결합하면서 제도적으로 도시를 구획하고 공간을 생산하고 불평등한 구조를 양산하는가를 드러냈지요. 그런 의미에서 어떻게 도시생태계를 반생태적으로 만드는가를 보여주었다고도 볼 수 있습니다.

앞으로 커머닝 작업을 위해 우리에게 무언가 필요한 작업이 있다면, 저는 경의선공유지 내부의 문제보다는 왜 경의선공유지가 더 많은 연결점을 만들지 못했는가를 고민할 필요가 있을 것 같습니다. 여기에는 당연히 연구자의 책임도 있고 연대자의 책임도 있습니다. 경의선공유지가 왜 그렇게 손쉽게 사라지게 만들었는가에 관해서, 저는 경의선 공유지 이야기를 함께 엮을 연결점이 매우 적었다고 봅니다. 그렇기 때문에 연결 지점을 더 많이 만들어내는 것이 과제라고 생각합니다.

박배균　저도 안새롬 선생님이랑 생각이 비슷합니다. 물론 경의선공유지 운동이 실패했다고 볼 수도 있고, 왜 좀 더 현실적인 대안을 찾지 못했는지에 관해 더욱 많은 이야기를 할 수도 있습니다. 저도 동료들과 함께 경의선공유지에서 정부를 설득하고, 다음 단계를 위한 대안 계획을 만드는 고민을 많이 했습니다. 하지만 현실적으로 경의선공유지에서 이 운동을 지속하는 것은 실패했죠. 이 운동이 경의선공유지에서 지속될 것이라는 바람 또한 실패했다고 볼 수 있습니다. 그런데 과연 이것을 실패로 보는 것이 맞는가라는 생각을 계속합니다. 오히려 한국사회가 아직 이 운동을 받아들이기에는 준비가 되어 있지 않았다고 생각합니다.

　그리고 경의선공유지 운동은 실패보다 긍정적인 부분들이 훨씬 더 많았다고 봅니다. 국유지 무단 점거라는 행위가 벌어진 경의선공유지에서는 이전에 아무도 상상하지 못했던 굉장히 새로운 화두가 많이 던져졌습니다. 토지의 사유화가 과연 옳은가, 도시 공간의 투기적 사유화에 대한 비판과 경종, 사유화 대신 공유하는 것이 가능하지 않을까 같은 화두를 사회에 던졌습니다.

　하지만 한국사회는 이 화두를 받아들일 준비가 아직 안 되었던 것 같습니다. 국회의원, 정부, 그리고 연구자도 마찬가지였습니다. 저는 경의선공유지에서 이런 목소리나 도발적인 행동이 나오면 무엇이 문제인지, 무엇이 가능한지 좀 더 분명히 알게 되었습니다. 그래서 저는 경의선공유지 운동을 실패라고 단정하기보다, 오히려 이 운동이 우리 사회에 훨씬 더 많은 긍정적인 영향을 주었다고 말하고 싶습니다. 준비되지 않은 우리 사회에서 경의선공유지 운동과 같은 활동 때문에 최근 제도권에서도 커먼즈 정책이 다뤄지고 있다고 봅니다. 한국토지주택공사(LH)에서 도시 커먼즈 개념을 적용한 도시 모델을 연구 중이고, 서울시에서도 3기 공유도시 기본 계획에 커먼즈 개념을 적극 도입하고 있습니다. 이것들이 경의선공유지 운동이 없었다면 쉽게 가능했을까 생각해봅니다. 저는 이 운동이 실패가 아니라, 비록 장소에서 쫓겨나 아쉽긴 하지만, 운동의 가치는 오히려 더 멀리 퍼져나갔고 더 많은 울림을 주었다고 생각합니다.

도시 커먼즈 운동 자체의 한계

이승원 사실 실패라는 표현은 적절하지 않은 것 같아요. 그래서 한계를 강조했던 것입니다. 아마 기억하실 분도 계실 텐데요, 작년 저희가 '경의선공유지 시민 대축제'를 열었습니다. 수십만 명이 참여하려다 공간이 작아 많이 못 오셨죠(웃음). 당시 함께했던 몇 명이 사진 한 장을 찍었습니다. 장난삼아 흑백 처리를 했는데, 우리끼리 조선말 의병늘의 결의에 찬 사진이랑 비교했습니다. 경의선공유지 운동을 의병 운동과 비교하려는 건 아니고, 일종의 알레고리입니다. 동학혁명 당시 우금치 전투에서 일본군은 기관총을 쏘는데 우리는 죽창을 들고 계속 나아갔습니다. 이 전술을 둘러싸고 한계인지 실패인지 여러 논란이 있을 수 있습니다. 앞서 말씀하셨듯이 우리 앞에는 거대한 자본, 공권력, 시민들에게 굳어져 버린 사유제에 대한 의식 구조와 같은 거대한 힘이 놓여 있었습니다. 하지만 우리는 싸워야 하는 명분이 있었습니다. 피할 수 없이 지켜야 하는 것들이 있었던 셈이죠. 여기에 과연 실패라는 단어가 의미 있을까, 그런 생각이 듭니다.

최희진　저는 개인적으로 고민하는 것 중 하나가 시민참여와 민관협치입니다. 사실 서울시가 박원순 시장 이후로 시민참여제도를 굉장히 많이 도입했고, 예산도 많이 쏟아 부은 것으로 압니다. 저도 이 제도에 참여하거나 평가하는 일을 한 적이 있습니다. 서울시가 시민참여와 민관협치를 홍보할 때 주로 시민 역량을 키우고, 시민참여를 지원하고, 제도 설계 과정에 시민이 개입해야 한다는 점을 강조합니다. 하지만 현실적으로 돌아보면, 지역사회 문제를 해결할 수 있는 주체가 그 지역 거주민인지, 더욱 확장된 의미에서 시민인지 분명하지 않습니다. 시민참여제도는 결국 참여가 가능한 일정 수준의 시민에 국한된 제도적 한계를 갖는다고 느낍니다.

그러던 중 경의선공유지 운동에 참여하는 사람들도 또 다른 능동적인 참여시민인데, 이들이 시민참여제도와 연결되는 것은 왜 어려울까 고민하게 되었습니다. 그리고 작년 10월 예술인들과 함께하는 '맨땅에서 악당까지', 그러니까 경의선공유지(맨땅)를 출발해서 서강대역을 지나 홍대역(AK플라자, 악당)까지 행진하는 활동에 참여한 적이 있습니다. 이때 손수레를 끌고 시끄러운 음악을 틀면서 신나게 공원을 지나갔습니다. 이상한 사람들이 시끄럽게 군다는 시민들의 따가운 시선 속에서도 우리에 대한 호기심을 느꼈습니다. 그런데 마지막 지점인

애경 건물에 도착했을 때 제지를 많이 당했습니다. 복합시설이 들어선 자리에 우리가 시끄럽게 행진하고 노니까 경비하는 분이 오셔서 우리를 제지했습니다.

그때 공원을 누릴 수 있는 자와 누릴 수 없는 자, 보여서는 안 되는 사람과 보여도 되는 사람, 참여할 수 있는 사람과 참여하기에 부족한 사람, 이런 식으로 우리 사회가 나뉜 것은 아닌가라는 고민이 생겼습니다. 경의선공유지 운동의 한계라기보다 사회 전체의 한계라고 봅니다.

박인권 제가 볼 때 경의선공유지 운동은 기존 운동과 몇 가지 차이가 있습니다. 첫 번째는 다음과 같습니다. 자본주의 질서와 도시 개발 과정에서의 소외와 같은 문제에 저항하는 운동은 그간 많이 있었습니다. 철거민 운동, 노동 운동 등이 대표적입니다. 이 운동들과 경의선공유지 운동이 다른 점은 후자가 그 안에서 새로운 질서를 생산해내는 역할을 했다는 겁니다. 에너지 전환 운동과 같은 실험도 있었고, 재개발로 쫓겨난 한 청년 철거민이 주민등록이 말소된 상황에서 '고정된 주거지가 없음'으로 인해 발생하는 여러 불이익에 저항하는 운동 등이 인상적이었습니다. 이전과는 좀 다른 새로운 대안적 질서를 만들어내는 실험 공간이 바로 경의선공유지였습니다. 이런 점이 굉장히 다르다고 느꼈습니다.

또 하나는 스콰팅에 관한 것입니다. 경의선공유지 운동은 자원이 없기 때문에 공간을 스콰팅함으로써 그것을 전유하려 했습니다. 스콰팅은 과거에도 많이 있었습니다. 해방 이후부터 살 곳이 마땅치 않는 도시 빈민들이 국공유지를 점유해서 집을 짓고 살았습니다. 이 역시 스콰팅의 형태라고 할 수 있죠. 그때의 스콰팅이 '즉자적((卽自的)'으로 자기 필요에 따라 공간을 점유하고 소비하는 행위였다면, 경의선공유지 운동은 새로운 가치를 생산하려고 했다는 점에서 달랐습니다. 이 점을 도전적으로 시도했다는 측면에서 이 운동은 결코 실패라고 생각하지 않습니다.

앞에서 여러분들이 말씀하셨지만, 제가 느낀 것을 말씀드리겠습니다. 광주항쟁 40주년이 되는 올해 4월 말 경의선공유지가 폐쇄되었습니다. 광주항쟁 당시 광주를 해방구, 광주 코뮌이라 불렀습니다. 광주 시민들이 독재정부에 항거했을 뿐 아니라, 거기서 비록 짧은 기간이지만 굉장히 자유로운 사람들의 공동체 실험을 했습니다. 결국 계엄군에 의해 점령되었죠. 저는 경의선공유지에서 광주항쟁 당시 모습을 봤습니다. 일종의 피난처이고 해방구였던 곳이 주류질서라는 계엄군에 의해서 점령당하는 모습을 봤습니다. 광주항쟁이 계엄군에 의해 진압되었다고 해서 광주항쟁이 실패했다고 이야기하진 않습니다. 광주항쟁은 그 이후의 40년간 역사 발전과 사회 변화를 촉발하는 힘이 되었거든요.

생물에 비유하자면 개체는 죽을 수 있어요. 하지만 개체가 죽으면서 남긴 유전자는 죽지 않습니다. 유전자가 계속 남아서 종을 계속 번식시키고 발전시켜나가는 것이지요. 그래서 아까 박배균 선생님께서 이야기하셨듯이 경의선공유지 운동이 남긴 유전자는 엄청나다, 지금 제도권 내에서도 뭔가 새로운 정책을 만들어내려고 할 만큼 큰 것을 남겼다고 생각하고, 그런 부분에서 큰 성과라고 생각합니다.

한계가 있다면, 도시 커먼즈 운동 자체의 한계라고 생각해요. 전통적인 커먼즈가 아닌 도시 커먼즈에서는 커먼즈의 세 가지 요소인 공동체, 제도, 자원 모두 불안정하고 확정되어 있지 않은 상태로 굉장히 유동적인 상황에 있습니다. 이런 상황 때문에 도시 커먼즈 운동은 언제든지 실패 위험에 처할 수 있어요. 이것을 성공시키기 위해서는 도시 커먼즈를 불안한 상황에 처하게 하는 사회 환경을 변화시키는 것이 필요하다고 생각합니다. 하나의 개체로서 경의선공유지가 소멸해가는 것은 당연한 사건이라고 생각하고, 문제는 거기서 얼마나 확장해가고 유전자를 많이 퍼트리느냐에 있다고 봅니다.

물론 '이 개체 자체가 조금 더 오래 살아남으려면 어떻게 해야 했을까'라는 고민을 좀 하긴 했어요. 저는 경의선공유지 운동이 이데올로기 투쟁의 과정이었다고 생각합니다. 공간이라고 하는 자원을 스쾃팅을 통해 점유했는데, 이것을 제도적으로 인정받으려면 공론장에서 정당성을 확보해야 합니다. 어느 정도는 확보됐다고 생각하는데, 현 제도를 바꿀 만큼 그 정도로 강력하진 않았던 것 같습니다, 그래서 이 개체 자체는 소멸한 것이 아닌가 생각을 해봤습니다.

이승원 다음 질문으로 넘어가기 전에 이런 생각이 듭니다. 권력은 자기 의지를 타인에게 관철시키는 힘이라는 속성을 갖고 있습니다. 그러므로 권력은 본질적으로 능동적인 타자를 싫어합니다. 능동적인 타자를 인정하는 순간, 자신의 권력 영역이 축소당하기 때문이죠. 권력을 작동시키려고 하는 자들은 자신의 권력 범주에 있는 능동적인 타자를 인정할 수가 없어요. 권력 나누기죠. 어떻게 보면 권력을 나누는 것이

권력을 확장할 수 있는 가장 좋은 방법임에도 불구하고 무지한 권력자들은 그걸 모릅니다. 그래서 시민의 능동성이 폭발하는, 뇌관과 같은 경의선공유지 운동을 이 제도와 권력의 차원에서는 인정할 수 없습니다. 박인권 선생님 말씀처럼 경의선공유지 운동의 성공 여부는 개별 사안이 아니라, 사회를 변화시키는 차원까지 갔을 때 이야기할 수밖에 없다고 생각합니다.

권력을 어떻게 볼 것인가? 권력의 본질에 대한 이해가 굉장히 중요합니다. 대부분의 요구 투쟁을 권력은 좋아하죠. 요구 투쟁을 많이 할수록 권력을 인정해주는 것이니까요. 권력이 싫어하는 것은 '나 이제 당신들 필요 없어! 우리끼리 할 거야!'입니다. 경의선공유지 운동은 바로 이걸 드러낸 게 아닌가 생각합니다.

왜 커먼즈인가

이승원 세 번째 질문으로 넘어가겠습니다. 우리는 지금 커먼즈라는 개념을 많이 쓰고 있습니다. 원래 오늘 대화가 경의선공유지 운동을 넘어 커먼즈를 사고하기 위해서입니다. 아직까지도 우리나라에서는 한국어로 커먼즈를 한 단어로 일치시키지 못하고 있습니다. 공유지, 공동자원, 공유자원, 공유(지) 등 아주 여러 가지로 쓰고 있습니다. 그리고 자원만이 아니라 제도, 활동을 포함한 아주 복합적인, 어떤 인간의 자원과 실천이 결합된 양태로 해석하는 경우도 있고요. 항상 커먼즈라는 단어를 쓰면 추가적인 설명이 필요할 정도로 굉장히 어렵습니다. 그럼에도 불구하고 이 단어를 통해서 경의선공유지 운동을 보려고 하는 이유가 무엇인지, 경의선공유지의 어떤 점을 드러내려고 혹은 어떤 의미를 찾아내려고 결합하는지, 어떤 지점에서 결합하려고 하는지, 이 부분에 대해서 말씀을 나누려고 합니다.

박인권 저는 처음부터 경의선공유지를 도시 커먼즈로 보고 연구했습니다. 그래서 기존 사회운동이 주로 자본주의 질서, 국가의 경직된 통치체제에 대한 저항이었다면, 경의선공유지 운동은 저항을 넘어 새로운 대안적 질서를 만들어내는 의미가 있고, 새로운 형태의 도시 커먼즈 운동을 본격적으로 보여준 것으로 생각했습니다.

그럼 도시 커먼즈란 무엇인가? 보통 커먼즈라고 하면 개릿 하딘이 이야기하는 공동목초지라든지 공동어장과 같은 자연적인 질서, 인간의 자본주의적 관계가 뻗치지 않은 비도시적인 의미로서의 자연을 기본으로 해서 한 무리의 사람들이 공동체를 형성하고 이 자원을 공동 관리하는 것을 일컫습니다. 이 공동체는 대체로 전통 공동체, 농촌 공동체, 오랫동안 한 지역에서 대대로 자원을 이용해서 살아온 사람들로 구성됩니다. 대체로 공동체 경계가 뚜렷하고 소속감도 있는 사람들이 비교적 명확한 귀속의식을 가지고, 공간을 포함한 이 공동자원을 공동체 차원에서 관리하는 거죠. 공동체에 의한 자주관리를 말합니다. 이런 방식의 시스템을 커먼즈라고 불러왔습니다.

그런데 도시 커먼즈는 뭐가 다를까요? 모두 다 다릅니다. 앞서 말씀드린 공동체, 제도, 자원이라는 커먼즈의 세 가지 요소가 모두 다릅니다. 첫째, 도시에서 커먼즈 공동체는 전통적 공동체처럼 멤버가 결성되지 않습니다. 끊임없이 유동적입니다. 새로운 멤버가 들어오고 또 나가고……. 아까 안새롬 선생님이 이야기했듯이, 경의선공유지 안에서도 계속 멤버가 바뀌어왔잖아요. 자연스러운 현상이죠. 도시는 원래 이방인들, 낯선 사람들의 공간입니다. 익명성을 보장받기 위해 온 공간이고, 멤버가 고정되어 있지 않고 경계가 없는 곳입니다.

둘째, 자원도 마찬가지입니다. 도시에서는 사실 국가나 시장의 힘이 뻗치지 않은 자원이 거의 없습니다. 사유화되어 있거나 국유화 또는 공유화되어 있습니다. 국공유지가 아니면 다 사유지입니다. 이 둘 이외 영역은 설정되지 않습니다.

그래서 시민들이 자주관리를 상상하기 어렵고, 제도 측면에서 배제적인 시장 제도와 딱딱하고 경직된 국가 제도 이외에 새로운 상상력을 발휘할 수 있는 제도가 상당히 드물 수밖에 없습니다. 이것을 우리는 도시라고 합니다. 소위 '도시적인 것(the urban)'이 설정되는 것입니다. 우리가 보통 농촌에 대비되는 의미로 도시라고 이야기하는데, 이때 도시적인 것은 그냥 인간관계 그 자체입니다. 자본주의 인간관계 그 자체를 이야기하기 때문에 자연(nature)에 대비되는 의미로 도시가 되는 것입니다.

이 도시는 아무것도 없는 공백 상태가 아니라, 이미 이런저런 질서로 꽉 차 있습니다. 그럼 이 도시에서 커먼즈 운동은 가능한가? 바로 가능하게 하려고 노력하기 때문에 운동이라 부르는 것이겠죠. 지금 현 상황에서는 힘들지만 그 영역과 틈새를 찾아서 어떤 새로운 질서를 선취하고 해방구와 같은 공간을 만들어 확장해가기 때문에, 도시에서 커먼즈는 운동이 될 수밖에 없습니다. 경의선공유지 운동은 그런 가능성을 보여줬다는 점에서 의미가 있다고 생각합니다.

그럼 경의선공유지 운동과 같은 도시 커먼즈 운동이 과연 도시 문제를 해결하는 데 기여할 수 있을까요? 도시 문제를 해결한다는 것은 자본주의적인 질서, 국가의 경직된 제도, 이런 것들이 꽉 차 있는 상태로서의 도시 공간에서 틈새를 찾아 도시 커먼즈를 확장하면서 도시 전체를 바꾸는 것이고, 이를 통해 사회를 바꿔가는 것입니다. 도시 커먼즈가 완전한 성공을 이루기 위해서는 사회가 바뀌는 사회변혁과 이어져야 합니다.

그렇기 때문에 우리 사회의 자본주의 질서와 국가 통치 체제가 낳는 여러 가지 모순을 해결하는 역할을 도시 커먼즈가 할 수 있다고 생각합니다. 대표적인 예가 도시개발 과정에서 나타나는 사회적 배제 문제에 대한 대응일 것입니다. 경의선공유지에서도 그렇지만, 도시 커먼즈에는 다른 도시 재개발이나 개발 과정에서 소외된 사람들이 와서 잠시 머무는 공간이 있습니다. 그들 중 그 공간에 영원히 있겠다고 이야기하는 사람은 없어요. 제가 만나서 이야기를 들어보면, 그늘은 "나도 자립할 수 있는 능력이 되면 다른 곳으로 가겠다"고 합니다. 이때 그 공간은 사람들이 힘을 얻어가는 피난처가 됩니다. 그래서 그 공간을 그들 스스로도 폐쇄적인 공간이 아니라, 개방적인 공간으로 인식하고 있습니다. 따라서 비록 공간이 넓지 않아도 충분히 공유 역할을 할 수 있는 것이죠. 이런 운동이 점점 확산한다면 사유화된 공간에서 활로를 찾지 못한 사람들이 얼마든지 숨통을 틀 수 있습니다.

또 문화적으로나 생활양식의 측면에서도 새롭게 실험할 수 있습니다. 제가 재미있는 이야기를 하나 들었어요. 경의선공유지에 계신 한 분이 자신들의 존재 자체가 불법이라고 이야기하더라고요. 그래서 이 경의선공유지에서 무엇을 하든 관련법을 신경 쓰지 않는다고 합니다. 존재 자체가 불법이기 때문에 말이에요. 이 안에서는 뭐든 해볼 수 있다는 뜻입니다. 뭐든지 해볼 수 있다는 것, 현대 사회에서 많은 사람들이 꾸는 꿈일 수 있습니다. 반복되는 빡빡한 일상 속에서 뭔가 새로운 삶이 가능하지 않을까 하는, 새로운 양식으로 살아보고 싶은 마음이 있는 사람들은 바로 이런 도시 커먼즈 운동을 통해서 해볼 수 있다고 생각합니다. 이런 운동이 성공해나가면서 어떤 세력을 만들어낸다면, 그것이 새로운 질서를 만들어내는 것이겠죠. 다른 사회로, 펜스 밖으로 나가서 새로운 질서를 만들어내는 동력이 될 수 있지 않을까 합니다.

그런 의미에서 도시 문제 해결에도 기여할 수 있습니다. 도시 자체가 인간 사회의 질서가 응축된 작은 코스모스이기 때문에, 도시 커먼즈 운동은 비록 성공하기 어렵지만 사회적 실험장으로서 더 중요한 의미를 갖는다고 생각합니다.

박배균　경의선공유지를 넘어서 앞으로 무엇을 할 것인가? 저도 나름대로 고민을 했었는데, 좀 전에 박인권 선생님께서 재미있는 이야기를 해주셨어요. 기존 도시 운동이 요구 운동, 비판 운동이었다면, 경의선공유지 운동은 새로운 대안적 질서를 창출하려 했다는 부분이었습니다. 저도 굉장히 동감합니다. 그럼 경의선공유지에서 과연 어떤 대안적 질서를 모색하려 했을까요? 초반에는 아니었지만, 뒤로 가면서 점점 커먼즈적 대안을 모색하려 했다고 생각합니다.

경의선공유지 활동가들은, 경의선공유지는 국유지이므로 다 나눠 쓰는 공간이라는 과감하고 도발적인 생각을 가졌습니다. 그래서 사람들에게 와서 함께 지내자고 제안했습니다. 그 공간을 사용하면서도 누구든 와서 쓸 수 있도록 들어오는 사람들을 막지 않았습니다. 굉장히 개방적인 커먼즈를 만들려고 했고, 자치 공동체도 시도했습니다. 사실 우리가 커먼즈 요소라고 하는 세 가지가 경의선공유지에는 다 있던 셈입니다. 공유지라는 공동자원, 공동체가 있었고, 그 공동체에서 열심히 커먼즈를 실천하면서 나름의 거버넌스 질서를 만들어 나가려고 했습니다. 커먼즈를 지향하고 커먼즈를 실제로 만들려고 한 것이죠.

여러분 말씀을 들으면서 커먼즈의 의미는 무엇일까를 생각해봤습니다. 아까 박인권 선생님이 이야기한 피난처였을까? 자본주의 도시화, 투기적 도시화의 여러 가지 폐해들로 가득 찬 도시에서 쫓겨난 사람들이 일시적으로 머물다 가는 공간으로서의 피난처 말입니다. 아니면 커머닝과 관련한 새로운 질서를 실험하는 실험실이었을까? 대안의 가능성을 모색하는 곳이었나? 결국 경의선공유지에서는 처음부터 설계된 것은 아니었지만, 단지 자본주의 도시화에 대한 비판만이 아닌 이를 넘어 새로운 대안을 만들고 실험하려 했다고 봅니다. 그리고 이 대안을 커먼즈의 확대를 통해 만들어보자는 것이었는데, 저는 이 부분이 굉장히 중요하다고 봅니다. 경의선공유지에서 물러났지만, 그

운동의 DNA가 남아서 확대 재생산되고 우리 사회에 퍼져 나간다면 그것이 바로 커먼즈일 것입니다.

여기에는 더욱 확장된 의미, 정치적이고 변혁적인 의미가 있다고 봅니다. 최근 대안적 도시 가치로 커먼즈가 많이 언급되면서 앙리 르페브르의 《도시에 대한 권리》 또한 함께 언급되고 있습니다. 최근 도시에 대한 권리 논의가 단순한 자유주의 권리 담론으로 전락했다는 비판이 많이 제기되는 상황에서, 더욱 근본적인 도시 질서의 개편을 요구하는 투쟁은 커먼즈에 대한 논의와 함께 시작할 수 있다고 생각합니다. 왜냐하면 커먼즈가 말은 복잡하지만, 근본적으로 자본주의 도시 문제의 핵심인 영토화와 연관되어 있기 때문입니다. 인클로저(enclosure), 종획이라 불리는 공간을 배타적으로 소유 점거함으로써 권리를 주장하고 이윤을 추구하는 방식이 자본주의 도시에서 지배적이 되면서, 많은 사람이 쫓겨나고 비참을 겪는 것이 자본주의 문제의 핵심인 영토화라고 생각합니다.

결국 커먼즈는 영토화를 뛰어넘는 탈영토화 전략입니다. 탈영토화 전략을 주체로 만드는 겁니다. 이것은 향후 이뤄질 커먼즈 전략에서도 중요합니다. 사실 현대 자본주의 사회에서 도시민의 주체성을 지배하는 것은 영토적 논리입니다. 집을 소유해야 하고, 좋은 아파트에 투자해야 하며, 이를 통해 재산을 불려야 하는 사고방식과 이데올로기가 지배적입니다. 이것을 뒤엎을 수 있어야 자본주의 도시에서 새로운 대안이 만들어집니다. 커먼즈 운동은 단순히 커먼즈의 공동자원을 확보하고 공동체를 만드는 데 머무는 것만 아니라, 영토화의 일방적 논리를 성찰하고 거부하는 주체를 만드는 것입니다. 개방과 연결과 자율과 자치를 통해서.

저는 그런 의미에서 경의선공유지 운동은 커먼즈 운동이며, 커먼즈 운동의 미래는 영토화의 논리에 저항할 수 있는 주체를 어떻게 만드는가에 달려 있다고 생각합니다. 물론 이러한 탈영토적 주체를 만드는 문제가 도시 공간에만 국한되어 있다고 생각하지는 않아요. 우리 사회 전반에 영토화 문제가 있습니다. 자본주의적 착취, 국가 권력의 부당한 독재 등에 대한 비판이 사회운동의 공통 레파토리인데, 여기서 영토화 문제가 빠져 있다는 생각을 요즘 점점 많이 합니다. 알다시피 경의선공유지는 철도시설공단이 관리를 위임받았습니다. 하지만 마치 자기 땅인 것처럼 펜스를 치고 영토화하면서 자기 기관의 이익을 위해서 사용하고 있단 말입니다. 국민이 요구하는데 듣지도 않고. 이게 영토화죠.

이런 식의 영토화가 사회 전반에 퍼져 있습니다. 당장 대학만 봐도 학벌의 장벽 등 학문 권력이 만들어놓은 영토가 있잖아요. 이런 것들이 대학의 문제를 만들고 수많은 연구자 문제, 시간강사 문제를 만들어내는 굉장히 중요한 요소입니다. 그런데 사실 이제까지 우리 사회에 대한 비판과 새로운 대안을 이야기할 때 한 번도 영토화된 권력에 대한 비판을 안 했다는 거죠. 저는 그런 의미에서 커먼즈 운동은 단순하게 도시에서 탈영토화된 공간을 만드는 것 이상으로 사회 전체 변혁을 위해서도 큰 의미가 있다고 생각합니다. 이런 차원에서 경의선공유지 운동은 한국사회에서 영토화의 논리를 비판하고 영토화된 권력에 저항하는 운동을 촉발한 시발점이 아니었나 생각합니다.

커먼즈는 유토피아가 아니다

안새롬　경의선공유지와 커먼즈가 어디서 만나는가 생각했을 때 저도 박배균 교수님처럼 르페브르를 떠올렸습니다. 르페브르는 도시를 작품으로 바라보았습니다. 도시가 공동의 작품이라는 거죠. 르페브르가 많은 이야기를 했지만, 그중에서도 경의선공유지에 시사하는 것으로 공동으로 생산한 도시, 그래서 공동이 도시에 대한 권리를 갖는다는 논의를 꼽고 싶습니다. 특정한 가치를 식민화하고 지배함으로써 성장하는 도시에서 커먼즈는 그 도시가 공동의 작품이라는 점을 상기시키는 논의라고 생각합니다. 이런 의미에서 경의선공유지를 비롯한 도시 커먼즈는 도시의 지배 관계 안에서 커먼즈를 만들어내는 의미를 가진다고 생각합니다.

특히 도시 문제를 우발적이고 독립적으로 생산된 문제가 아니라 도시의 생산 기제 중 하나로 본다면, 그 식민화 과정과 지배 관계를 드러내고 도시를 다시 공동의 것으로, 커먼즈로 만드는 과정은 순탄하지 않지만 매우 중요한 과정이 되겠지요. 돌봄, 여성, 생태, 탈소유, 이런 것들이 현재 도시에서 가치절하되어 있고, 그러한 가치절하를 통해서 도시가 성장하고 있다는 점을 지적하는 것, 공동 작품으로서 도시를 계속해서 제시하는 것이 중요하다고 봅니다.

이런 의미에서 도시 커먼즈가 배제된 자들을 포용하고, 쉼터가 되어주고, 도시의 허파처럼 작용한다고 보는 것은 일면 타당하면서도 분명히 어색한 지점이 있습니다. 도시에서 배제된 목소리를 드러내는 과정을 도시의 '쉼터'나 '허파'로 조명함으로써 갖게 되는 의도하지 않은 효과—예컨대 기존의 도시 발전 방식의 모순들을 점화라고 문제화하기보다는 방출하는 출구로 기능해 기존 발전 방식을 유지 재생산하는 효과—가 발생할 수 있기 때문입니다.

비판적인 커먼즈 이론에서는 시스템의 불평등하고 불의한 부분을 커먼즈가 해소함으로써 커먼즈가 시스템을 보완하는 하나의 기제로 작동한다는 주장이 나옵니다. 커먼즈를 도시 시스템에서 배제된 자들, 내몰린 자들, 가리워진 자들이 잠시 쉬었다 가는 허파나 숨통을 틔우는 공간으로 인식하게 되면, 커먼즈 운동이 시스템 자체에 비판이나 공간의 배제를 드러내기보다는 일종의 시스템 보완 전략으로 한정될지 모른다는 우려가 듭니다. 같은 의미에서, 커먼즈가 도시 문제를 해결할 수 있는 대안이 될 수 있느냐는 질문도 다시 검토해볼 필요가 있습니다. 박인권 교수님 말씀처럼, 도시가 식민화를 통한 발전을 멈추지 않는 한 커먼즈의 시도는 어떤 형태로든 계속해서 나타날 텐데 그 시도가 도시에서 어떻게 의미화하는지를 더욱 세심하게 들여다볼 수는 있어도 커먼즈 자체가 대안인지 아닌지를 판단하기는 어렵다고 봅니다.

김지혜 일단 제가 커먼즈를 어떻게 생각하고 있는지와 긴밀하게 연결되어 있을 것 같습니다. 커먼즈를 만들어가는 과정과 운동을 커머닝이라고 본다면, 제가 보기에 커머닝은 지상낙원이라든지 성역을 찾으려는 것이 아니라는 생각이 들어요. 그런 의미에서 커먼즈가 하나의 유토피아가 아닐 뿐더러 유토피아를 상정하지도 않는다고 생각합니다. 어떤 공간을 커먼즈라고 정의 내린다는 것은 문제가 해결되는 것이 아니라 오히려 문제의 시작인 것이죠.

커먼즈는 함께 살기 위해서 꼭 필요한 공간과 부에 관한 문제입니다. 결국 끝나지 않는 영원한 문제이므로, 지극히 현실적이고 세속적으로 다루어야 한다고 생각합니다. 우리가 함께하는 데에서 비롯된 모든 문제, 공동의 것을 어떻게 쓰고 계속 유지하고 생산하고 번영시킬 것인지를 생각해야 합니다. 각각의 다른 맥락과 역사 속에서 서로 다른 방식으로 존재해온 주체들이 커먼즈를 통해서 만나야 해요. 갈등하고, 번역하고, 협상하고, 잠정적으로 합의를 이루어낼지는 모르지만 또 다시 갈등하겠죠. 그 문제를 다시 어떻게 번역할 것인가 혹은 어떻게 협상할 것인가와 같은 질문을 계속해서 창출해내는 문제가 커머닝에 담겨 있다고 생각합니다. 바로 경의선공유지가 항상 이런 문제 속에 있었던 것 같습니다.

그러다 보니 경의선공유지에 상당히 피로감이 쌓여 있었다는 말을 많이 들었어요. 커먼즈 활동하는 분들이 너무나 마음고생을 한다는 말도 들었습니다. 같이 살아가려다 보니 너무 피곤했던 겁니다. 그런데 그 피로감이 어떻게 보면 활력이라고 생각이 들거든요. 제가 추석 즈음에 경의선공유지에 가서 강강술래를 했어요. 저는 강강술래가 그렇게 힘든지 몰랐어요(웃음). 손을 잡고 뛰는데 너무너무 힘들고, 지금

내가 여기서 뭘 하는 거지 이런 생각이 드는데, 웃음이 나오는 거예요. 뛰노니까. 그런 활력들이 경의선공유지 안에 있었어요. 그래서 활력 있는 삶의 기반으로서 도시를 바꿔나가는 것이 도시 커머닝의 중요한 과제가 아니었나, 경의선공유지는 그러한 커머닝 과정을 우리에게 현시해주지 않았나 생각했습니다.

그래서 커먼즈가 비극과 희극, 혹은 어딘가 어중간한 위치에서 드라마가 되고, 또 이것이 다음 순간에 어떤 과정으로 나타나는 연속선상에서 이루어지고 있다고 생각합니다. 그런 의미에서 경의선공유지는 저에게 커머닝을 보여주는 곳이었습니다.

정기황 경의선공유지시민행동 초기에 네이버인가 다음인가에 저희 기사가 아침 출근 시간쯤 올라온 적이 있어요. 댓글이 어마어마하게 달렸어요. 백 몇 십 개가 한 30분 사이에 달리는데, 하나씩 봤어요. 대부분 97~98%는 욕이고요, '잘한다'는 찾아볼 수 없었어요. 댓글 내용 대부분이 "너희들이 무슨 권한으로 거기에다?", "철도시설공단 땅인데 공단이 뭘 하든 말든 너희가 왜 관여해?" 이런 식이었습니다.

지금도 마찬가지입니다. 경의선공유지시민행동을 시작하고 나서 아마 100건이 넘는 기사가 나왔는데, 댓글 대부분이 그래요. 초반에는 열심히 읽고 댓글에 댓글도 달고 싶고, 욕도 하고 싶었으나 그래봤자 좋은 소리 못 듣고 얻을 것도 없기 때문에 하지 않았습니다. 저는 이런 댓글들이 일반적인 생각이고, 아마 정부도 비슷하게 생각할 거라 봅니다.

잘 아시겠지만, 철도시설공단은 개발 부서가 아니라 철도를 만드는 시설을 지원하는 기관입니다. 그런데 전문성도 없는 기관에서 개발 부서를 만들어 개발 사업을 하고 있어요. 누가 봐도 이상한 구조입니다. 철도가 적자 사업이에요. 적자일 수밖에 없는 기관인데, 정부가 철도시설공단에 돈 벌어 오라고 시킵니다. 그러니까 철도를 운영해서는 돈을 벌 수 없고 땅만 파고 있는 겁니다. 이게 철도시설공단이 계속해서 땅 팔고 개발하는 이유입니다. 철도시설공단이 생각하는 공익이고요.

공유재산법에 따르면, 이런 부지를 사용하려면 첫 번째 원칙이 공익입니다. 공익을 위해 이 부지를 사용해야 하는데 철도시설공단은 이 땅을 팔아 돈 버는 걸 공익이라고 생각하고 있습니다. 앞에서 선생님들이 말씀하신 것처럼, 르페브르의《도시에 대한 권리》에서 공동작품으로서의 도시라는 구상이 중요합니다. 저는 그만큼 '전유'도 중요하다고 봅니다. 도시를 기본적으로 재전유하는 것 말입니다. 도시 공간에서 주변화된 사람들이 중심 공간을 전유하면서 새롭게 중심 공간을 차지하는 게 굉장히 중요했다고 생각합니다. 아리스토텔레스 정치학에서 이야기하는 폴리스와 폴리틱스가 이와 관련 있다고 봅니다. 아리스토텔레스 당시 폴리스가 굉장히 많았는데, 사람들은 주로 아테네 폴리스만 이야기합니다. 모든 폴리스는 물리적 공간일 뿐 아니라 메커니즘이 작동하는 일종의 정치였습니다. 르페브르도 도시에서 코뮌을 중요하게 생각한 것 같습니다. 바로 이 정치와 코뮌에 대한 공감대가 도시를 만들어가는 데 중요한 것 같습니다.

한국의 경우 박배균 선생님께서 영토화를 말씀하신 것을 기억하면, 완벽하게 인구 단위로 나뉘어 있는 행정체계, 행정편의로만 구획되어 있습니다. 보통 서구사회, 프랑스를 예를 들면, 여전히 코뮌 단위를 쓰고 있습니다. 이 규모는 2,000명이기도 하고 2만 명이기도 합니다. 인구 단위나 행정편의로 나눈 것이 아니라 일정한 공감대를 가진 사람들이 만들어가는 방식입니다. 철도시설공단의 경우에서도 알 수 있지만, 한국의 행정체계는 이런 공감대를 전혀 고려하지 않고 여전히 최대다수 최대행복이라는 공리주의적 입장을 공익이라고 인식하면서 행정편의 식으로 도시를 개발하는 것 같습니다. 이런 최대주의적 공리주의를 추구하다 보면, 이걸 수치화해야 하고 결국 화폐로 전환하는 것밖에 없습니다. 그렇기 때문에 돈 벌어오는 것을 공익이라고 생각하는 것이죠.

예를 들면 서구사회가 적용하는 현재 행정체계는 1970년대부터 사용하고 있는 롤즈(John Rawls)의 《정의론》에 나오는 최소수혜자원칙을 기반으로 하고 있습니다. 그런데 우리는 최소수혜자원칙조차 받아들이지 않고 있습니다. 현 행정체계 때문에 피해 보는 사람들, 문제가 생기는 사람들, 소수자의 권익을 보호하는 것이 훨씬 우선인데 말이죠. 문제가 심각하다고 봅니다.

동아시아 사회에서 회사(會社) 때 쓰는 '모일 사(社)' 자를 뜯어보면 하나가 '토지'이고 하나가 '제사드린다'입니다. 함께 토지에 제사를 드린다는 뜻이죠. 토지가 기본적으로 공동자원이고, 제사는 서로의 공감대를 확인하는 장치잖아요. 이 제사 공동체가 도시화가 되면서 정치 집단이 됩니다. 사(社) 자가 정치집단이 되었다가 지금 회사가 되었다고 할 수 있습니다. 이것이 저는 사유화 체계가 만들어지는 과정이라고 생각했어요. 서구사회와 크게 다르지 않은 것 같습니다.

서구사회에서는 토지가 사유화되는 과정에서도 커먼즈는 코뮌 단위가 되었든, 공원의 커먼즈 형태가 되었든 어느 정도 유지되었습니다. 그런데 한국사회는 스스로가 아니라 식민화 과정에서 근대화가 이루어지잖아요. 그러면서 커먼즈가 죄다 사라졌습니다. 그전에는 산, 하천 같은 단위들이 완전 공유지였거든요. 아무도 소유권이 없는, 역사상 소유를 얘기해본 적이 한 번도 없는 땅이었죠. 식민화와 근대화 과정이 곧 이것들을 사유화하는 과정이었습니다.

이 과정을 통해서 우리는 마치 처음부터 사유화된 땅을 사용하는 것처럼, 그렇게 공동체가 운영된 것처럼 되어버렸습니다. 그런 식민의 속성, 군사정권의 속성이 지금도 작동하고 있는 것 같습니다. 경의선공유지 운동은 바로 이런 속성을 전환하려는 과정이기 때문에 중요하다고 생각합니다. 나아가 이 운동이 도시 중심 공간을 차지한 것 또한 매우 의미 있다고 봅니다. 지금은 경의선공유지에서 쫓겨났으나, 적어도 도시 중심 공간을 차지했고 우리가 뭔가 할 수 있다는 것을 보여줬다는 측면에서 큰 의미가 있다고 생각합니다.

최희진 저는 공동자원으로서 고갈되고 이용되면 없어지는 전통적 커먼즈와 달리, 도시 커먼즈는 새롭게 만들어갈 수 있고 이를 통해 도시 분위기를 새롭게 바꿀 수 있다고 생각합니다. 제가 도시 커먼즈를 처음 들은 것은 2016년도 도시 커먼즈 세미나를 하면서부터였습니다. 당시 제가 발제한 내용 가운데 하나가 독일 베를린의 철도 부지가 반세기에 걸친 시민들의 저항 운동을 통해 공원이 된 사례였습니다. 이를 보고 커먼즈를 도시에서 만들 수 있다는 것을 알게 되었어요. 이러한 사례를 봤을 때 1~2년, 3~4년이 아니라 반세기에 걸쳐 지속할 수 있는 운동, 우리에겐 경의선공유지가 그런 운동이 될 수 있다고 생각해요. 경의선공유지는 도시에서도 커먼즈가 가능하고, 커먼즈 주체들이 모여서 커먼즈를 만들어낼 수 있는 가능성을 보여주었다고 생각합니다. 경의선공유지 운동은 없어지는 것이 아니라, 끊임없이 커먼즈에 대해 말하고 커먼즈를 만들어내는 과정에 있는 거죠. 어떻게 무엇을 만들어낼 수 있는지를 배우고, 제도적으로 활용할 수 있는 방안들도 고민하면서 말이죠.

커먼즈 운동의 현실적인 목표와 수단

이승원 이제 마지막 주제입니다. 앞서 두 교수님께서 커먼즈 운동이 새로운 질서 혹은 대안으로서 의미가 있고, 그 주체는 탈영토의 주체라고 말씀하셨습니다. 그렇다면 지금 당장 대한민국 혹은 서울이라는 사회에서 커먼즈 운동이 가져야 할 현실적인 목표는 무엇인지, 그리고 그 주체가 누구이든 간에 현실적인 수단이나 무기는 무엇인지에 대해서 간단하게라도 이야기 나누면 좋겠습니다.

박인권 아까 틈새 이야기를 했는데 결국 뭔가를 하려면 여지가 있어야 합니다. 같이 공동체를 형성하든, 새로운 질서를 만들든, 그러려면 뭔가 숨통이 트이는 공간이 필요합니다. 그걸 요즘에는 지역자산 내지는 시민자산, 공유자산 등으로 이야기하곤 합니다. 이런 것을 요구하는 운동을 자꾸 만들어내야 합니다.

지금까지 우리의 상상력은 국공유지냐 사유지냐, 딱 두 가지 선택지에 머물러 있었습니다. 법적 소유권은 국공유지일 수도 사유지일 수도 있지만, 실제 소유하고 관리하는 주체로서의 커뮤니티, 도시 공동체, 시민사회가 직접 관리하는 영역을 자꾸 만들어내고 요구해야 한다고 생각합니다.

이 과정에서 여러 가지 일들이 벌어질 수 있습니다. 하지만 이것이 어려운 일은 아니라고 봅니다. 예전에 불가능하다고 여겨진 것들이 지금 굉장히 많이 가능해졌거든요. 예를 들면, 도시에 대한 권리가 UN 헤비타트 3차 회의에서 공식 의제화되어서 '새로운 도시 의제(New Urban Agenda)'로 채택됐어요. 그 의제에서는 도시 자체를 하나의 커먼즈로 인식하고 있으며, 사적인 이익을 창출하는 공간이 아니라 지불 능력과 관계없이 모든 사람이 이용할 수 있는 공간이라고 선언했습니다.

이것은 굉장히 중요한 의미를 갖습니다. 당장 실현되지 않더라도 20년, 30년 앞을 내다보면 필요하다는 것을 우리 인류가 인식했다는 뜻입니다. 그러면 이제 그것을 만들어가는 운동을 해야 합니다. 집이 없는 사람들은 "당장 집을 내놔라"라고 얘기할 수 있고, "우리 커뮤니티에서 사람들이 같이 이야기할 수 있는 카페를 달라, 도서관을 달라"라고 요구할 수 있습니다. 우리가 마음대로 운영할 수 있는 자주적인 공간으로 달라고 요구하는 것이 필요하지 않을까 생각합니다.

정기황　공사장 펜스 같은 데서 보신 분들도 계시겠지만, 서울에서 내세우던 슬로건 중 하나가 "서울을 가지세요"였습니다. 도시에 대한 권리를 의미하는 것 같기도 하고, 시민을 주체로 인정하는 것 같잖아요. 그런데 시민참여나 협치가 제대로 작동하는 것 같지는 않습니다. 정부가 하는 일이든 시민이 하는 일이든 스스로 주체로서 자신들의 필요에 따라 무언가를 기획하는 것이 중요한데, 지금 협치나 시민참여에는 이런 것이 느껴지지 않습니다. 주로 공공에서 기획하고, 이에 맞는 항목을 만들고, 여기에 맞게 사용하는 구조잖아요.

시민 스스로 필요한 것을 찾고, 그것을 요구하고 만드는 방식으로 무엇인가를 기획하는 것은 굉장히 중요합니다. 그런데 중앙에서 밑으로 내려보내는 방식의 예산체계와 법제도 때문에 이런 방식의 기획이 어렵습니다. 시민 스스로 할 수 있는 구조가 아닙니다. 일반회계라 불리는 예산체계 자체가 기본적으로 시혜적이며, 시민 스스로 하기에 큰 제약이 따릅니다.

독일 법철학자 예링이 법은 항상 투쟁으로 이뤄지며, 권리가 처음부터 주어진 경우는 인류 역사상 한 번도 없었다고 말했습니다. 투쟁으로 법을 바꾸기 위해서는 시민들이 필요한 것을 스스로 만들어낼 수 있는 권리를 위한 투쟁이 제일 필요하다고 봅니다. 커먼즈는 그 권리의 기반이 될 수 있습니다.

최희진　제가 활동하는 곳이 솔방울커먼즈입니다. 이것을 하게 된 계기가 '나도 시민참여를 해보고 싶은데 뭐 할 수 있는 것이 없을까?'라는 고민이었습니다. 제가 사는 종로구에서 경복궁 옆에 굉장히 높은 돌담으로 둘러싸여 있는 약 1만 평에 대한 시민의 권리를 이야기해보자는 뜻에서 솔방울커먼즈를 시작했습니다.

돌담으로 둘러싸인 이곳은 송현동인데, 송현동 숲 공원화를 현재 서울시와 종로구가 추진하고 있습니다. 공원을 만드는 과정에서 지자체는 시민을 수동적인 이용자로만 인식하고 시혜적으로 다루고 있습니다. 이와 달리 우리는 이곳을 함께 만들고 사용하는 공간으로 커머닝할 수 없을까 고민하고 있습니다. 이 땅은 대한항공이 소유주인데 그냥 방치되어 있습니다. 그럼에도 불구하고 사적인 투기적 이윤은 계속되고 있는 문제 공간입니다. 이 문제 공간을 열린 공간으로 만들어낼 수 있는 주체가 될 수 있지 않을까라는 생각과 함께 솔방울커먼즈 활동을 시작했습니다.

김지혜　최희진 선생님 말씀에 동의하기 때문에 저 또한 솔방울커먼즈에서 활동하고 있습니다. 지금 이 시점에서 저희에게 무기가 될 수 있는 것, 현실적인 목표는 무엇인가라는 물음에 대한 제 답변은 우리가 제도나 공공에게 적극적으로 말을 거는 것입니다. 우리에게는 커머너를 양성하는 것보다 제도 변화의 방향에 대해 말하는 것이 쉽다고 생각합니다. 특히 더욱 다양하고 많은 시민의 참여를 유도하는 제도 개선 방안이 중요합니다. 여기에서 참여는 단순히 시민이 어디에 참석했다든지, 무엇을 신청했다든지의 문제가 아닙니다.

예를 들어 도시계획 토론회라고 했을 때 주최하는 지자체가 100인을 선정해서 초대하고, 이미 만들어진 질문지에 답을 체크하는 것으로 토론회를 갈음합니다. 이렇게 도시개발의 정당성을 만드는 방식은 시민을 수동적인 존재로 만듭니다. 참여라는 명목으로 시민을 굉장히 수동적인 존재로 만들어 버리는 것이죠. 참여가 원래 복잡하고 어렵고 쟁투적이고 힘듭니다. 그런데 이것을 너무 쉽게 지자체가 소비할 수 있도록 하는 제도의 문제를 근본적으로 바꾸어야 합니다. 그러기 위해서 시민을 수동적인 존재로 만드는 틀에 포획되지 않는 제도, 날것의 무언가를 만드는 주체들이 더 자유롭게 발언하도록 지원하는 제도가 필요하다고 봅니다. 결국 정부가 도시계획을 좀 더 장기적으로 진행하고, 계획 자체를 유연하게 만들 수 있을 때 커먼즈가 늘어갈 수 있을 것입니다.

박배균 시민참여에 관한 김지혜 선생님의 이야기는 정말 중요한 것 같아요. 사실 지금 참여를 강조하는 민주주의도 값싼 소비자를 만드는 경향이 있습니다. 소비자는 말 그대로 소비만 하고 책임지지 않는 가장 비민주적인 주체죠. 그러다 보니 정부가 제안한 일에 적극적으로 참여해서 일을 만들어가는 사람들은 그 노력과 달리 특혜를 받은 것이 아닌가 오해를 받을 때도 있습니다. 이런 특혜 시비를 피하기 위해서는 오히려 참여하지 않은 사람들과 똑같은 대우를 받아야 하기 때문에, 적극적인 시민들은 노력한 만큼의 보상을 제대로 받지 못하는 때가 많습니다. 제 생각에 더 많이 참여하고, 더 많이 요구하고, 더 많이 투쟁하고 부딪힌 사람들은 더 큰 보상을 얻는 것이 맞다고 생각합니다. 이건 특혜가 아니라 정당한 보상이죠.

커먼즈는 기본적으로 개방이 원칙입니다. 하지만 커먼즈 커뮤니티 안에서 커먼즈가 유지되려면, 기여한 사람에게 차등적으로 보상하는 원칙도 있습니다. 차등적 보상 원칙이 커먼즈에 작용되는 것처럼, 일반 시정이나 정치에서도 제대로 참여한, 날것으로 참여한 사람한테 제대로 보상하는 시스템이 필요합니다. 그런 의미에서 김지혜 선생님의 이야기에 깊이 동감합니다. 정말 좋은 아이디어 같아요.

그리고 앞서 박인권 선생님께서 말씀하신 것처럼 커먼즈의 확산과 촉진을 위한 제도적 환경을 만드는 것이 필요합니다. 정부는 당장 수많은 국유지, 공공재, 국공유 형태로 운영되고 있는 시설들에 대한 시민의 참여와 요구를 받아들이기 위해 시민 자치와 참여를 허용해야 합니다. 시민들은 자신의 요구를 좀 더 당당하게 밝혀야 하고요. 우리에게 달라고 요구하고, 그 공간과 자원으로 우리가 책임지고 이러저러한 사회적 가치를 실현하겠다고 말입니다. 이런 요구는 특혜성 로비가 아니라, 당당한 시민의 요구로 인정받아야 합니다.

또한 국유지 사용의 경우에는, 어떤 특정 국가 기관이나 일부 대기업이 국민의 땅을 사유지처럼 사용하는, 일종의 적폐 같은 기존 관행을 근절해야 합니다. 이러한 문제제기가 사회적으로 확산되어 그런 일들이 안 일어나면 좋겠습니다.

우리가 살아가는 도시를 위해

이승원 감사합니다. 좀 다른 말씀을 드리면, 최근 TV에 먹방, 맛집, 여행 관련한 프로그램이 굉장히 많아요. 여기에 트렌드가 하나 더 나타났어요. 집에 대한, '구해줘 홈즈'부터 시작해서 건축가들이 좋은 집이라고 소개하지만 결국에는 '나는 저런 집에서 언제 살지?' 하며 평정심을 잃게 만드는 프로그램이 많이 등장하고 있습니다. 이런 프로그램들은 대부분 물신주의에 기반을 두고 있습니다. 그걸 먹으면 완전 행복해지고, 거기 가면, 거기에 살면 모든 것이 다 해결될 듯한 포장이잖아요. 그 포장조차도 다 파편화되고 고립화된 개인의 대리만족 중심이고요.

미디어에서는 함께하는 마을을 이야기하지 않아요. 마을에서 무슨 일이 벌어지고 있는지, 그 마을에 어떤 갈등이 있는지, 어떻게 화해하는지, 마을이나 동네 공동체가 어떻게 경합하고 쟁투하는지에 관한 이야기는 과거 '전원일기' 같은 드라마에서만 볼 수 있을 뿐이에요. '6시 내고향'이나 '김영철의 동네 한 바퀴'에서도 그 마을이 진짜 힘들어하거나 진짜 감동하고 있는 것은 삭제되어 있습니다.

저는 커먼즈 운동을 할 때 이런 이야기를 만들고 드러낼 필요가 있지 않을까, 그래서 '와, 진짜 부럽네' 하는 공감을 만들면 좋겠다고 생각합니다. 제가 요즘 부러운 것이 있습니다. 정기황 선생님이 성북 쪽에서 20년 정도 살면서 공유성북원탁회의 같은 마을 활동을 많이 하고 계세요. 저는 그런 얘기를 들을 때마다 부러워요. 그 마을의 이야기를 들을 때마다 부럽고, '아, 그럼 나도 이제는 새로 이사한 동네지만 10년 정도 됐으니 이제 그런 관계를 좀 만들어야 하지 않을까?', '나도 우리 아이들과 내 노년을 위해 이런 마을에서 살아야 하지 않을까?' 같은 생각을 합니다. 그래야만 빈 공간과 유휴 자원을 우리에게 맡기라는 커먼즈적 요구를 정부에 할 수도 있다고 봅니다.

이제 정리할 때가 되었습니다. 보통 소설을 쓸 때 첫 문장이 중요하다고 말합니다. 커먼즈 운동 또한 그 첫 문장이 중요한 거 같아서, 우리가 잘 아는 소설의 첫 문장을 나누면서 이 자리를 마무리하고자 합니다. 동시에 우리의 커먼즈 운동을 또 다시 출발하도록 하겠습니다.

최고의 시절이자 최악의 시절, 지혜의 시대이자 어리석음의 시대였다. 믿음의 세기이자 의심의 세기였으며, 빛의 계절이자 어둠의 계절이었다. 희망의 봄이면서 곧 절망의 겨울이었다. 우리 앞에는 무엇이든 있었지만 한편으로 아무것도 없었다. 우리는 모두 천국 쪽으로 가고자 했지만 우리는 다른 방향으로 걸어갔다(찰스 디킨스,《두 도시 이야기》).

공공공덕 경의선 폐선 부지 시민 대안 공간 / 김지선

경의선이 지하화된 이후 폐선 부지는 경의선
숲길로 탈바꿈하였고, 지금까지 많은 사람의
사랑을 받는 장소가 되었다. 공덕역 1번 출구 인근
경의선숲길 앞, 공원화되지 않고 공터로 남은
1,000평 남짓한 국유지는 시민들의 힘으로
장터도 열고 텃밭도 가꾸며 '경의선공유지'라는
이름 아래 도시 한복판에서는 찾아보기 힘든
형태로 존재하고 있다.

도시의 주체는 사람들, 즉 우리다. 개발을 위해
막아두고 빌딩 숲 사이에 또 다른 상업 시설을
만드는 것보다 공공을 위해 열어두고 시민들이
자유롭게 이용할 수 있는 방향을 지지한다.

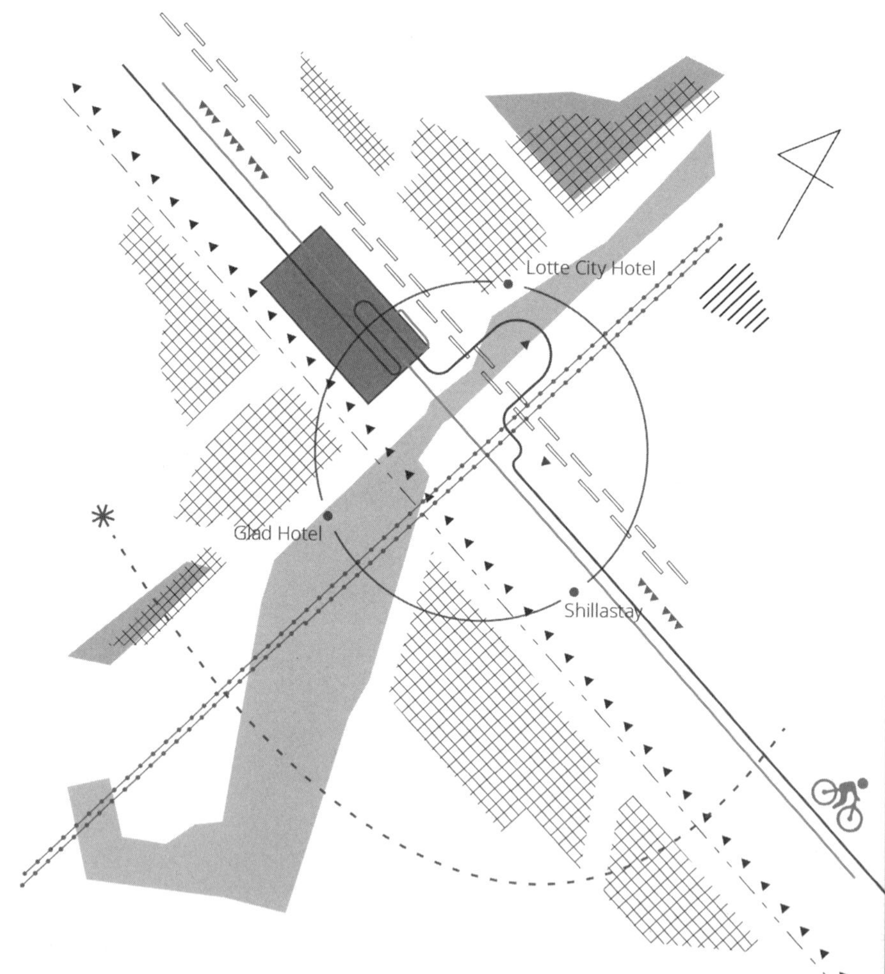

Public space
Commercial
Residential
Linear Park
Walkway
Airport Line
Gongdeok Market
Gyeongui Line
Line 5
Line 6
Lotte City Hotel
Glad Hotel
Shillastay

Lotte City Hotel
Glad Hotel
Shillastay

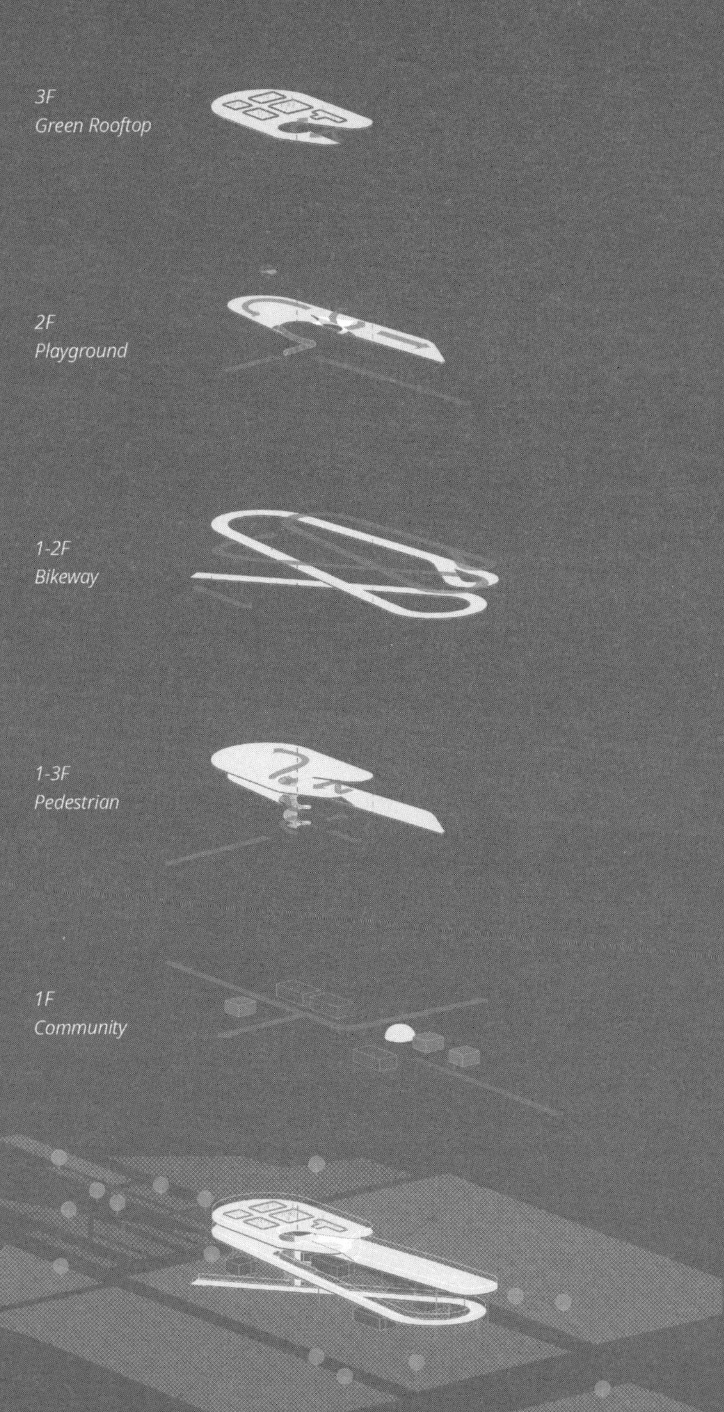
3F
Green Rooftop

2F
Playground

1-2F
Bikeway

1-3F
Pedestrian

1F
Community

공유지 부지에 구조물을 설치하되, 1층을 비워두어 기존 천막, 컨테이너 박스 등의 사용을 유지할 수 있도록 유도하였다. 그에 따라 시민들이 유동적으로 공간을 구성할 수 있다. 2층까지 자전거 길과 아이들을 위한 놀이터, 요가를 할 수 있는 장이 마련되어 있고 3층 루프에는 도시텃밭을 조성하여 햇빛을 머금은 작물을 키울 수 있다.

공덕은 5개의 지하철 호선이 지나는 교통의 요지인 동시에 최근 들어 진행된 재개발의 결과로 고층 빌딩과 고층 아파트가 들어서 마포구의 중심가로 자리매김하고 있다. 또 그 중앙은 경의선 숲길이 길게 위치하여 도심의 쉼터를 제공한다.

하지만 '도시 속 쉼터 = 공원'이라는 공식에서 더 나아가 좀 더 재미있는 활동, 좀 더 자유로운 활동을 다양하게 펼칠 수 있는 장소는 아직 우리나라에 희박한 실정이다. 그에 다양한 세대를 시간에 구애받지 않고 수용할 수 있으며 지역 커뮤니티를 형성할 수 있게 하는 모델, 공공공덕을 제시한다. 이곳은 줄지어 늘어져 있는 고층 건물 사이, 누군가에게는 어릴 적 추억이 되고, 자연을 공부하고, 전망대가 되며, 몰랐던 이웃과 친구가 될 수 있는 기회가 될 것이다.

주

1 이 장은 다음 논문의 일부를 재구성했다. 김보경, 2020, 〈후기 발전주의 시기, 지역 개발 정치가 장소의 공
  공성에 미친 영향: 경의선 철도 유휴 부지 공원화 과정을 중심으로〉, 서울대 지리교육과 석사학위 논문.

2 경의선의 전철화는 일산 신도시 개발에 따른 수도권 통근 대책의 일환으로 추진되었으며, '6·15 남북 공동
  선언'(2000)에 따른 남북경제협력 논의에 영향을 받았다.

3 '노는 철도 부지 '시민 곁으로' / '경춘·경의선 폐지 구간 녹지대 등 공공시설 조성', 〈서울신문〉 2003. 9. 2;
  '용산線 '아듀~", 〈한국일보〉 2005. 11. 23.

4 굴드와 루이스(Gould & Lewis, 2016)는 '녹색성장연합'의 구성원인 부동산, 건설사, 지방정부는 중장기
  적인 장소의 사용보다 단기 거래의 활성화를 통해서 거래 수수료, 조세 수입을 챙길 수 있다는 공통의 이해
  관계에 의해서 성장연합을 결성한다고 지적했다. 콕스(Cox, 1998)는 지역 성장연합에 부동산이 가담하는
  것에 관해 "매물, 동네에 대한 정보와 인적 네트워크가 한계를 이루는 지리적 경계" 내에서 '의존의 공간'이
  생성되기 때문이라고 보았다.

5 '철도 부지 10만 평 녹지냐 상업용지냐', 〈조선일보〉 2004. 11. 15.

6 이처럼 특정 공간적 스케일의 행위자들이 그보다 더 크거나, 더 작은 공간적 스케일에서 이루어지는 과정
  에 영향을 주기 위해 조직하는 정치적 행위를 정치지리학자들은 '스케일 정치(politics of scale)'라고 부
  른다(Cox, 1998; Jonas, 1994; Herod, 1997).

7 이 지역은 철도안전법 제45조(철도보호지구 안에서의 행위 제한)에 의거 행위 제한을 받는 지역으로서 시
  공사는 한국철도시설공단에 행위 신고를 하고 각종 요구 사항을 따라야 했다(서울시, 2016, 278).

8 유휴 철도 부지의 개발 자체가 전례가 드물고 법제가 미비했기 때문에(김명수, 2018) 초기에는 지자체에
  서 국유 철도 부지의 단순 대부가 아닌 철도 용도 폐지 후 지자체 양여 등의 다양한 방안을 고려했던 것으
  로 보인다(서울시, 2011).

9 경의선의 역세권 개발을 반대하는 목소리에 대해 마포구 관료들은 경의선 사업은 서울시 관할이기 때문에
  마포구는 아무런 권한이 없다고 변명했지만(마포구의회 회의록, 2011. 11. 29), 다음 인용에 잘 드러나듯
  이 실제 서울시와 마포구 사이의 관계는 반드시 일방향적이지 않아서 서울시는 관할구청인 마포구가 원하
  는 역세권 개발을 쉽게 거부하기 어려웠다.
  "경의선 지하화 전 구간에 역사는 홍대입구역, 서강대역, 공덕역, 효창공원역이 들어섰다. 이 가운데 효창

공원역사는 당초 1층 건물로 설계되었다가 지역 주민들의 반대로 지하로 들어가고 상부는 공원 및 주차장으로 변경되었고, 나머지 3개 역사는 민자 역사 개발 사업을 진행했다. 홍대입구역사는 마포구청의 요구 사항으로 경의선숲길과 맞닿은 부지에 책거리 조성 사업을 추진했다. …… 당초 협약서에는 상호 협력한다고 했지만 사업을 진행함에 있어서는 허가권자가 자치구청임으로 자치구의 요구가 만만치 않았다"(《경의선 숲길공원》 백서(2016. 11.), 서울특별시 푸른도시국, 91).

10 '서울시 '도시농업' 쉽지 않네', 〈내일신문〉 2012. 4. 6.

11 "'경의선 폐선 부지에 거주 공간을' "지하철 역사에 구직 카페를'", 〈한국일보〉 2013. 1. 28.

12 '홍대 문화 발원지 '땡땡거리', 예술인들이 돌아온다', 〈경향신문〉 2014. 10. 26.

13 "'사회적기업 창업 청년들, 시민과 소통하는 장터'", 〈한겨레〉 2013. 9. 17.

14 '마포애경타운-마포구, 일자리 창출 MOU', 〈연합뉴스〉 2010. 11. 04.

15 광무(光武) 11년 6월(1907년 6월), 의정부 부동산법 조사회(議政府不動産法調査會).

16 '울산군청에 질문하노라(공유지소 문제)', 〈동아일보〉 1922. 6. 16.

17 북한지리정보, 〈일제강점기하의 철도 운수〉, 1988.

18 전준우, 이명훈, '공익적 목적의 국유지 유효 활용 촉진을 위한 관리 제도 개선 방안', 〈도시행정학보〉 제28집 제2호, 2015.

19 국토연구원 김명수 외, '국유지 관리 실태 및 활용 전략 연구', 〈협동연구총서〉 16-21-01, 경제·인문사회연구소.

20 2009년 1월 30일 전부개정을 통해 법의 제1조 목적과 제3조 국유재산 관리·처분의 기본원칙을 신설해 현재에 이른다. "제1조 (목적) 이 법은 국유재산에 관한 기본적인 사항을 정함으로써 국유재산의 적정한 보호와 효율적인 관리·처분을 목적으로 한다. 제3조 (국유재산 관리·처분의 기본원칙) 국가는 국유재산을 관리·처분할 때에는 다음 각 호의 원칙을 지켜야 한다. 1. 국가 전체의 이익에 부합되도록 할 것, 2. 취득과 처분이 균형을 이룰 것, 3. 공공가치와 활용가치를 고려할 것, 4. 투명하고 효율적인 절차를 따를 것"으로 개정 신설했다. 전부개정으로 국유재산의 분류체계 변경(법 제6조), 국가의 국유재산 취득 재원 확보 의무(법 제10조), 유휴 행정재산의 관리 강화(법 제21조 및 제22조), 국유재산 사용 허가 및 대부 계약의 갱신 허용(법 제35조 제2항 및 제46조 제2항), 국유지 개발 방식의 다양화(법 제57조부터 제59조까지), 국가회계제도 도입에 따른 국유재산 평가 및 보고 제도 개선(법 제68조부터 제70조까지) 등을 개정했다. 2011년 3월 30일 일부개정을 통해 제3조에 "3의 2. 경제적 비용을 고려할 것"으로 국유재산 관리·처분의 기본원칙 보완(안 제3조 제3호의 2 신설)했고, 총괄청의 행정재산 통합 관리(안 제8조), 국유재산종합계획 제도 도입(안 제9조) 국유재산관리기금 설치(안 제2장의 2(제26조의 2부터 제26조의 7까지) 신설), 대부보증금 제도 도입(안 제47조 제2항 및 제3항 신설), 일반재산의 매각 기준 개선(안 제48조), 민간참여개발제도 도입(안 제59조의 2 신설)을 개정했다.

21 2020년 3월 31일 일부개정을 통해 국유재산을 무상으로 관리·전환할 수 있는 요건을 확대함(제17조 제2호 다목 신설), 국유재산에 지방자치단체나 지방 공기업이 주민생활을 위한 문화시설, 생활체육시설 등의 사회기반시설을 축조하는 행위와 일정한 요건에 해당하는 학교시설을 증축 또는 개축하는 행위를 허용함(제18조 제1항 제3호 및 제5호 신설), 행정재산의 사용 허가를 받은 자가 그 재산을 다른 사람에게 사용·수익하게 할 수 있는 경우에 지방자치단체나 지방 공기업이 행정재산에 대해 사회기반시설로 사용·수익하기 위한 사용 허가를 받은 후 이를 지방 공기업 등에게 사용·수익하게 하는 경우를 추가함(제30조 제2항 제2호 신설), 중앙관서의 장은 행정재산이 용도 폐지된 경우 장래의 행정 수요에 대비하기 위해 해당 재산에 대해 사용 승인을 우선적으로 해 줄 것을 용도 폐지된 날부터 1개월 이내에 총괄청에

신청할 수 있도록 함(제40조의 2 신설), 총괄청이 일반재산의 관리·처분에 관해 위탁받은 사무를 특별법에 따라 설립된 법인에 재위탁할 수 있는 근거를 마련함(제42조 제2항), 벌금 상한액이 징역 1년당 1천만 원 수준이 되도록 벌금액을 상향함(제82조)을 개정했다.

22 대한민국 정책브리핑, '8·31 부동산 정책 후속 대책, 상위 1%가 전국 사유지 51.5% 차지, 토지 소유 편중도 심각…"철저하게 파헤쳐 근본원인 뿌리 뽑아야", 2005. 07. 16.

23 '한국인 삶의 질 지표', 〈주간경향〉, 2011. 1. 4.; '정부 국유지 대량 매각설 진상(나라 땅 야금야금 팔아먹는 대한민국)', 〈일요시사〉, 2015. 9. 30.

24 '서울민자 역사 불법 허가', 〈한겨레〉.

25 '서울민자 역사 변칙 허가', 〈경향신문〉.

26 '롯데 일가, 영등포역 커피점까지… 감사원은 뭐하나', 〈노컷뉴스〉; '롯데 영등포역사도 계열사 부당 지원·일감 몰아주기 의혹', 〈뉴스1〉, 2016. 6. 14. "롯데그룹 측은 지난 2008년 대한화재해상보험 주식회사를 인수하기 위해 롯데역사 자금 1,472억 원을 투자했다. 대한화재해상보험의 주가는 지난해 9월 기준으로 매입 당시 주가의 절반으로 폭락해 롯데역사에 1,000억 원 대의 손실을 입혔다.", "롯데역사는 지난 2009년과 2011년 각각 200억여 원, 300억 원을 들여 계열사인 롯데건설의 유상증자에 참여했다. 또 2012년에는 롯데자산개발의 중국 청두 쇼핑타운 개발에도 909억여 원을 투자했다", "계열사 부당 지원 의혹이 불거지자 롯데역사는 2012년 273%, 2013년 1,061%의 갑작스런 고배당을 실시했다. 종전에 롯데역사의 배당률은 평균 13% 수준에 불과했고 2010~2011년 사이 배당률은 7~8% 수준까지 떨어졌다. 하지만 이 과정에서 신 회장 형제가 받아간 배당금은 730억 원에 달해 오너 일가에 이익을 몰아줬다는 또 다른 의혹을 낳기도 했다." "현재 롯데민자 역사에는 신격호 총괄회장의 셋째 부인인 서미경 씨와 막내딸 신유미 씨가 운영하는 식당 2곳이 자리 잡고 있다. 이 식당의 수수료율은 15%로 평균에 비해 0.6~5.1% 가량 낮다. 또 신 총괄회장의 손녀이자 롯데장학재단 이사장(74)의 맏딸인 장혜선 씨가 운영하는 커피전문점 엔젤리너스도 2014년까지 입점해 있었다. 장 씨가 운영했던 엔젤리너스의 수수료율은 15%로 역시 오너 일가에 대한 특혜 의혹을 불러 일으켰다. 일반인이 운영한 역사 내 다른 엔젤리너스의 수수료율은 22%로, 장 씨가 운영한 엔젤리너스 수수료율에 비해 훨씬 높았다."

27 〈한국철도시설공단 보도자료〉, 2018년 1월 3일.

28 〈한국철도시설공단 보도자료〉, 2018년 1월 3일.

29 철도사업법 '제42조(점용 허가) ① 국토교통부장관은 국가가 소유·관리하는 철도시설에 건물이나 그 밖의 시설물(이하 "시설물"이라 한다)을 설치하려는 자에게 「국유재산법」 제18조에도 불구하고 대통령령으로 정하는 바에 따라 시설물의 종류 및 기간 등을 정해 점용 허가를 할 수 있다'로 국유재산법의 예외 조항으로 민자 역사를 개발하고 있으며, '제46조의 2(국가귀속 시설물의 사용 허가 기간 등에 관한 특례) ① 제46조 제3항에 따라 국가귀속된 시설물을 「국유재산법」에 따라 사용 허가하려는 경우 그 허가의 기간은 같은 법 제35조에도 불구하고 10년 이내로 한다. ② 제1항에 따른 허가 기간이 끝난 시설물에 대해서는 10년을 초과하지 아니하는 범위에서 1회에 한해 종전의 사용 허가를 갱신할 수 있다'의 특례 조항을 신설해 10년(5+5년)이던 것을 20년(10+10)을 점용할 수 있도록 개정했다. 최초 점용 기간 30년(20+10년)과 국가귀속 시설물(점용 만료 후 재계약) 20년(10+10년)은 법정 최고 기간을 보장해주는 것으로 일반적인 공공에서 시행하는 위탁에 비하면 특혜라고 할 수 있다.

30 〈한겨레〉(2018. 8. 14)에서 보도한 "'경의선 공유지'의 사회적 가치를 묻는 세 가지 질문'에 대한 반박 보도자료, 〈한겨레〉 기사의 질문은 '1. 왜 국공유지를 민간사업자로 하여금 개발하도록 하는가, 2. 6년이 넘도록 사업 진척이 없는데도 민간사업자와의 협약이 존중되는 이유가 무엇인가, 3. 경의선공유지를 활용

하는 우리가 어떤 피해를 주었는가'이다.

31 '경의선 폐선 부지, 금싸라기 땅 된다', 〈서울경제TV〉 2015. 4. 29.

32 '국토의 계획 및 이용에 관한 법률 시행령' 제84조(용도 지역 안에서의 건폐율) ⑨ 제1항에도 불구하고 자연녹지지역에 설치되는 도시·군계획시설 중 유원지의 건폐율은 30퍼센트의 범위에서 도시·군계획 조례로 정하는 비율을 초과해서는 아니 되며, 공원의 건폐율은 20퍼센트의 범위에서 도시·군계획 조례로 정하는 비율을 초과해서는 아니 된다.

33 수도권정비계획법에 따른 과밀부담금은 과밀억제권역에 인구 집중 유발시설에 대한 부담금으로 사회적 편익의 일부를 환수해 인구 집중 억제와 지역 균형 발전을 위한 제도다. 판매시설(15,000m² 이상), 업무시설(25,000m² 이상), 복합용도(25,000m² 이상) 등이 이에 해당되며, 부담금은 건축비의 100분의 10으로 하고 있다.

34 토지를 개발할 때 규제를 완화해준 지방자치단체에 기부하는 공공기여금은 개발 이익의 일정 부분을 공공에 돌려주는 제도이다. 서울시는 토지가치 상승분의 20~48%를 공공기여 기준으로 하고 있다.

35 〈한국사진지리학회지〉 제29권 제4호(2019)에 게재된 논문 〈젠트리피케이션 과정과 현상에 대한 연구: 연트럴파크를 중심으로〉를 재편집했다.

36 임대료 분쟁 끝에 건물 주인에게 둔기를 휘두른 서촌 궁중 족발 사건은 재계약 시점에 보증금과 월세를 터무니없이 올려달라고 요구하면서 빚어진 갈등이 폭력 사태로 이어졌다.

37 〈한겨레〉 2018. 6. 8(http://www.hani.co.kr/arti/opinion/editorial/848311.html#csidx66fe484e7eecac5a45817e0e7ce4211).

38 〈일본해방사회학회(日本解放社会学会)〉 제34권(2020)에 게재된 논문 〈한국의 주거권 운동과 도시커먼즈의 대두(韓国の住居権運動における都市コモンズの台頭)〉를 번역·편집했다.

39 대표적인 예로 철거민 운동을 들 수 있다.

40 1983년에서 1985년에 걸쳐 정부가 벌인 공영개발로 서울시 목동 일대 4.31km²를 수용하여 아파트 단지를 조성 후 분양한 사업이다.

41 전자의 경우 마을공동체만들기사업지원센터 26개소(서울시 1개, 자치구별 25개)가 설치되어 13개 사업(에너지자립마을조성, 마을미디어활성화, 마을예술창작소지원, 공동육아활성화, 공동주택공동체활성화 등)이 이뤄지고 있다. 후자는 도시재생지원센터 25개소(서울시와 도시재생지역별로 24개)를 설치해 관련 사업을 꾸리고 있다.

42 주로 각 거점의 사무국을 구성하는 형태를 띤다.

43 경제정의실천시민연합 도시개혁센터와 도시연대의 경우, 전자는 1989년의 창립 이전부터 토지이윤분배제도의 도입 등을 주장해왔으며 후자는 주요 운영 주체가 1980년대에 학생운동가로서 주거권 운동에 관여한 이력을 갖는다.

44 중산간 지방에 분포하며 조선시대에 국영 목장이던 것이 일제강점기에 주민에게 불하되어 마을별로 소나 말의 방목이 이뤄졌다. 현재 공동목장은 난개발과 조합원의 토지 매매 등에 의해 목축 공동체의 해체가 진행되고 있다.

45 2007년 정부는 강정마을에 면한 해안 일대에 해군기지건설계획을 공표했고 주민과 시민단체는 반대 운동에 돌입했지만 기지는 2015년에 완공되었다. 이후로도 주민과 운동 참가자는 마을에서 평화회관, 평화서점, 평화센터 등 반대 운동의 유산을 공동자원화하는 한편 관련 운동을 지속하고 있다.

46 조례의 목적은 지역을 기반으로 하는 주민 주체의 발굴과 시민의 권한 확대를 통해 관련 정책을 공동으로 만들어 나가는 것이다(서울시, 2016).

47 위원장은 서울시장이며 위원은 지자체의 관련 공무원, 연구자, 활동가 등 20인으로 구성된다.

48 재원의 51%는 추진위원회가 조달한다.

49 지자체는 그 수장 혹은 의회의 정치적 입장에 따라 사회운동가를 공무원으로 임명하는 경우가 있다. 이를 사회운동의 영역에서는 속칭 '어쩌다 보니 공무원'이라 부른다.

50 예컨대 모 회차에서 행정 측의 토론자 중 한 명은 도시연대, 다른 한 명은 문화연대의 회원이기도 했다.

51 두 노조는 2000년대부터 국·공유지의 역세권 개발과 민간자본 투입에 반대해왔으며 철도 민영화 반대와 사회적 공공성 강화를 주장하고 있다(《연합뉴스》 2003년 4월 15일).

52 공기업 및 준정부 기관의 임직원과 기관장에 대한 성과급 지급, 평가 결과에 따른 각종 조치에 활용되고 있다.

53 애초 아현래미안푸르지오라는 이름의 아파트 단지였으나 준공 시점에 즈음해 조합에서 단지 이름을 아현래미안푸르지오가 '못 사는 동네를 떠오르게 한다'는 이유로 마포래미안푸르지오로 바꿨다. 하지만 행정구역상 마포래미안푸르지오는 마포와 서대문의 경계에 있다. 줄여서 '마래푸'라고 부른다.

54 서울시NPO지원센터가 주도한 2018년 혁신포럼에 '도시 공유지'를 키워드로 참여했다. 이 자리에서 도시 공간을 새로운 방식으로 바꾸는 인천 배다리시민운동과 서울 성북의 고가다리 밑에 미인도를 조성한 성북공유원탁회의의 사례를 나눌 수 있었다. 인용구는 그 후속 포럼에서 나온 내용들을 정리한 것이다.

55 저자들의 2019년 논문 〈도시 커먼즈 관리의 내재적 모순과 도전들: '경의선공유지' 사례를 중심으로〉, 《공간과 사회》 29(3), 62~113쪽의 일부분을 발췌해 형식에 맞게 편집했다.

56 26번째 자치구라는 이름은 경의선공유지가 내몰린 사람들을 위한 서울의 26번째 자치구가 되어보자는 뜻으로 상징적인 의미를 담고 있다. 경의선공유지에서 활동하지 않아도 언제든지 신청서를 통해 26번째 자치구민으로 인정받을 수 있었다. 경의선공유지 존치에 대한 정당성을 확보하기 위해 자치구민 모집뿐만 아니라, 정기적 뉴스레터 발행, 팟캐스팅, 포럼 개최 등 활발한 활동을 펼쳤다.

57 여기서 공유지는 국가 재산을 의미하는 법적 용어로 사용되었다. 우리나라 현행법에서는 국유지 중 중앙정부 관할은 국유지, 지방정부 관할은 공유지라고 하며, 이를 통틀어 국·공유지라고 한다.

58 2016년 말 아현동 아현포차, 행당동 뜨거운청춘 등 도시 재개발 과정에서 내몰린 사람들의 경의선공유지 입주가 논의되었을 때 '난민 캠프'나 도시 난민의 '망명지'와 같은 용어는 "일반적으로 각인된 '약자들의 투쟁'이라는 수세적 프레임을 강화"할 수 있다는 우려가 제기되었다. '26번째 자치구 선언'으로 수정한 것도 이러한 우려에서였다(《제1회 26번째 자치구 컨퍼런스》, 2016년 11월 27일).

59 빈고는 금융커먼즈를 지향하는 금융협동조합으로, 조합원이 출자·이용·연대·운영한다. 빈고의 기본원칙은 환대·공유·자치이며, 금융자본이 일으키는 폭력으로부터 벗어나 공동체가 지속되고 확산되는데 자본을 활용할 목적으로 운용된다(빈고 홈페이지, https://bingobank.org/).

60 게스트하우스(guesthouse)가 아니라 게스츠하우스(guests' house)로 명명되는 빈집은 손님 모두가 주인으로 역할한다. 희망 투숙자는 환대의 원칙에 따라 모두 투숙할 수 있고, 거주 공간을 공유한다. 빈집이 여러 곳에 위치하면서 재정 문제를 해결하기 위해 공동체 은행 빈고가 탄생했다(지음, 2013).

61 커먼즈는 '누구나' 혹은 '모두'의 것이라고 이야기한다. 그런데 구체적인 커머닝은 언제나 모두의 것이 될 수 없는 한계를 지니고 있음을 예민하게 감각하는 작업을 병행해야 한다. 그 경계에 대해 끊임없이 질문하면서 유연한 재구축 작업을 진행해야 한다.

62 2020년 6월 19일 서울하우징랩에서 열린 '경의선공유지 백서 필진 대담회: 커먼즈의 도전-경의선공유지 운동을 중심으로'를 정리했다. 김지혜, 박배균, 박인권, 안새롬, 정기황, 최희진이 대담자로 참여했고 이승원이 사회를 봤다.

참고문헌

서문

김지윤·이선영, 2016. '도시형 재난과 문화적 저항: 테이크아웃드로잉의 안티-젠트리피케이션 운동을 중심으로'. 〈공간과 사회〉 제26권 3호, 15~41쪽.

박배균, 2017, '자본주의 헤게모니와 대안적 도시 이데올로기', 최병두 외,《희망의 도시》, 한울.

박배균·황진태, 2017.《강남 만들기, 강남 따라하기: 투기 지향 도시민과 투기성 도시개발의 탄생》, 동녘.

신현방, 2017, '투기적 도시화, 젠트리피케이션, 도시권', 최병두 외,《희망의 도시》, 한울.

양효실, 2014, '차이의 코뮌, 감각의 연대: 두리반 농성과 자립음악생산조합의 경우'. 〈미학〉 제80집, 151~192쪽.

옥은실·김영찬, 2013, '문화적 실천으로서 사회운동의 변화: 두리반 운동을 중심으로', 〈한국언론정보학보〉 통권 63호, 53~75쪽.

이선영·한윤애, 2016, '예술, 행동주의 그리고 도시: 테이크아웃드로잉의 젠트리피케이션 저항을 중심으로', 〈한국도시지리학회지〉 제19권 2호, 17~28쪽.

최윤영·고정민, 2017, '예술가 관점에서 본 문화 주도적 젠트리피케이션 현상에 관한 연구: 홍대 앞 뮤지션의 심층 인터뷰를 중심으로', 〈기여과 문화〉 제4권 제2호, 25~44쪽.

한국도시연구소, 1998,《철거민이 본 철거》, 한국도시연구소.

한윤애, 2016, '도시공유재의 인클로저와 테이크아웃드로잉의 반란적 공유 실천 운동', 〈공간과 사회〉 제26권 3호, 42~76쪽.

1장

강진연, 2015, '국가성의 지역화: 한국의 토건 국가 형성 과정과 성장연합의 역사적 구성'. 〈사회와 역사〉, 2015, 319~355쪽.

경기연구원, 2016, 〈경기도 장기미집행 도시 공원 실효 대응 및 공원 녹지 관리 계획 수립〉.

국토교통부, 2014, 〈철도 민자 역사 점용 허가 기간 만료 시 처리 방안 및 그에 따른 위탁 기관의 역할 정립 연구〉(수행 기관: 서울대학교 산학협력단, 수행연구원 : 고승영).

기획재정부, 2009, 〈국유재산 관리 체계의 개편 방안 연구〉(수행 기관 : 한국법제연구원, 수행연구원: 이준우).

김명수, 2018, '국유지 활용의 공공성 제고 방안', 〈국토정책〉 No. 669, 1~6쪽.

남창우, 2010, '국유재산의 관리 체계 실태와 효율적 개선 방안'. 〈도시행정학보〉 Vol. 23(4), 269~297쪽.

마포구, 2004, 〈2020 마포구 도시 발전 종합 관리 계획〉.

마포구, 2007, 〈경의·공항선 지상부 공원 조성 기본 계획〉.

마포구, 2015, 공덕역 개발 사업 B부지(마포벼룩시장)의 개발 사업 시행에 따른 사전 조치 사항 처리 (https://opengov.seoul.go.kr/sanction/6697794 최종방문연월 : 2019. 1).

박홍엽·나유성, 2017, 공기업 경영실적평가 운영 현황 분석, 국회예산정책처.

변창흠, 2014, '신개발주의의 구조적 특성과 유산 극복을 위한 정책 과제', 〈민주사회와 정책연구〉 Vol. 25, 13쪽.

서울특별시 공원녹지국 공원조성과, 〈2011, 2011년도 정책 자료집: 경의·경춘선 공원 조성〉.

서울특별시, 2009, 〈경의선 지상 구간 공원 조성 기본 조사 및 기본 계획〉.

서울특별시, 2016, 〈경의선 숲길 공원〉.

서울특별시, 2018, 〈제14회 협치서울 정책토론회 자료집: 대안 공유지 계획, 가능성과 한계〉(http://culturalaction.org/archives/6820 최종방문연월 : 2019. 1).

재정경제부, 2008, 〈중장기 국유재산 관리 종합 계획 수립을 위한 연구〉(수행 기관: 국토연구원).

조명래, 2004, '욕망과 자연의 상품화와 신개발주의', 〈환경과 생명〉, 26~39쪽.

최병두, 2012, 《자본의 도시 : 신자유주의적 도시화와 도시 정책》, 한울.

최정한, 2015, '경의선숲길권역의 문화 재생과 늘장', 〈환경과 조경〉 329.

한국행정연구원, 2011, 〈효율적인 국유재산 관리를 위한 연구〉, 국무조정실 최종보고서.

홍덕률, 1997, '지역사회의 지배 구조에 대한 실증 연구: 대구, 광주, 인천을 중심으로', 〈경제와 사회〉 Vol. 34, 139~172쪽.

홍성태, 2004, '청계천 복원 사업과 청계천의 파괴: 이명박 시장의 신개발주의와 이익의 정치', 〈경제와 사회〉 Vol. 63, 39~65쪽.

Cox, K. R., 1998, Spaces of dependence, spaces of engagement and the politics of scale, or: looking for local politics. Political Geography, Volume 17, Issue 1, pp. 1~23.

Gould, K. A. & Lewis, T. L., 2012, The Environmental Injustice of Green Gentrification – The Case of Brooklyn's Prospect Park in Desena. in DeSena, J. et al. (eds.). The World in Brooklyn: Gentrification, Immigration, and Ethnic Politics in a Global City 1st Edition. Lenham, MD: Lexington Books.

Gould, K. A. & Lewis, T. L., 2016, Green Gentrification : Urban Sustainability and the Struggle for Environmental Justice, New York: Routledge.

3장

경신원·정규리, 2019, '이태원 지역의 젠트리피케이션은 '누구'에 의해서 '어떻게' 일어나는가?', 〈서울도시연구〉 20(2), 1~17쪽.

김상현·이한나, 2016, '성수동 지역의 젠트리피케이션 과정 및 특성 연구', 〈문화콘텐츠연구〉 (7), 81~105쪽.

김수아, 2015, '신개발주의와 젠트리피케이션', 〈황해문화〉.

김필호, 2015, '강남의 역류성 젠트리피케이션', 〈도시연구〉 14, 87~123쪽.

도혜원·변병설, 2017, '2017 서울 서촌의 젠트리피케이션 요인 분석 연구', 〈국토지리학회지〉 51(3), 311~322쪽.

박진빈, 2009, '1970년대 이후 뉴욕의 젠트리피케이션', 〈역사비평〉 89, 333~364쪽.

손용택, 2018, '농촌 마을 젠트리피케이션 연구: 구례군 광의면 온당리 당동 예술인마을을 사례로', 〈한국사진지리학회지〉 28(4), 67~85쪽.

안지현, 2018, '한국의 젠트리피케이션 이슈에 대한 의미연결망 분석', 〈한국지역개발학회지〉 30(4), 85~112쪽.

양승열·유석연, 2016, '철도 부지를 활용한 경의선숲길공원 이용 행태 연구', 〈한국도시설계학회지〉 17(1), 101~115쪽.

이나영·안재섭, 2017, '2017 '근린재생 일반형' 도시재생사업과 주민참여 활성화 방안: 서울시 구로구 가리봉동을 중심으로', 〈한국도시지리학회지〉 20(3), 63~78쪽.

이나영·안재섭, 2018, '서울시 해방촌 지역의 지리적 특성과 도시재생', 〈한국도시지리학회지〉 21(3), 79~92쪽.

이선영·주경식, 2008, '젠트리피케이션 과정으로서 용산 재개발 지구의 근린 변화', 〈한국도시지리학회지〉 11(3), 113~123쪽.

이정훈·신기동·한지혜·조진현, 2019, '젠트리피케이션 대안: 지역자산의 공유재화', 〈이슈&진단〉 371, 1~26쪽.

이진희, 2018, 〈도시재생 기반형 젠트리피케이션 지표 개발 및 활용 방안 연구〉, 국토연구원.

조영동·조항만, 2017, '현대적 그린웨이로서 경의선숲길공원의 물리적 구성이 갖는 의미', 〈대한건축학회 학술발표대회 논문집〉 37(1), 373~376쪽.

최혁준·조현수, 2016, '성남시 젠트리피케이션 발생 및 대응 방안', 〈한국지역경제연구〉 33, 5~23쪽.

허자연·정연주·정창무, 2015, '상업 공간의 젠트리피케이션 과정 및 사업자 변화에 관한 연구: 경리단길 사례', 〈서울도시연구〉 16(2), 19~33쪽.

황인욱, 2016, '전주한옥마을의 젠트리피케이션 현상과 지역 갈등', 〈지역사회연구〉 24(1), 69~90쪽.

Hamnett, C., 1984, "Gentrification and residential location theory: A review and assessment, in Herbert, D. and Johnston, R eds., Geography and the Urban Environment Vol. 6, Chichester: John Wiley, pp. 283~319.

Harrison, G., 1983, Gentrification in Knoxville, Tennessee: A study of the Fourth and Gill neighborhood, Urban Geography 4(1), pp. 40~53.

Khalil, R. A. A., Johar, F. & Sabri, S., 2015, Conceptual framework for gentrification analysis of Iskandar Malaysia, International Journal of Built Environment and Sustainability 2(2), pp. 115~124.

N. Smith., P. Williams., Gentrification of the City, Sustainability 2(2), pp. 115~124.

http://biz.chosun.com/site/data/html_dir/2015/09/08/2015090803016.html

http://ebook.seoul.go.kr/Viewer/XZYGF4KSAMIU

http://kosis.kr/index/index.do

http://spp.seoul.go.kr/main/news/news_report.jsp#view/23615?tr_code=m_snews

http://www.donga.com/news/article/all/20170626/85053571/1

http://www.doopedia.co.kr/doopedia/master/master.do?_method=view&MAS_

IDX=101013000743755

http://www.hani.co.kr/arti/society/area/856674.html#csidx6651cfdb5d7c30a9669df97b576c1c1

http://www.molit.go.kr/USR/NEWS/m_71/dtl.jsp?id=95080388

http://www.seoul.go.kr/main/index.jsp

https://datalab.naver.com/keyword/trendResult.naver?hashKey=N_0582e0fa359b242b89d4889b
6108f98c

https://news.joins.com/article/21992446

https://opengov.seoul.go.kr/sanction/14314416

https://seoulboard.seoul.go.kr/front/bbsSynapPreview?bbsNo=158&nttNo=25233&orginlFile
Nm=20151123140289260.hwp&outputPath=/home/tongboard/seoulboard/skin/html/201911
&streFileNm=20151123140289260.hwp&filePath=201911&srvcId=BBSTY1&fileNo=154047

https://uri.seoul.go.kr/surc/seoulInfo/aboutURC.do?mode=&s_text_m=

4장

경의선공유지시민행동, 2018, '경의선공유지추진위원회의 발족', 〈지금, 여기 커먼즈〉, 커먼즈네트워크.

경의선공유지시민행동·자치구선언기획단, 2016, 〈서울의 쫓겨나는 사람들의 망명지, 제1회 26번째 자치구
컨퍼런스〉, 경의선공유지시민행동.

고은태, 2016, '해비타트 3 의제에 비추어 본 한국 도시권 운동의 흐름', 〈한국공간환경학회 학술대회 논문집〉
2016(3), 37~61쪽.

권미강, 2016, '늘, 시민들의 장터로 있고 싶은 '늘장'', 〈민플러스〉 2016년 9월 13일.

김묘정, 2008, '지속가능성의 함의를 고려한 주거지 계획 특성 연구', 〈한국주거학회논문집〉 19(4), 107~119
쪽.

김수현, 1999, '서울시 철거민 운동사 연구: 철거민의 입장을 중심으로', 《서울학연구》 13, 213~243쪽.

박수진, 2016, '마포구청 '아현동 포차거리' 강제 철거', 〈한겨레〉 2016년 8월 18일.

박주형, 2013, '도구화되는 '공동체': 서울시 '마을공동체만들기 사업'에 대한 비판적 고찰', 〈공간과 사회〉
23(1), 5~43쪽.

서울시민관협력담당관, 2016, 〈서울특별시 민관협치 활성화를 위한 기본조례안 입법예고〉, 서울시.

서울시협치협의회·커먼즈네트워크, 2017, 〈제13회 협치서울 정책토론회: 시민기반형 공유지 정책, 어떻게
가야 하나〉, 서울시.

─────, 2018, 〈제14회 협치서울 정책토론회: 대안공유지계획, 가능성과 한계〉, 서울시.

이병천, 2018, '커먼즈론은 공동재산/권을 어떻게 보는가?: 세 가지 시선', 〈시민과 세계〉 33, 239~262쪽.

이성한, 2003, '철도 노-사 쟁점과 파업 전망', 〈연합뉴스〉 2003년 4월 15일.

이소영, 2006, '마을만들기에서 시민단체의 역할: 서울시 북촌 지역을 사례로', 〈공간과 사회〉 25, 99~130쪽.

이희환, 2017, '새로운 도시 운동을 준비하는 인천 동구 배다리마을: 주민소환 운동과 공유지 운동, 인천 양조
장 시민자산화 운동의 제안', 〈황해문화〉 95, 240~248쪽.

정석, 2000, '마을단위 도시계획의 실험, 마을만들기: 사례와 시사점', 〈서울도시연구〉1(2), 1~18쪽.

정영신, 2016, '엘리너 오스트롬의 자원관리론을 넘어서: 커먼즈에 대한 정치생태학적 접근을 위해', 〈환경사
회학연구〉 20(1), 399~442쪽.

정지연·신병곤, 2015, '우리 동네 우리 공간', 〈스트리트H〉 2015년 4월.

최인기, 2012, 《가난의 시대: 대한민국 도시빈민은 어떻게 살았는가(Google eBook)》, 동녘.

한상진, 2018, '생태사회적 커먼즈를 향한 성찰과 관련 사례들: 울산의 영남 알프스, 태화강을 중심으로', 〈환경사회학연구〉 22(2), 77~100쪽.

한윤애, 2016, '도시 공유재의 인클로저와 테이크아웃드로잉의 반란적 공유실천 운동', 〈공간과 사회〉 26(3), 42~76쪽.

Bollier, David, 2014, Think like a Commoner: A Short Introduction to the Life of the Commons, New Society Publishers.

————, 2016, Commoning as a Transformative Social Paradigm, https://thenextsystem.org/sites/default/files/2017-08/DavidBollier.pdf(2019년 11월 9일 열람)

Feigenbaum, Anna, and Fabian Frenzel, Patrick McCurdy, 2013, Protest Camps, Zed Books.

Foster, Sheila, and Christian Laione, 2016, "The City as a Commons", Yale Law Policy Review, 34(2), pp. 281~349.

Hardin, Garrett, 1968, "The Tragedy of the Commons", Science, 162(3859), pp. 1243~1248.

Harvey, David, 2012, Rebel Cities: From the Right to the City to the Urban Revolution, Verso Books.

Hess, Charlotte, and Elinor Ostrom, 2007, Understanding Knowledge as a Commons: From Theory to Practice, The MIT Press.

Lefebvre, Henry, 1968, Le droit a la ville, Anthropos. (=1996, Eleonore Kofman and Elizabeth Lebas, Writings on Cities, Blackwell Publishing.)

Lee, Jaeyoul, 2016, "Urban Community as a Contested Practice: A Gap between Ordinary Practices and Civic Advocacy Discourse", Journal of the Korean Geographical Society, 51(2), pp. 269~281.

Ortiz, Daniel, 2015, "Creating and Appropriating Urban Spaces: The Public Versus the Commons," Mary Dellenbaugh, Markus Kip, Majken Bieniok, Agnes Muller, Martin Schwegmann eds., Urban Commons: Moving Beyond State and Market, Birkhauser, pp. 117~129.

Ostrom, Elinor, 1999, "Coping with Tragedies of the Commons", Annual Review of Political Science, 2, pp. 493~535.

Shin, Hyunbang, 2018, "Urban movements and the genealogy of urban rights discourses", Annals of the American Association of Geographers, 108(2), pp. 356~369.

伍石敬路, 2001, '都市 貧困 住民組織——韓国経済発展の裏側', 〈大原社会問題研究所雑誌〉 506, pp. 1~16.

茂木愛一郎, 2014, 'コモンズ論の系譜とその広がり:現代総有論への架橋の試み」, 伍十嵐敬喜編, 《現代総有論序説》, ブックエンド.

渋谷望, 2015, 'グローバル都市における価値闘争としてのジェントリフィケーション', 〈日本都市社会学会年報〉 33, pp. 5~20.

菅原愛夏・吉村輝彦・渡辺俊一, 2003, '韓国におけるまちづくりの特徴及び課題——釜山のまちづくり活動に着目して', 〈都市計画論文集〉 38(3), pp. 883~888.

7장

〈경의선공유지신문〉, 제4호 겨울, 3쪽. https://blog.naver.com/commons16/221501137624(최종접속일: 2019. 8. 7)

김보현, 2019, '[현장] 공덕역 경의선 부지 개발 둘러싼 '4각 갈등'', 〈비즈한국〉 2019. 7. 26. http://www.bizhankook.com/bk/article/18191(최종접속일: 2019. 8. 6).

김용창, 2015, '신자유주의 도시화와 도시 인클로저(I): 이론적 검토', 〈대한지리학회지〉 50(4), 431~449쪽.

윤슬기, 2020, '마포구 공덕역 '경의선 벼룩시장부지' 주민 품으로', 〈뉴시스〉 2020. 5. 4. https://newsis.com/view/?id=NISX20200504_0001013189&cID=14001&pID=14000(최종접속일: 2021. 4. 9.).

정창환, 2019, '한국철도철도철도시설공단 〈해명〉 "공덕역 경의선 공유지, 시민자치 공간으로 유지해야" 관련', 〈레일뉴스〉 2019. 5. 8. http://www.itrailnews.co.kr/news/article.html?no=34743(최종접속일: 2019. 8. 6).

An Architektur, 2010, "On the Commons: A Public Interview with Massimo De Angelis and Stavros Stavrides", e-flux journal 17, pp. 1~17.

Bresnihan, P. & Byrne, M., 2015, "Escape into the City: Everyday Practices of Commoning and the Production of Urban Space in Dublin", Antipode 47(1), pp. 36~54.

Bunce, S., 2016, "Pursuing Urban Commons: Politics and Alliances in Community Land Trust Activism in East London", Antipode 48(1), pp. 134~150.

Garnett, N. S., 2012, "Managing the Urban Commons", University of Pennsylvania Law Review 160(7), pp. 1995~2027.

Gerometta, J. et al., 2005, "Social Innovation and Civil Society in Urban Governance: Strategies for an Inclusive City", Urban Studies 42(11), pp. 2007~2021.

Habitat III Secretariat, 2017, New Urban Agenda, UN Habitat, Retrieved August 7, 2019, from http://habitat3.org/wp-content/uploads/NUA-English.pdf

Hardin, G., 1968, "The tragedy of the commons", Science 162(3859), pp. 1243~1248.

Harvey, D., 2012, Rebel Cities: From the Right to the City to the Urban Revolution, London: Verso Books.

Hess. C., 2008, "Mapping the New Commons", Presented at "Governing Shared Resources: Connecting Local Experience to Global Challenges" the 12th Biennial Conference of the International Association for the Study of the Commons, University of Gloucestershire, Cheltenham. England, July 14-18. 2008.

Huron, A., 2015, "Working with Strangers in Saturated Space: Reclaiming and Maintaining the Urban Commons", Antipode 47(4), pp. 963~979.

_______, 2017, "Theorising the urban commons: New Thoughts. tensions and paths forward", Urban Studies 54(4), pp. 1062~1069.

Kip, M. et al., 2015, "Seizing the (Every)Day: Welcome to the Urban Commons!" in Dellenbaugh, M. et al(eds.), Urban Commons: Moving Beyond State and Market, Basel, Switzerland: Birkhauser Verlag AG, pp. 9~24.

Netting, R., 1976, "What Alpine Peasants Have in Common: Observations on Communal Tenure in a Swiss Village", Human Ecology 4(2), pp. 135~146.

Ostrom, E., 1990, Governing the Commons: The Evolution of Institutions for Collective Action, Cambridge; New York: Cambridge University Press.

Putnam, R. D., 2000, Bowling Alone: The Collapse and Revival of American Community, New

York: Simon&Schuster.

8장

로이크(Loick, D.), 문성훈 옮김, 2017, '엑소더스', 《대탈주: 우리는 국가와 소비로부터 탈출할 수 있는가?》, 사월의책.

볼리어(Bolier, D.), 배수현 옮김, 2015, 《공유인으로 사고하라》, 갈무리.

서울협치협의회·커먼즈네트워크, 2018, 〈제14회 협치서울 정책토론회: 대안공유지계획, 가능성과 한계〉, 2018년 2월 8일.

임은정, 2019, '젠트리피케이션 과정과 현상에 대한 연구: 연트럴파크를 중심으로', 〈한국사진지리학회지〉 29(4), 93~102쪽.

'서울 한복판 금싸라기 땅, 이렇게 5년만에 슬럼 됐다', 〈조선일보〉, 2020년 4월 11일.

카프라·마테이(Capra, F. and Mattei, U.), 박태현·김영준 옮김, 2019, 《최후의 전환: 지속 가능한 미래를 위한 커먼즈와 생태법》, 경희대학교 출판문화원.

하비(Harvey, D.), 한상연 옮김, 2014, 《반란의 도시: 도시에 대한 권리에서 점령운동까지》, 갈무리.

하승우, 2014, 《공공성》, 책세상.

Caffentzis, G. & Federici, S., 2014, Commons against and beyond capitalism, Community Development Journal, 49, pp. 92~105.

Harvey, D., 1989, From managerialism to entrepreneurialism: the transformation in urban governance in late capitalism, Geografiska Annaler: Series B, Human Geography, 71(1), pp. 3~17.

9장

김강·김동일, 2015, '1980 년대로부터의 질문, 그리고 2000 년대 이후: 한국의 '두렁'과 프랑스의 스쾃팅 '아르 크로쉬' 그리고 '오아시스 프로젝트'', 〈미술이론과 현장〉 19, 187~216쪽.

'삼성 국내 기업 후원 사업 40% 떠맡아', 〈매일경제〉, 1997년 11월 10일.

'송현동 식은촌', 〈동아일보〉, 1924년 6월 29일.

지음, 2013, '공유, 자치, 환대를 실천하는 공동체들의 공동체: 빈집, 빈가게, 빈고-빈마을 이야기'. 〈도시와 빈곤〉 102, 62~76쪽.

홍성태 편, 2014, 《경복궁 옆 송현동 살리기》, 진인진.

Anderson, B.·McFarlane. C., 2011, 'Assemblage and geography', Area 43(2), pp. 124~127.

McFarlane, C., 2011. 'Assemblage and critical urbanism', City 15(2), pp. 204~224.

Wise, J., 2013, 'Assemblage', Gilles Deleuze: Key Concepts, Acumen Limited, pp. 91~102.

커먼즈의 도전

1판 1쇄 발행 2021년 6월 7일

편 박배균 이승원 김상철 정기황 | **기획** 서울대학교 아시아도시사회센터

펴낸이 임중혁 | **펴낸곳** 빨간소금 | **등록** 2016년 11월 21일(제2016-000036호)

주소 (01021) 서울시 강북구 삼각산로 47, 나동 402호 | **전화** 02-916-4038

팩스 0505-320-4038 | **전자우편** redsaltbooks@gmail.com

ISBN 979-11-91383-04-1(93300)

- 책값은 뒤표지에 있습니다.
- 이 논문은 2017년도 정부재원(교육부)으로 한국연구재단 한국사회과학연구사업(SSK)의 지원을 받아 연구되었음(NRF-2017S1A3A2066514).